曾智◎著

职场智慧与自我修炼

清华大学出版社
北京

内容简介

电视剧《后宫·甄嬛传》通过一个纯真少女在皇帝后宫几经沉浮、生死搏杀的命运轨迹透析了现实社会中人性如何被压制、扭曲和摧残，使得该剧在剧情曲折与现实意义方面都超越了以往的宫廷剧。如果我们把《后宫·甄嬛传》的剧情做一个比拟：整个故事情节就如同一本职场宝典，为职场人士指明了方向，同时也细致解读了职场的生存法则。电视剧中，无论甄嬛、沈眉庄，还是夏冬春、安陵容，她们就如同一个个初入职场的大学生（职场新秀），或一路成长、发展、晋升，或"香消玉殒"的职场轨迹。所以说，《后宫·甄嬛传》就像一部简化版的职场演进史，也像一场脸谱化的职场擂台赛。本书从"临门一脚"跨入职场开始，结合大家熟知的该剧中的故事情节，让处于职场不同阶段的人都能看到自己的影子，并透过剧中人物的成长经历，学习他们在职场中为人处事的智慧，使其懂得如何通过内外兼修锤炼自身的实力，提升人际关系管理的能力，让自己的职场之路左右逢源，最终如愿成为职场达人。

无论对于初入职场的新秀，还是久经沙场的职场老将，本书都能从不同角度给予职场智慧的分享与引导，适于广大职场人士阅读。

本书封面贴有清华大学出版社防伪标签，无标签者不得销售。
版权所有，侵权必究。举报：010-62782989，beiqinquan@tup.tsinghua.edu.cn。

图书在版编目（CIP）数据

职场智慧与自我修炼／曾智著．—北京：清华大学出版社，2017（2025.1重印）
ISBN 978-7-302-48272-7

Ⅰ.①职… Ⅱ.①曾… Ⅲ.①成功心理－通俗读物 Ⅳ.①B848.4-49

中国版本图书馆 CIP 数据核字（2017）第 207814 号

责任编辑：邓　婷
封面设计：刘　超
版式设计：楠竹文化
责任校对：何士如
责任印制：宋　林

出版发行：清华大学出版社
网　　址：https://www.tup.com.cn，https://www.wqxuetang.com
地　　址：北京清华大学学研大厦A座　　邮　　编：100084
社 总 机：010-83470000　　邮　　购：010-62786544
投稿与读者服务：010-62776969，c-service@tup.tsinghua.edu.cn
质量反馈：010-62772015，zhiliang@tup.tsinghua.edu.cn

印 装 者：大厂回族自治县彩虹印刷有限公司
经　　销：全国新华书店
开　　本：170mm×230mm　　印　张：13.25　　字　数：256千字
版　　次：2017年9月第1版　　印　次：2025年1月第13次印刷
定　　价：55.00元

产品编号：076203-03

前　言

读透后宫，玩转职场
——解读电视剧《后宫·甄嬛传》中的职场智慧

　　《后宫·甄嬛传》自 2011 年底首播以来，到现在虽然已经隔了很久，但无论何时重播，仍有很多人将频道锁定在这部电视剧上，甚至还有无数人一遍又一遍地去重温那跌宕起伏的情节。作为国产剧的良心之作抑或宫廷剧的标杆，围绕它所形成的各种争议也从未停歇，弹赞交加不断见诸各大媒体，从质疑它所宣扬的价值观到《求是》杂志撰文为其正名，评论内容见仁见智暂且不论，媒体如此关注本身就足以证明电视剧《后宫·甄嬛传》的成功。

　　如今看来，电视剧《后宫·甄嬛传》的爆红现象，恐怕不只是因为电视剧中明星云集，阵容强大，更是因为这部电视剧将一个生动故事放置在特定的历史背景下，以精雕细琢的功夫，塑造出一批生动鲜活的艺术形象。故事中每一个生动的典型人物都让我们有所触动，同样是敢爱敢恨，甄嬛率性倾情、运筹帷幄，沈眉庄却是"宁可枝头抱香死"，宁为玉碎，不为瓦全；同样是位高恃宠，皇后是将所有的恨意藏在一缕微笑中，而华妃却艳烈灼目、恣意张扬。正是因为这生动的故事情节和鲜活欲出的典型人物，使观众产生了颇多感触。

　　如果我们把《后宫·甄嬛传》的剧情做一个比拟：整个故事情节就如同一部最经典的职场成长指南，为职场人士指明了方向，同时也细致解读了职场的生存法则。电视剧中，无论甄嬛、沈眉庄，还是夏冬春、安陵容，她们就如同一个个初入职场的新秀，或一路成长、发展、晋升，或"香消玉殒"的职场轨迹。所以说，《后宫·甄嬛传》既像一部简化版的职场演进史，更像一场脸谱化的职场擂台赛，我们可以通过体验其间特定的人际关系来吸取职场成长与发展的智慧。

　　我接受清华大学出版社编辑的约稿，曾于 2015 年 2 月出版《修炼：积聚职场正能量》一书，全书通过对电视剧《后宫·甄嬛传》的解读和分析，让读者从经典作品中吸取职场正能量,提升职场发展智慧。例如:如何"临门一脚"成功跨入职场?如何从职场青涩走向成熟?如何内外兼修锤炼职场发展真功夫?如何加强高效团队的建设和管理?如何拓展自身的人脉来成就职场?该书正是从这些方面对这部电视剧加以解析,让处于职场不同阶段的人都能在书中看到自己的影子,并透过电视剧中各个典型人物形象的成长经历,学习他们在"职场"中为人处事的智慧,保持一颗和谐的心灵,积聚职场正能量,提升人际关系管理能力,最终如愿获得职场成功。《修炼:积聚职场正能量》一书自出版以来,在过去的几年时间里,受到全国各地读者们的高度好评,至今为止连续印刷近十个印次。

随着本人对电视剧中故事情节的进一步认识以及与很多读者的深入交流,我发现,在这部经典作品中还有很多地方值得我们进一步挖掘与学习。让我欣喜的是,清华大学出版社的编辑邓婷老师考虑到该书销量可观,可进一步在内容上加以完善与优化,在形式上做得更为精致,于是,我们商定对原书稿加以修订后再版。此次修订特别增加了"职场政治:让智慧指引才华完美绽放"和"处处有玄机:剧中的文学意象"等几大主题的内容。前者让我们明白,才华只有在智慧的指引下才会展示它的完美性,否则,失控的才华,会伤害周围的人,毁掉一个人的事业;后者让我们透过这部具有美学活力的古装宫廷剧中的文学意象来思考人生和未来。除此之外,修订时也对原书中很多解读的内容进行了升华,并结合一些新近影视作品(如《芈月传》)进行了深入分析。

国学泰斗陈寅恪先生曾说过,"谈论别人没有读过的书来显示自己博大精深算不得本事,评判人人均可品头论足之作才展现英雄本色。"《后宫·甄嬛传》的确是一部人人皆可品评的电视剧,但我在本书的创作中,并不追求展现英雄本色,我深知,要把这样一部"俗得那样雅"的作品解读得让每位读者都满意是一件很艰难的事情,更不敢说使每位读者阅读之后便能在职场发展中产生立竿见影的效果。因为职场中每个人的情况并不一样,每个人所处的职场环境也不尽相同,但通过对这本书的阅读、思考和实践,我相信读者会对自己的职场产生新的思考和感悟,从而减少自己的失误,又稳又快地迈向职场中属于自己的目标。

当然,本书能顺利出版,应该特别感谢清华大学出版社,感谢《修炼:积聚职场正能量》的责任编辑吴颖华老师对该选题的认可与邀约,感谢该书的责任编辑邓婷老师一直以来对原作品和新作品的精心策划与指导。

完美的事物是不存在的。"一千个人眼中就有一千个哈姆雷特",一千个人看《后宫·甄嬛传》,就会有一千种不同的理解和职场感悟,加之时间和个人能力所限,本书不足之处在所难免,希望广大读者能不吝赐教。

曾智

2017 年 06 月

1 选秀:"临门一脚"成功跨入职场 …… 003

1.1 沈眉庄教您为步入职场做全方位准备 …… 004
- 1.1.1 心理准备:沈眉庄在选秀前的自信 …… 005
- 1.1.2 问题准备:做到有的放矢,投其所好 …… 008
- 1.1.3 仪表仪态准备:先敬罗衣后敬人 …… 010

1.2 夏冬春以"拼爹"高调登场却瞬间出局 …… 013
- 1.2.1 职场新人忌轻狂跋扈 …… 013
- 1.2.2 职场新人忌自视甚高 …… 015

1.3 端庄恬雅的甄嬛在选秀中脱颖而出 …… 018

1.4 安陵容选秀时实现绝地大反攻 …… 021
- 1.4.1 自身修养是实现绝地大反攻的基础 …… 022
- 1.4.2 从容淡定的表现助力绝地反攻 …… 022

2 职场政治:让智慧指引才华完美绽放 …… 024

2.1 尊重职场前辈,寻找职场良师 …… 025
- 2.1.1 只有懂得尊重别人,才能赢得别人的尊重 …… 025
- 2.1.2 大树底下好乘凉,有本事也要有靠山 …… 027

2.2 懂得分享与取舍才能创造更大的生存空间 …… 029
- 2.2.1 恩宠固然重要,但也要明白"雨露均沾" …… 029
- 2.2.2 超出能力的职场"肥肉"绝不可肆意占有 …… 032

2.3 纯元皇后:懂得争,更懂得完善自身形象 …… 034
- 2.3.1 "温柔娴雅,深得人心"的完美形象 …… 035

2.3.2 后宫"梦幻偶像"背后的真面目 …………………… 037
2.4 欣贵人：审时度势，低调地绽放 ………………………… 044
2.4.1 善待他人，享受一份踏实的安定 …………………… 044
2.4.2 做一个"平凡中的不平凡之人" …………………… 045

3 职场生存：从青涩走向成熟 ………………………………… 047

3.1 身处职场，心灵和谐是最要紧的 ………………………… 047
3.1.1 安陵容：明白差异，学会正确地比较 ……………… 047
3.1.2 沈眉庄：认识自我才能超越自我 …………………… 050
3.1.3 夏冬春：与人为敌是透支人脉的险招 ……………… 051
3.1.4 华妃：捧得越高，往往摔得越重 …………………… 053
3.1.5 甄嬛：家庭教育与自身性情的结合 ………………… 056
3.1.6 皇后：职场管理者不应有的那份焦虑和担忧 ……… 059
3.1.7 欣贵人：不争比争更有福气 ………………………… 060
3.2 为职业生涯加分之道 ……………………………………… 062
3.2.1 选择工作：适合比喜欢更重要 ……………………… 062
3.2.2 用职场着装来提升自身价值感 ……………………… 063
3.2.3 安于被利用，以后才能利用别人 …………………… 065
3.3 适时示弱：后宫生存的重要技巧 ………………………… 067
3.3.1 沈眉庄："装傻"，也是一种职场智慧 ……………… 068
3.3.2 甄嬛：不要为不值得的人浪费时间 ………………… 069
3.3.3 敬妃：隐藏锋芒，以退为进争取机会 ……………… 070
3.3.4 端妃：装病示弱，避开后宫"妖魔鬼怪" ………… 071

4 职场发展：内外兼修锤炼真功夫 …………………………… 075

4.1 深体帝心，揣摩圣意，提升职场领悟力 ………………… 076
4.1.1 甄嬛：揣摩圣意，知晓皇上的心思 ………………… 077
4.1.2 苏培盛：读懂圣意的最佳总裁助理 ………………… 079
4.1.3 槿汐：用领导最喜欢听的语言 ……………………… 082
4.2 忍人之所不能忍，才能为人之所不能为 ………………… 086
4.2.1 皇上：大丈夫能屈能伸，方能为朝政谋万世之全 … 086
4.2.2 果郡王：闲散无能，万事就是皇兄最行 …………… 088

4.2.3　甄嬛：职场从来不相信眼泪和耍性子 ·············· 089
　　　4.2.4　祺贵人：不是每一个在你身上拉屎的人都要
　　　　　　看作敌人 ·· 090
　4.3　别人是以你看待自己的方式看待你 ······························ 092
　　　4.3.1　品性高洁、自尊与自爱的甄玉娆 ·············· 093
　　　4.3.2　生性自卑、妒忌心强的安陵容 ·············· 095
　4.4　拥有良好的判断力和独到的眼光 ······························ 097
　　　4.4.1　端妃：良好的判断力助其结识了甄嬛 ·············· 098
　　　4.4.2　敬妃：心善是好事，一味心善可能坏事 ·············· 100

5　左右逢源：职场人际关系管理 ······························ 103

　5.1　拓展人脉，成就职场 ······························ 103
　　　5.1.1　身在职场，善结贵人 ······························ 104
　　　5.1.2　世事难料，同事可能成上司 ·············· 106
　　　5.1.3　不要错过身边的"小人物" ·············· 107
　　　5.1.4　人脉要拓展，更要善于维护 ·············· 110
　5.2　认清上司，才能与之融洽相处 ······························ 112
　　　5.2.1　"懂但不能太懂"才是使朕心愉悦之人 ·············· 112
　　　5.2.2　猜疑是人性，更是领导的天性 ·············· 115
　　　5.2.3　"恐怖平衡"是管理者牵制下属的手段 ·············· 119
　5.3　忠诚：最被看重的职场品质 ······························ 121
　　　5.3.1　跳槽时代：我想跳槽，但我真诚 ·············· 123
　　　5.3.2　职场易主：为谁做事比做正确的事更重要 ·············· 124
　　　5.3.3　如何展示忠诚：让上司成为你的资源 ·············· 127

6　团队的秘密：团队建设与个人成长 ······························ 136

　6.1　从后宫看团队的定义与特征 ······························ 137
　　　6.1.1　后宫：一群本应成为团队的"乌合之众" ·············· 137
　　　6.1.2　皇后：失败的团队领导人 ·············· 139
　　　6.1.3　三派纷争：只有完美的团队，没有完美的个人 ·············· 140
　6.2　团队管理的核心：统一目标和提升凝聚力 ·············· 144
　　　6.2.1　团队重在"人心齐，泰山移" ·············· 144

6.2.2 尊重个人价值,实现个人荣誉感 …………………………… 147
6.2.3 认清职场定位,创造个人价值 ……………………………… 148
6.3 沟通,团队合作的关键 …………………………………………… 150
6.3.1 "五心原则"提升团队沟通 …………………………………… 150
6.3.2 用心沟通挽救团队内部的异心之人 ………………………… 151
6.4 团队管理的艺术 …………………………………………………… 152
6.4.1 管理的艺术源于团队管理者的人格魅力 …………………… 152
6.4.2 以诚相待化解团队内部的嫌隙 ……………………………… 155
6.4.3 雍正对年羹尧可谓"善用人者不恃人" ……………………… 156
6.5 团队建设中的个人成长 …………………………………………… 157
6.5.1 浣碧:缺乏团队角色意识与位置感的姐妹 ………………… 157
6.5.2 甄嬛:收敛个性,等待绽放 …………………………………… 160
6.5.3 宝娟:忠诚比能力更重要 …………………………………… 161

7 处处有玄机:剧中的文学意象 …………………………………… 163

7.1 《后宫·甄嬛传》经典台词集锦 ………………………………… 163
7.1.1 人生篇 ………………………………………………………… 164
7.1.2 工作篇 ………………………………………………………… 165
7.1.3 处世篇 ………………………………………………………… 166
7.1.4 爱情篇 ………………………………………………………… 167
7.2 《后宫·甄嬛传》中文学典故与诗词 …………………………… 168
7.2.1 《后宫·甄嬛传》之"郑伯克段于鄢" ……………………… 168
7.2.2 《后宫·甄嬛传》之"山之高" ……………………………… 171
7.2.3 《后宫·甄嬛传》之美妙诗词 ……………………………… 173
7.3 《后宫·甄嬛传》中楹联探究 …………………………………… 179
7.4 《后宫·甄嬛传》之主题曲 ……………………………………… 182
7.4.1 曲调古典、歌词幽婉的片头曲《红颜劫》 ………………… 182
7.4.2 谱写甄嬛一生感情纠葛的片尾曲《凤凰于飞》 …………… 183

8 古装戏标杆:以思想的穿透力赢得了生命力 …………………… 184

8.1 《人民日报》:不妨"俗得那样雅" ……………………………… 184

8.2 《光明日报》：以批判现实主义的方法尽情讴歌"真善美" …… 186

8.3 《解放日报》：把宫斗戏做到了顶峰和极致 …………………… 191

8.4 《人民日报》：比坏心理腐蚀社会道德 ………………………… 192

8.5 《求是》：用思想的穿透力提升影响力 ………………………… 192

附录A 后宫主要成员才艺比较表 ………………………………… 196

附录B 后宫甄嬛传角色人物分析 ………………………………… 197

后宫乎？职场乎？

郑晓龙导演执导的第一部古装剧《后宫·甄嬛传》不仅仅是近几年国产剧的一张名片，而且还是自2011年底以来我国电视剧创作的一个标杆。无论紧随其后的《武媚娘传奇》《琅琊榜》，还是去年刚播完的《芈月传》，乃至2017年年底即将开播的《后宫·如懿传》，都以超越它作为自己的目标。较量后的结局，大家都是知晓的。

自首播以来，《后宫·甄嬛传》在各大电视台重播再重播，长达76集的鸿篇巨作依然屡屡成为收视冲高的灵丹妙药。它从火遍大陆到走红台湾，然后"闯美人韩登日"，这种能跨越各种文化的爆红现象，恐怕不只是因为电视剧中明星云集、阵容强大，更是因为这部电视剧通过一个纯真少女在皇帝后宫几经沉浮、生死搏杀的命运轨迹透析了现实社会中人性如何被压制、扭曲和摧残，使得该剧在剧情曲折与现实意义方面都超越了以往的宫廷剧。

如果我们把《后宫·甄嬛传》的剧情做一个比拟：整个故事情节就如同一本职场宝典，为职场人士指明了方向，同时也细致解读了职场的生存法则。电视剧中，无论甄嬛、沈眉庄，还是夏冬春、安陵容，她们就如同一个个初入职场的大学生（职场新秀），或一路成长、发展、晋升，或"香消玉殒"的职场轨迹。所以说，《后宫·甄嬛传》就像一部简化版的职场演进史，也像一场脸谱化的职场擂台赛。

有人说，"职场成功是熬出来的"。这个"熬"字很形象地描述了职场奋斗中的曲折人生、内心的无奈和复杂的过程。在一个认为"成功无定法"的时代，我们该如何从职场中"熬"到成功？如何从一个职场新秀"熬"成一个职场达人？这需要充分获取职场成长的智慧和策略。

1 选秀

"临门一脚"成功跨入职场

作为一部描写宫廷生活(尤其是后宫生活)的电视剧,电视剧《后宫·甄嬛传》开篇第一集就迅速切入了主题。

剧情回顾

敬事房的太监徐进良顶着放着寥寥七个牌子(皇后、华妃、端妃、齐妃、敬嫔、富察贵人、欣常在)的盘子走进养心殿,等待雍正皇帝"翻牌子",甚至苦苦恳求:"皇上,您这大半个月都没有进后宫,要是今个儿再不翻牌子,太后一定会责罚奴才的"。皇上却毫无反应,让敬事房太监跪了很久不知如何是好。幸好此时太后驾到,敬事房太监在太后身边的竹息姑姑的指引下退了下去。

到了养心殿外,敬事房太监徐进良很苦恼地对太监总管苏培盛说:"皇上登基都大半年了,可是这每个月进后宫的日子掰着指头都数得清。还望苏公公在皇上面前多多提醒才是,后宫那些小主们盼皇上就像久旱盼甘霖呢!"

苏培盛:"哪有不劝的?这皇上最近一直忙于朝政,每日连睡觉都只睡两三个时辰。咱们做奴才的就是想劝也张不了口啊!"

随后,便是太后与皇上谈及后宫选秀的事情。

太后:"先帝有你们二十四个儿子,皇帝就不如先帝了。"

皇帝:"儿子福薄,只有三个皇子。让皇额娘挂心了。"

太后:"也不怪你。先帝嫔妃多,自然子嗣也多。你后宫才那么几个人……皇家最要紧的是要开枝散叶,绵延子嗣,才能江山万年,代代有人。为此,才有三年一选秀,充实后宫。"

清朝选秀是自顺治皇帝开始的。八旗选秀（或者说选秀女）由户部主持，每三年一选。如果把清朝选秀（尤其是电视剧中的选秀）与现在的人才招聘做一个比拟，我们一定会觉得再贴切不过了。皇帝选秀是为了充实后宫，为了开枝散叶、绵延子嗣，为了江山稳固，这就如同企业为了各项工作的顺利开展，为了企业的利益来"招聘人才"一样。那些从各旗（满八旗、蒙八旗和汉八旗）被层层选出来的秀女先由户部奏报皇帝，奉旨允准后，由皇帝决定选阅日期。皇帝选阅秀女的过程就如同企事业单位人力资源相关部门对应聘人员进行多次考核后最后面试一样。这些秀女就如同前来求职的员工，经历一次次脱胎换骨般的洗礼与炼狱，渴望走向职场——后宫！

在如今的社会里，无论你愿意还是不愿意，无论你准备好还是没准备好，无论你是应届毕业生还是工作多年的职场老将，都可能被卷进求职的浪潮中。一旦被卷入这场声势浩大、夹带彷徨与浮躁的求职浪潮，我们就不可能随意停下来，并渴望尽快找到一个出口。然而，在通过这个出口前，我们必须先打开一扇神秘的门，这扇门要么引领我们通往天堂，要么引领我们通往地狱。这扇门在皇宫是选秀，在职场便是面试！

1.1 沈眉庄教您为步入职场做全方位准备

在电视剧《后宫·甄嬛传》中，大理寺少卿甄远道之女甄嬛与济州协领沈自山之女沈眉庄两人从小一起长大，但面对选秀，两人的目标完全不同。甄嬛面对"选秀"这一无法避免的经历，甚至拜佛祈求："信女虽不比男子可以建功立业，也不愿意轻易辜负了自己，若要嫁人，一定要嫁于这世间上最好的男儿，和他结成连理，白首到老，但求菩萨保佑，让信女被撂牌子，不得入选进宫。"

沈眉庄却不同，她为了能够顺利入选，从参加选秀的服饰、仪态仪表，到言语表达，都进行了精心的准备。

剧情回顾

沈眉庄在家里甚至进行模拟选秀。无论走路姿态、说话、礼数都加以精心准备，处处做到"很合规矩"，甚至家人还帮助她练习如何应对可能的提问。

沈眉庄的母亲问："若是皇上和太后问你读过什么书呢？"

沈眉庄回答："《诗经》《孟子》《左传》。"

> 沈母:"错了。皇上今天是选秀女,充实他自己的后宫,繁衍子嗣。不是考状元,问学问的。女子无才便是德。"
> 沈眉庄:"是。女儿明白了。"

与做任何事情一样,失败永远比成功来得容易。对于求职者来说,面试与参加选秀一样,无异于一场战斗,要想实现"临门一脚",顺利地跨入职场,就不能打无准备之仗。面对可能只有区区几分钟的面试,求职者应该向沈眉庄学习,就算花 10 倍甚至 100 倍的时间去准备都不为过。因此,从沈眉庄准备选秀这个过程看来,求职者参与面试时也应做好心理准备、问题准备和仪表仪态准备。

1.1.1　心理准备:沈眉庄在选秀前的自信

在求职的道路上,就如同选秀一样,应该以过往经验为鉴,以现在为出发点,以将来为目标,对职业和职位的追求有一个准确的自我分析和理解。在电视剧《后宫·甄嬛传》中,甄嬛虽然知道自己是被动卷入选秀的浪潮中,但她非常明白自己想要的是什么,即"愿得一人心,白首不相离",所以她并不打算顺利通过选秀进入后宫;而沈眉庄无论家人还是自己都渴望能够选秀成功,跨入后宫。因此,沈眉庄和甄嬛面对选秀的心理准备上就有较大的差异。除此,还应该保持足够的自信去面对求职中的各种挑战和机遇。求职面试时,自卑会使人缺乏竞争的勇气,参加招聘面试时会心里发怵。一旦中途受到挫折,更会缺乏心理上的承受能力,甚至觉得自己真的不行,也不敢说"行",总是说"试试看",显得很没自信。在激烈的择业竞争中,这种心理障碍是走向成功的大敌,必须认真加以克服。

剧情回顾

> 面对参加选秀的压力,沈眉庄和甄嬛自然表现了一种自信,尤其是沈眉庄表现得更为自信。当她俩在等候面圣时,二人相遇,有这样一段对话。
> 甄嬛夸沈眉庄道:"姐姐出落得这么标致,皇上见过必定会念念不忘。"
> 沈眉庄露出了自信的微笑,说:"我俩被选中虽说是意料中的事。但今天秀女佼佼者众多。若叫旁人听到,不知会惹出多少事端。"

剧 情 回 顾

安陵容因不小心失手将一杯茶洒在夏冬春衣服上后,夏冬春奚落了她一番。安陵容马上表现出一种自卑。

沈眉庄在旁边劝说道:"从来英雄不问出身,妹妹何必妄自菲薄!"

对于安陵容来说,沈眉庄及时劝慰安陵容不要"妄自菲薄",这是一种很有力的心理支持,也有利于安陵容后来从容地面对选秀。无论是面对求职面试还是迎战职业发展中的各类竞争,"妄自菲薄"会让人表现出一种虚无主义的情绪,这种不健康的情绪一旦占据心头,就会腐蚀一个人的斗志和信心,犹豫、忧郁、烦恼、焦虑也会随之而来。生命,有时候是一种恶性循环,你越是不相信自己,很多事情越做不好。陷入这样的漩涡里,你将会丢了快乐,丢了幸福。其实,妄自菲薄是一种没有必要的自我没落,它会让人总是过多地看重自己不利和消极的一面,而看不到有利、积极的一面,从而缺乏客观全面地分析事物的能力和信心。其实,世界上每一个事物、每一个人都有其优势,都有其存在的价值。这就要求我们努力提高自己透过现象抓本质的能力,客观地分析对自己有利和不利的因素,尤其要看到自己的长处和潜力。

小 贴 士

测一测:你有自卑心理吗?

你有自卑心理吗?有没有想过是什么让你产生自卑感的呢?是技不如人还是对自己要求过高?这项测试会对你潜在的自卑心理加以分析、量化。请你认真完成下列选择题,并将总分与结果对照,可以从中发生你是不是自卑的人,并找到产生自卑的原因。此测验有助于你克服自卑,树立自信。

1. 与周围人相比,你的身高如何?
   A. 相当矮　　　　B. 差不多　　　　C. 高

2. 早晨照镜子时,第一个念头是什么?
   A. 再漂亮点就好了　　　　　　B. 想精心打扮一下
   C. 别无它想,无所介意
3. 当你心爱的异性被比你更漂亮的同性追求时,你会怎样?
   A. 灰心丧气　　　　　　　　　B. 向那异性挑战
   C. 毫不在乎
4. 老师批过的考卷发下来,朋友要看怎么办?
   A. 藏起来,不给看
   B. 把打分的题目折起来,其余让朋友看
   C. 任他们看
5. 如果在某些方面不管如何努力,总是输给竞争对手,你会怎样?
   A. 甘愿认输　　　　　　　　　B. 继续挑战,并更加努力
   C. 在其他方面竞争
6. 看到你的近照,有何想法?
   A. 不称心　　　B. 拍得很好　　　C. 还算可以
7. 如果能够再次出生,你想做什么?
   A. 异性　　　　B. 同性　　　　　C. 同性、异性均无所谓
8. 是否想过几年后会有使你不安的事?
   A. 常想　　　　B. 没想过　　　　C. 偶尔想
9. 你有被朋友起过绰号、挖苦过吗?
   A. 常被　　　　B. 没有过　　　　C. 偶尔有
10. 对体育运动,你有过"自己不行"的感觉吗?
    A. 常有　　　　B. 没有　　　　　C. 偶尔有
11. 碰到寂寞和讨厌之事时,你会怎样?
    A. 在吃喝玩乐时忘却　　　　　B. 陷入深深的烦恼之中
    C. 向朋友和父母诉说
12. 你受周围的人所欢迎和爱戴吗?
    A. 受　　　　　B. 不受　　　　　C. 不知道是否受
13. 有过在某件事上绝不亚于他人的自信吗?
    A. 有过几次　　B. 没有过　　　　C. 没考虑过
14. 被异性称作"不知趣的蠢东西"时,你会怎样?
    A. 不在乎　　　　　　　　　　B. 因难过而流泪
    C. 回敬:"笨蛋! 没教养!"
15. 如果听到朋友在说你喜欢的人的坏话,你会怎样?
    A. 断然反驳　　B. 有所担心　　　C. 让别人说去

【计分标准】

1~5题的得分说明,选A得5分,选B得3分,选C得1分。

6~10题的得分说明,选A得5分,选B得1分,选C得3分。

11~15题的得分说明,选A得1分,选B得5分,选C得3分。

【结果解释】

15~29分:自卑的原因在于环境的变化。平时没有自卑感,是个自信者,只有进入人才济济的环境时,才对自卑有所感觉。

30~44分:自卑的原因在于理想过高。不满现状,一心出人头地,与周围人计较长短胜负,过于追求虚荣。

45~60分:自卑的原因在于信心不足。做事情之前,往往先下"自己不行"的结论,事实上并非如此。因此,要注意了解周围人们的真实情况。

61~75分:自卑的原因在于性格懦弱。易用消极悲观的眼光看待事物,对自己的体魄和外貌缺乏自信,看不到自己的长处。因此,要更积极主动地看待工作和学习,使自己经风历雨,坚强起来。

1.1.2 问题准备:做到有的放矢,投其所好

面试时,考官为了考察应聘者的专业知识与技能、综合素质、敬业精神以及对单位和职位的了解程度,在面试这种特殊的谈话过程中总会有一些问题是他们常常提问的。例如:"简单地自我介绍""为什么要应聘这个职位""你认为你为什么能胜任这个工作""你能不能举两个例子来证明你刚才所说的能力和素质""你最近跳槽的原因是什么""你有哪些优势和劣势""你期望的工作是什么样子的,你是如何为自己设计职业生涯的"等。应聘者要根据所了解的情况和自身情况对回答进行精心准备与设计。沈母为了沈眉庄的应选,在家中模拟太后和皇上向沈眉庄提了许多问题,并纠正了她一些很不恰当的回答。

剧 情 回 顾

太后问沈眉庄:"可曾读过什么书?"

沈眉庄:"臣女愚钝,看过《女则》与《女训》。略识得几个字。"

皇上:"这两本书都是讲究女德的,不错。读过《四书》吗?"

沈眉庄:"臣女不曾读过。"

> 太后："女儿家都以针线女红为主，你能识字就很好了。"
> 沈眉庄："多谢太后、皇上赞赏！"

求职面试就如同沈眉庄选秀一样，应答也是应聘面试的重头戏，应聘者面对面试官的提问，不仅要精心准备面试官所提问题的答案，而且要掌握面试应答技巧，既要在交谈中展示自己的诚意，能实事求是、一分为二地客观描述自己的优缺点；又要在交谈中展示自己的热情和综合素质，尤其是展示综合素质和能力时，应聘者并不是将自己的能力或者综合素质和盘托出就是最好的，而是应该展示应聘方提供的职业或者岗位所需要的能力。应聘者应该对所应聘职位或者岗位有清晰的认知，做到有的放矢、投其所好才是最重要的。

在电视剧《芈月传》中，张子（张仪）到楚国后想要在此谋求一份工作，于是精心写了一卷策论想要将其敬献给楚怀王。由于王宫门卫森严，当时还是一介布衣的张子几次被门卫拦在王宫宫墙之外，幸亏有一次他被门卫拦住时，赶上了芈月和公子歇（黄歇）出来为芈姝办事，即联系秦惠文王（嬴驷）。芈月问了张子原委，张子如实禀报之后，芈月便邀张仪随他俩去见了秦王再说。张子见了秦王后，并没有把策论交给秦王，而是在回来的路上执意请公子歇将自己写的策论交给楚怀王。张子走后，芈月感到奇怪，既然是敬献给大王的治国策论为何刚才不顺便交给秦王而一定要给楚王呢？于是，芈月偷偷看了包袱里的策论。让芈月和公子歇震惊的是，张子写的竟然是一卷《玉女论》："君子於玉比德焉，帝王於玉女比美人焉，天下美女，风情各异，有眉如翠羽、肌如白雪者，有腰如束素、齿如含贝者……齐女多情，楚女窈窕，燕女雍容，韩女清丽，赵女娇柔，魏女美艳，秦女英气，如百花，若百宝，争奇斗艳，各有妙处……"。正如张子所料，当楚王看了《玉女论》之后，迫不及待地召见他，并给了他很多金银财宝，让他负责寻找各国美女并送到楚王的王宫。

从张子这种为楚王量身定做的策论就能看出，一个人只有真正恰到好处地展示自己的能力和才华时，才能取得最佳的效果。如若张子当时一冲动将《玉女论》转交给了秦王嬴驷，那张子的举动就无异于在"作死"。所以，他见秦王时却只谈自己对于秦楚联姻的好处如何等问题的见解，以此引起秦王对他的兴趣。毕竟，秦惠文王有图谋天下霸业的野心，并不沉溺于后宫（王后死了三年，后宫都没有立新的王后），而楚怀王却是一个好色之徒，想拥有天下美女。这种差异化的推销与展示，才会更好地赢得别人的赏识和认可。

其实，这种能力不只是在求职面试时需要掌握，即便我们在职场打拼很多年的老将也需要学习和巩固。因为我们不仅是初次走入职场需要面试，以后我们还需要面对竞职、竞岗、竞聘等挑战,这时我们在向单位领导展示能力时也一样需要像求职面试一样,展示岗位或者职位所需要的能力,只有这样,在竞职、竞岗、竞聘中成功谋求某一岗位或者职位的可能性才会更大。

1.1.3 仪表仪态准备:先敬罗衣后敬人

人们常言:不打无准备之仗。凡事预则立,不预则废,在去面试之前,准备工作马虎不得。首先,应聘者面试前要准备好相关的证明材料。这些材料主要是指为了证明自己所谈情况的真实性,需要出示的有关材料,用人单位也会向应聘者索要有关的材料。其次,服装及饰品是求职者留给面试考官的第一印象,得体的穿着打扮能为你加分,也能让你增加自信,在面试中发挥得更好。要达到这个目的,需要研究着装风格,注意细节修饰,适当进行形象设计。参考的法则是,针对不同背景的用人单位选择适合的套装,必须与准上班族的身份相符,要以内在素质取胜,先从严肃的服装入手。

整洁端庄的个人形象和文明大方的行为举止是一个人基本素质的外在表现。注重仪表、举止能给招聘者留下深刻的印象。在面试过程中,应聘者的言谈、举止、仪表、气质和风度等均会给面试官留下很重要的印象。因此,沈眉庄面对应选曾在家进行多次练习。

剧 情 回 顾

> 沈眉庄坐在梳妆台前精心装扮后,家中侍女们纷纷说道:"真是太好看了!""多好看啊!"
> 沈母在旁边说道:"走几步给我看看!"
> 沈母身旁的一位侍女说:"很好!我们家大小姐走得极好!"
> 另一位侍女说:"走路时腰肢更软些,皇上更喜欢!"
> 沈母点头赞同,然后说:"说句话听听!"

在这个烦琐的社会和纷扰的职场中穿行时,我们必须明白,人的内涵(诸如财富、慈悲、才华、勇敢、坚毅、义气等)好比包子馅,不应在表面张扬,但我们应该明白在适当时机、关键时刻它们的存在要让人知道,否则有等于无,会因错失机会而颓败。尤其是服装,它就如同天气一样,无论是好是坏,别人都能注意到,这些东西都不会有人特地警告你,但它却总是潜移默化的传递所谓的"社会阶层"等相关的信息。在大部分职场生活和社交场所中,我们如若要看起来就属于某个阶层的人,就必须穿得像这个阶层的人。

剧情回顾

在等候选秀的时候,甄嬛为安陵容与夏冬春解围后,看到安陵容刚才因衣服和装束被夏冬春取笑,说道:"先敬罗衣后敬人。世风如此,到哪都一样!"

于是,甄嬛把自己的耳环给了安陵容,还在她的头上插了一枝秋海棠花。

后来,安陵容到殿前参加选秀时,其不俗的打扮和那支秋海棠,让她在选秀中脱颖而出,顺利入宫。

"先敬罗衣后敬人",这是一句流行俗语。作为现代粤语流行歌曲的开山鼻祖,许冠杰曾就以这句俗语为歌名创作了一首歌曲并在"1992年许冠杰引退汇群星演唱会"上进行了演唱。其歌词就是以讽刺的手法来描写以貌取人的社会现实。

生活中,常见有人批评我们现今社会某些人"以貌取人"。事实上,无论中国社会还是西方社会,无论现代社会还是古代社会,无论职场面试还是职场交往,人们很多时候都是先看到别人的外形衣着等外在特质,然后以此为基础来进一步关注人的内心。西方也有句俗语:"你就是你所穿的!(You are what you wear!)"。美国批判现实主义文学的奠基人马克·吐温也曾说过:"服装建造一个人,不修边幅的人在社会上是没有影响力的。"美国前总统林肯也曾因为外表的偏见拒绝了其朋友推荐的一位才识过人的内阁成员。当他的朋友愤怒地责怪林肯总统以貌取人,说任何人都无法为自己的天生外貌负责时,林肯回复说:"一个人过了40岁,就应该为自己的外貌负责。"虽然林肯这个以貌取人的做法值得商榷,但我们却不能忽视仪表、衣着、服饰等在职场生活与社会交往中的巨大影响作用,应给予一定关注。

小贴士

职场面试装扮技巧

俗话说:"人靠衣装,马靠鞍。"或许有人会认为这句话有失偏颇,甚至觉得拥有这种观念的人显得有些肤浅,因为我们常说"人不可貌相",不可"以貌取人"。正如《醒世恒言》(卷一·两县令竟义婚孤女)中有这么一句话:"佛是金装,人是衣装,世人眼孔浅的多,只有皮相,没有骨相。"的确,光从一个人的外貌和衣着,并不能十分准确地判断一个人的性格、素养、能力等深层次的内涵。然而在某些特殊情境下(例如职场面试),外貌和着装等方面差异却可能带来天差地别的结果。正如一位人力资源总监说过这样一句话,"我认为你不可能仅仅由于戴了一条领带而获得一个职位,但是我可以肯定你戴错了领带就会使你失去一个职位。"由此可见,合理的装扮不一定为你加分,帮你顺利通过面试,但糟糕的装扮绝对会为你的面试减分。因此,无论对于职场新人还是职场老将来说,除了通过简历上的内容和简短的谈话与面试沟通让面试官快速初步了解我们之外,职场面试时的装扮便是我们能表达自己的另一个非常重要的途径。

1. 着装

职场面试过程中,给人的第一印象往往是你的着装。初次见面,我们一定要力争给人留下整洁、美观、大方、明快的印象。对于刚毕业的大学生来说,着装还应体现青春和朝气。当然,根据招聘单位的不同,我们在着装方面也可以做出一些调整。

(1)正统着装。职业装是比较正统的着装方式,可以使面试者看上去干练、稳重,又不失亲和力和活力,同时还能恰当地体现求职者与应聘企业或者单位的融洽度。一般说来,应聘行政文秘类的岗位,法律、金融、外企、国家机关等单位时,正装比较符合这些企事业单位的职场文化。

(2)创意性着装。这类着装指的是求职者挑选一些鲜艳亮丽的服装,凸显自己的配色功力,或者穿着一些体现个性与时尚特质的服装,展现自己的风格。但这种着装主要适用于应聘广告、平面设计、新闻、动画制作、娱乐、形象造型等领域的工作,因为求职者如果应聘这些工作,单单以传统的正装示人就未免显得过于大众化、太过拘谨、没有新意。

(3)内敛性着装。这类着装指的是求职者对着装不太讲究和准备,只是表现其整洁、端庄、大方和得体。一般说来,技术类人才面试时可以采用这种着装方式,但需要说明的是,招聘单位或者公司也可能通过着装来判断求职者在严谨、稳妥、含蓄等方面的特质。

由此可见,求职面试着装最保险的方式就是正统着装,即职业装。男性一般选择西装,女性一般选择套装。

2. 色彩搭配

由于绝大多数求职者面试时选择的是职业装,然而职业装一般以黑、灰等较暗的颜色为主,这些颜色常常让人感到没有活力和生气。因此,我们在色彩上可以选择淡蓝色、淡粉色或正红色,通过合理和合适的色彩搭配来调节黑、灰色给人带来的不好的感觉。一般来说,服饰着装的色彩搭配不要超过 5 种,也不要运用过于跳跃的色彩。因为不管是什么样的工作,面试方都希望你能负责而严谨地对待求职面试过程,过于花哨的搭配会让人感到不严肃和天马行空。具体而言,男生在西装的色彩搭配上必须遵循"两单一花"的原则,也就是说,如果衬衫和西装的颜色都是单色的,那就选一条花领带进行调节;女生在套装的着装上,如果色彩比较单一,同样可以选择色彩亮一些的丝巾来搭配,以起到调节和点缀的作用。除此之外,如果所穿的外套是深色系,则可搭配颜色亮一点的衬衣;而如果所穿的外套的颜色比较跳跃,则要搭配深色或白色的衬衣进行调节。

1.2 夏冬春以"拼爹"高调登场却瞬间出局

电视剧《后宫·甄嬛传》的前 3 集中有一张很美艳的脸蛋虽然只出场了 3 次,却着不同服饰、梳不同的旗头,高调地出场,却瞬间消逝。这个人就是包衣佐领家夏威之女夏冬春,在选秀时顺利进入后宫,却被华妃娘娘赏赐了"一丈红",成为《甄嬛传》中第一个出局的后宫妃嫔。

1.2.1 职场新人忌轻狂跋扈

剧情回顾

只听见"哐啷"一声,有茶杯翻地的声响。只见一位穿鲜红缎服、满头珠翠与大红花的女子一手拎着裙摆,一手猛力扯住另一名秀女安陵容,口中喝道:"你是哪家的秀女,拿这么烫的茶水浇到我身上,想作死吗?"

远处久未谋面的姐妹沈眉庄和甄嬛正在闲聊,听到喝声,沈眉庄低语:"皇家宫苑,天子近旁。谁这般轻狂?!"

夏冬春依然在皇家宫苑轻狂放肆。

安陵容:"对不住,对不住!"

> 夏冬春:"问你呢？你是谁？哪家的？"
> 安陵容:"我,我叫安陵容。家父,家父是……"
> 夏冬春:"难道你连自己父亲的官职也说不出口吗？"
> 安陵容:"家父松阳县丞安比槐。"
> 夏冬春:"果然是穷乡僻壤出来的小门小户。何苦把脸丢到宫里。"
> 旁边一秀女:"你可知你得罪的是包衣佐领家的小姐夏冬春？"
> 安陵容:"陵容初来宫中,一时惶恐才失手将茶水洒在夏姐姐的身上,并非存心。还望姐姐原谅陵容无心之失。"
> 夏冬春:"即便让你面圣也不会被留用的。有什么可惶恐的？能让你进紫禁城,已经是你几辈子的福分了。还敢痴心妄想？"
> 安陵容:"姐姐若是生气,妹妹赔姐姐一身衣裳就是了。"
> 夏冬春:"赔？你这身衣裳是新做的吧？针脚那么粗,定是赶出来的。用的还是早两年京中就不时兴的织花缎子。我这身衣裳啊,那可是苏绣。你是要拿你头上那两只素银簪子赔,还是拿你手上那两只送人都没人要的鎏金镯子赔啊？"
> 安陵容:"今日之事是陵容的错,还请姐姐息怒！"
> 夏冬春:"这件事要作罢也可。你即便跪下,向我叩头请罪！我便大人大量,算了。"
> ……

尽管夏冬春与安陵容之间的冲突在甄嬛的干预下,最终平息了下来。但夏冬春在皇家宫苑如此嚣张和轻狂的做派却被人传到了后宫。

特别是,她后来在殿前因为名字有意思得到皇上的喜欢,留牌子顺利进入后宫。华妃娘娘听到此事后,对身边的人说:"想必她也有几分姿色。不过如今还未曾得到皇上恩宠就敢如此嚣张,若是有一天获得皇上宠幸,这后宫不要跟她姓夏不成？"随后,华妃娘娘在协理六宫的事务中将夏冬春安排到了延禧宫与富察贵人同住。

其实,一开始我们未必知道华妃娘娘的用心,当我们后来看到富察贵人如何虐待失子之后被皇上冷落的甄嬛时,我们便会明白,夏冬春即使不被华妃娘娘赐"一丈红",也会被富察贵人所欺负！

由此可见,职场的轻狂和嚣张很容易招来同事,尤其是老员工甚至领导的厌恶。的确,年轻人刚入职场往往血气方刚,做事敢冲敢闯,这本是很好的事情。可问题在于不少职场新秀往往自视甚高,表面或者内心里面认为自己已经懂了很多,完全可以独当一面了,以至于目中无人。这就很不可取了。

1.2.2 职场新人忌自视甚高

从前面安陵容因为不小心将茶水洒在夏冬春衣服上之后，夏冬春的嚣张跋扈以及旁边一位秀女的一句话"你可知你得罪的是包衣佐领家的小姐夏冬春？"可以看出，夏冬春真的符合我们今日职场中的一种新人，即"官二代"。的确，从夏冬春父亲的官职看来，她父亲可谓位高权重，她自然便是典型的"官二代"。基于这样的背景，加之比较好的个人条件，在选秀时，连皇帝也多看了她几眼，说道"名字有趣"，甚至皇上的喜爱还被皇后知晓，初入宫便是"常在"的位分，按理说，她的起点比别人高，在一定意义上，她应该算是新人中的种子选手。但为何入宫不久就被华妃娘娘赐"一丈红"落了个被打残的下场？这不仅因为她在选秀之前为难安陵容，其嚣张跋扈使华妃娘娘感到此人不可小视，而且因为她自视甚高，除了皇上与皇后，基本不把任何人放在眼里。

> **剧情回顾**
>
> 虽然我们不知道夏冬春到底对教习姑姑做了什么，但前往甄府给甄嬛报喜帖的传旨太监看到甄嬛（莞常在）施以小礼下跪见过芳若姑姑时，公公说过一句话，"甄大人好教养……方才领着另一位教引姑姑去夏常在家，那可是看了好大的脸色。"
> ……

> **剧情回顾**
>
> 颂芝将传旨太监与教习姑姑去夏冬春家受到冷落的事情告诉了华妃。
> 华妃："想必她有几分姿色，还未入宫就欺凌旁人……告诉教习姑姑，既然人家不识抬举，也不必用心去教了！"
> 颂芝："即便娘娘不说，想必教习姑姑心里也有数！"

在上面两段剧情中，我们可以推测，夏冬春因为家教原因，从小养成了不尊重身边的人的性格特征，甚至对宫中来的教习姑姑也不尊敬。也正因为如此，教习姑姑在教习夏冬春礼仪期间自然不会特别用心，从而使她对后宫很多真实的信息未能完全把握，否则，她也不至于一进宫就犯了不应该犯的错误。

> **剧 情 回 顾**
>
> 　　新选秀进宫的嫔妃入宫后,皇后和华妃都给她们赏赐了一些东西,夏冬春为了表明自己属于"皇后一边",竟然在宫中大声对刚离去的剪秋姑姑说出一句话:"华妃娘娘赏的东西再好,那也不如皇后娘娘的。(对身边宫女说)把皇后娘娘赏的料子改一件衣裳出来,等合宫觐见的时候,我穿上了再去给皇后娘娘谢恩。"
>
> 　　不料,夏冬春讲这番话的时候,华妃娘娘翊坤宫的首领太监周福海刚好路过,他听到此番言论十分不满。
> 　　……

> **剧 情 回 顾**
>
> 　　一宫女对夏冬春说:"听说宫里最得势的是华妃?"
> 　　夏冬春回应:"华妃娘娘再得势也不过是妃子,中宫却是中宫啊。"
> 　　……

> **剧 情 回 顾**
>
> 　　新进的嫔妃合宫觐见皇后娘娘时,华妃娘娘来得晚了些,在皇后娘娘面前显示了自己受皇上盛宠,而且还可以目无皇后。夏冬春看到之后,竟然向旁边的富察贵人嘀咕了一句"华妃娘娘这么声势浩大的是做给谁看啊?"

　　此时,进一步证明,宫里的教习姑姑是不能得罪的,一旦得罪了她们,其后果要么是教习姑姑不尽心教导宫中规矩与礼仪,让你很容易违反宫中的规制;要么是教习姑姑不会告诉你后宫中的"潜规则"(例如皇后是庶出的,千万不能和她提及"庶出"二字,华妃娘娘在宫里很得势等)。正因为甄嬛很敬重教习姑姑芳若,芳若姑姑就告诉了她很多秘密,这些内容本不在教习职责范围之内,但一旦她能如实告知,就会让你少走很多弯路,否则就很容易吃暗亏。夏冬春正是因为不知晓这些,很快便领受了华妃娘娘的"一丈红"。最要紧的还有,教习姑姑一般都是宫里很有资历的宫女,或许曾经做过皇上身边的宫女,或许曾经做过皇后身边的宫女,还或许曾经做过太后身边的宫女,总之,她们在后宫人脉关系一般很广,与她相交甚好,入宫后她们自然能为各小主的后宫之路帮上不少忙。例如,甄嬛因为和芳若姑姑关系甚好,芳若姑姑在其好几次遭遇困境时都鼎力相助。

正因为夏冬春当初没有好好对待教习姑姑,教习姑姑并没有将宫中实情告诉她,以致她以惯常的思维方式来认识后宫,以为后宫的领导是皇后娘娘,于是一入宫就表明自己的派系,站入自己认定的队伍中。没想到,真实的后宫,协理六宫的实权是在华妃娘娘手中,夏冬春赶着投靠皇后娘娘,却不知道自己已经站错了队,结果被华妃娘娘当众赐了"一丈红",落了个杀鸡儆猴的下场。

"尊重他人"是成就卓越、获取成功的必备品质。身处职场,大到单位领导,小到单位勤杂人员,他们作为单位的职场前辈,每一个职场新人都应该尊重他们。一个人只有懂得尊重别人,才能赢得别人的尊重。恪守礼仪,养成尊重别人的习惯,才能拥有良好的"资源",从而成就自己的事业与梦想。

在美国,流传着这样一个真实的故事:

一天下午,一位穿得很时髦的中年女人带着一个小男孩走进美国著名企业"亚联集团"总部大厦楼下的花园,他们坐在一张长椅上,女人不停地在跟男孩说着什么,一脸生气的样子。不远处有一位白发苍苍的老人正在打扫垃圾。小男孩终于不能忍受女人的大声责骂,他伤心地哭起来。女人从随身挎包里揪出一团白花花的卫生纸,为男孩擦干眼泪,随手把纸丢在地上。老人瞅了中年女人一眼,她也满不在乎地看了老人一眼,老人什么话也没有说,走过来捡起那团纸扔进一旁的垃圾桶内。女人仍不停地责骂,男孩一直都没停止哭泣,过了一会儿,女人又把擦眼泪的纸扔在地上。

老人再次走过来把那团纸捡走,然后回到原处继续工作。老人刚刚弯下腰准备清扫时,女人又丢下了第三团卫生纸。就这样,女人总共扔了六七团纸,老人也不厌其烦地捡了六七次。女人突然指着老人对小男孩说:"你都看见了吧!如果你现在不好好上学,将来就会跟他一样没出息,做这些既卑贱又肮脏的工作。"老人依旧没有动怒,他平静地对中年女人说:"夫人,这个花园是亚联集团的私家花园,按规定只有集团员工才能进来。"

女人理直气壮地说道:"那是当然,我是'亚联集团'所属一家公司的部门经理,就在这座大厦里上班!"边说边拿出一张名片丢在老人的身上。老人从地上捡起名片,扔进了垃圾桶,并且从口袋里掏出手机拨了一个电话。

女人十分生气,正要理论时,发现有一名男子匆匆走过来,恭恭敬敬地站在老人面前。老人对男子说:"我现在提议免去这位女士在'亚联集团'的所有职务!"

"是,我立刻按您的指示去办!"那人连声应道。

老人说完后径直朝小男孩走去,温和地对他说:"人不光要懂得好好学习,更重要的是要懂得尊重每一个人。"说完后,就朝大厦走去。

中年女人由生气变成了惊讶,她认识后来的这个男子,他是亚联集团所有分公司的总监。"你,你怎么会对一个清洁工毕恭毕敬呢?"她惊奇地问道。

男子用同情的眼光对女人说道:"他不是什么清洁工,而是亚联集团的总裁。"

中年女人一下子瘫坐在长椅上。

孟子有云:"爱人者,人恒爱之;敬人者,人恒敬之。"这句话强调了尊重他人就是尊重自己。在这个故事中,中年女人从始至终都没有正眼看过老人一眼,她除了不尊重老人的劳动果实,更重要的是不尊重老人的人格,结果就可想而知了。尊重别人,是一种境界,一种美德,一种修养,优秀的人更懂得尊重别人。懂得尊重别人的人,会让别人感到舒适和温暖,交往起来仿佛闻着淡淡幽香,置身于大自然中,在蓝天白云和明媚阳光之下。一个生活在凡尘世界中的人,不论你地位多么高贵或卑微,只要你尊重了别人,别人就一定会尊重你,这是做人该具备的基本品德!

1.3 端庄恬雅的甄嬛在选秀中脱颖而出

剧情回顾

秀女甄嬛在殿前接受皇上和皇太后的审查时,甄嬛与皇上、皇太后有一段特殊的剧情。

甄嬛:"大理寺少卿之女甄嬛参见太后皇上。愿太后皇上万福金安!"

皇上:"甄嬛。哪个'嬛'字?"

甄嬛:"嬛嬛一袅楚宫腰,正是臣女的闺名。"

皇上:"是蔡伸的词。"

甄嬛:"是。"

皇上:"诗书倒是很通。甄远道教女有方。只是不知你是否担得起这个名字。抬起头来!"

(当皇上和皇太后见到甄嬛的容貌之后,两人一惊。虽然初看此剧时,我们未必知道是何原因,后来才知道,甄嬛有已故纯元皇后的"五分容貌、五分性情"。正因如此,才引来皇太后的进一步审查。)

太后:"秀女姓甄,犯了皇帝名讳。"

甄嬛:"禀太后,当年臣女父亲为官,圣祖康熙看见父亲姓名,说姓甄好,听着像忠贞之士,以此作为勉励。"

皇上:"朕明白先帝的意思。儿臣倒想起一件事,'江南有二乔,河北甄宓俏'。甄氏出美人,甄宓就是汉末三大美人之一。"

太后:"走上前来。"

(皇太后给身旁太监使了一个眼色,于是,太监在甄嬛向前迈步时故意向其泼了一杯茶,同时,竹息姑姑将太后驯养的白猫扔在了甄嬛的跟前。甄嬛表现得镇定自若,并没有因此而举止失仪。因此,得到皇太后的肯定和赏识。)

太后:"还算端庄。"

皇上:"'嬛嬛一袅楚宫腰,那更春来玉减香消'。紫禁城的风水养人,必不会叫你玉减香消。"

这是甄嬛在殿前接受皇上和皇太后选秀考察的时候的情境。在这段剧情中,甄嬛面对皇上和皇太后的提问,落落大方地进行了回答。例如,皇太后先从言语上挑刺责难"秀女姓甄,犯了皇帝名讳"。甄嬛面对这个问题并没有紧张,而是非常礼貌和镇定地回答道"禀太后,当年臣女父亲为官,圣祖康熙看见父亲姓名,说姓甄好,听着像忠贞之士,以此作为勉励。"随后,皇太后又让太监泼茶水,让竹息姑姑放猫,甄嬛都没有表现出慌张。

我们在后面的剧情中发现,甄嬛从小就很害怕猫。但甄嬛为何在殿前能端庄恬雅,这就是一种教养和修为。甄嬛应该明白,此时自己的举止不仅仅关系到自己的命运和前途,更关系到甄家所有人的身家性命。她不愿意由于自己的某些小个性而使更多的人受到伤害。因此,一个人在职场中的行为举止并非刻意随性表达,要明白什么场合、什么情境、面对什么人,否则对自己的职业发展未必有益。就像苏州织造孙株合之妹孙妙青,也许她不一定比甄嬛更害怕猫,而且猫离她也有一段距离,她却表现得尤为夸张,最后皇上下旨"苏州织造孙株合之妹孙妙青殿前失仪永不许再选秀"。这不仅毁了自己的前程,也使其兄长的前途因此受到影响。

如果从职场人才选拔的角度来说,甄嬛所面对的问题就是人力资源部相关人员进行人才面试考核的时候常用的方法之一——非结构化面试。

非结构化面试

现代企业在人才招聘(尤其是中高层次人才的招聘)的过程中,越来越重视员工的组织协调能力、沟通能力、应变能力、团队精神、分析与解决问题的能力。但是,如何能够在很短的时间内让人力资源部负责招聘的人员了解到应聘者是否具备这些能力?非结构化面试在这种需求中就应运而生了。非结构化面试是面试官与求职者围绕某一主题随心地交谈,让其自由发表议论,在"闲聊"中观察应试者的应变能力、沟通能力、知识面以及谈吐和举止风度的一种面试方式。这种面试方法有很多优势,其中之一就是,面试过程中的主动权主要控制在面试人员手中,在面试的双向沟通过程中可以获得比结构化面试等方法更为丰富、深入和完整的信息,并且面试可以做到内容的灵活性和结构性的结合。因此,非结构化面试在实践中很受青睐,它比较适用于招聘高、中级管理人员。

由于非结构化面试没有固定的面试程序,对求职应聘者进行面试的相关人员提问的内容和顺序都取决于他们的兴趣、关注点和现场求职应聘者的回答。因此,我们很难说如何应对非结构化面试,也不存在应对非结构化面试的所谓科学方法。但在求职过程中,面对非结构化面试,我们应该注意三点:一是仪表端庄,着装要整洁朴素大方,不必打扮得过分随意和成熟;二是心态平和,在面对结构化面试时,尤其面对一些自己未曾思考和接触过的问题时,一定要尽可能让自己平静下来,真实自然地应对问题,不可过分苛求自己语出惊人并对自己提出过高的要求,那样更容易导致心态失衡,从而影响思维的流畅性和变通性,也不利于言语的表达;三是一定要诚实,在面试中说假话肯定会表现得不真诚,而且为了弥补谎言往往要承受更大的心理压力。

正因为甄嬛在殿前面对竹息姑姑放到跟前的猫表现得镇定自若、举止端庄恬雅,才引发了一些观众朋友怀疑"甄嬛到底怕不怕猫"的质疑。的确,在76集的电视剧中,甄嬛对猫是否害怕前后显得有些不一致。其实,正是因为甄嬛这种前后的不一致才能体现出一个人在关键场合的修养。

选秀时,竹息姑姑扔下了猫,甄嬛见到后的确面无惧色。其实,除此之外,甄嬛后来到宁贵人处见到猫时,也同样并未表现出慌乱,因为这时的甄嬛刚从甘露寺回宫,宫中的很多新人及关系并不完全知晓,其喜怒之颜同样不便表露,但并不能说明她不惧怕猫。全剧中体现甄嬛对猫的恐惧是在凌云峰禅房,因为温大人为排解甄嬛的寂寞特送来几只小鸟,由此半夜引来了山林里的山猫,那一夜甄嬛把自己对猫的恐惧表现得淋漓尽致,与她一起长大的同父异母的妹妹或者说贴身丫鬟浣碧还埋怨温大人说:"我家小主从小就很害怕猫"。

但为何在殿前她却表现得如此镇定呢?这一方面体现甄嬛是一个很懂得礼数的人,她也明白御前失仪的后果,苏州织造孙杕合之妹孙妙青的下场就是典型的例证;另一方面甄嬛虽然在选秀之前去寺庙有一段祈祷"信女虽不比男子可以建功立业,也不愿意轻易辜负了自己,若要嫁人,一定要嫁于这世间上最好的男儿,和他结成连理,白首到老,但求菩萨保佑,让信女被撂牌子,不得入选进宫",其心里却是没打算选秀成功,但她知道此时的一言一行不仅与自己有关,还关系到父亲的颜面和仕途,甚至还关系到甄府的命运,她必须克制自己的小个性。从这个细节反映出甄嬛能克服看似不可能越过的难关,而这个绝处逢生或者说无所不能的能力,正是她最终能够在这场后宫争斗中取得最后胜利的关键。所以说,一个人在职场中要懂得如何控制自己的个性和情绪,做任何事情应懂得思前顾后,不可随性而为。

1.4 安陵容选秀时实现绝地大反攻

在第1集选秀中,众多秀女参加选秀,最终有甄嬛、沈眉庄、富察贵人、淳常在、夏冬春、安陵容等八人顺利入宫。我们不难发现,在这批小主中,除了安陵容,其他每一个人都拥有"官二代"和"富二代"身家背景。作为苏州松阳县丞安比槐之女的安陵容,既没有显赫的家世,也没有如花似玉的绝美容颜,自然显得有些相形见绌,加之,选秀之前因为不小心将茶水洒到了夏冬春的衣服上,而被夏冬春当众欺辱。面对这一遭遇,看看周围秀女的容貌、穿着及出身,安陵容显然有些自卑,而且对选秀成功并不抱任何希望。幸亏,沈自山之女沈眉庄对她开导道:"从来英雄不问出身,妹妹何必妄自菲薄!"

后来，安陵容又是如何实现绝地大反攻的呢？

1.4.1　自身修养是实现绝地大反攻的基础

前来参加选秀时，安陵容因为马车不给力，差点迟到，在宫门口迎接她的姑姑与她有番对话，姑姑还夸奖了她。

剧情回顾

> 姑姑："出什么事了？怎么来得这么晚啊？"
> 安陵容："姑姑好！"
> 姑姑："险些误了好时辰。这城门要是关上了，你这一年不是白来了吗？"
> 安陵容："我住得远。一时又叫不上脚程快的马车，所以延误了，还请姑姑宽恕。"
> 姑姑："行。快进去吧！"
> 安陵容："今日托姑姑的福才没有延误。若碰上旁人哪还有这样的福气。"
> 姑姑："嘴还挺甜的。快，快进去吧！站在后面啊。"
> 安陵容："多谢姑姑！"

安陵容马上要迟到，面对姑姑的责问，她依然从容应对，并且是先问候姑姑，这种礼数自然会让责问的人少几分怨恨。最后，姑姑命她赶紧进去时，她并没有忘乎所以，而是很礼貌地感谢姑姑。身在职场，我们也应明白，面对别人的批评和责难，千万不可顶撞甚至找借口推辞，相反，应该用自己的礼貌和从容来化解当时本来不好的职场气氛，还能为自己赢得好的机会。从处理这件事的反应，我们不难发现，安陵容最终能实现绝地反攻是其内在修为所决定的。

1.4.2　从容淡定的表现助力绝地反攻

选秀时，当安陵容来到殿前，太后和皇上对她并无特别好感，便要身边的太监喊撂牌子，此时，安陵容从容地应对挫折和失败，使自己实现了绝地反攻。据说，很多观众见到安陵容选秀成功，心中有种莫名的激动。

剧情回顾

在殿中选秀时一开始并没有打动皇上,太监宣读了选秀结果,"松阳县丞安比槐之女安陵容撂牌子,赐花!"

面对这一失败的结果,安陵容很镇定地说道:"臣女安陵容辞谢皇上、太后,愿皇上、太后身体康泰,永享安乐!"

太后面对安陵容的回应,说道:"旁人被撂了牌子都一脸的不高兴,你倒懂规矩!"

安陵容:"陵容此生能有幸进宫见到皇上、太后一面已是最大的福气!"

皇上和太后见安陵容如此从容面对挫折和失败,于是让太监把她的牌子留下来了。

当太监宣读"松阳县丞安比槐之女安陵容撂牌子,赐花!"时,安陵容自然能认识到这种挫折和失败对自己意味着什么,但她在感受这种痛苦之时,却能坦荡地面对挫折,从容地迎接失败,并且发自内心地表现出了一种对主考官(皇上和太后)的敬重和感恩,那番辞谢皇上和太后的话自然引起了两位主考官的注意,便有了太后与她的进一步交流,她的应答让两位主考官感受到了这位粉丝对他们浓浓的崇拜之情,激发他们产生了对粉丝的同情与认可之心,这让皇上注意到了她头上的那朵秋海棠,从而改变了她此前的选秀(面试)结果,让其顺利入宫。要承认,虽然善待失意和挫折并不容易做到,但只要我们努力,拥有较坚强的意志品质,就能克制自己的言行,也能因此东山再起。

譬如在职场中,即便不是求职面试,我们面对职场其他诸如竞职、竞岗、竞聘之类的事情时,安陵容在殿前表现的这种礼貌和从容的素养也是我们需要具备的。我们想象一下,在一个单位里,假如有一场竞职、竞岗、竞聘,有两位员工在这场竞争中都遭遇了挫折,待结果出来后,一位员工很淡定地看待结果,从容地面对单位同事的晋升,对工作依然表现出很高的热情,对领导依然很尊重;另一位员工很气愤地看待结果,马上感受到无数的委屈、不公和冤屈,甚至认为领导没有一个是公平的,没有一双眼睛是雪亮的……我们想想,这两名员工,前者由于具有"安陵容素养",在单位下一轮竞争中,他成功的概率是不是远远大于后面这位员工呢?其实,无论工作还是生活,面对人生的很多事情,能否克制自己的个人情绪,表现出一种内心的淡定与从容,具备让别人很开心、很愉悦的素养也是很重要的。

2 职场政治

让智慧指引才华完美绽放

有人做过一个试验,随机选取了 30 个受过高等教育并献身职场的各年龄阶段的人士开展电话访谈。试验人员向他们提出第一个问题:"你认为才华对你一生的职业生涯重要吗?"所有被调查者都对此表示肯定。紧接着提出第二个问题:"一个人有了才华是否能代表他就会拥有一个成功的职业生涯?"没想到的是,绝大多数人对此表示否定。那么,为什么一个人有才华,却并不能代表他就会拥有一个成功的职业生涯呢?这就需要我们理清一个新的概念,那就是职场政治。

我有一个朋友的儿子,海外某名牌大学的硕士,无论长相、谈吐还是业务水平都称得上非常优秀。参加工作后,公司的领导也很认可他的才华,称赞他是一个能干的小伙子。然而,他却在工作一段时间以后提出辞职。他的父母甚至公司的领导都对此表示不理解,还以为他对薪酬有要求。但无论别人怎么劝说,他还是执意离开了公司。后来,我们私下交流时,他才告诉我,"我离开公司的理由是我们办公室的人似乎都不太欢迎我。严格地说,不完全是因为我不想在那家公司干了,而是我身边很多人希望我能离开那里。"这时我才明白,他是卷入了职场政治。

在竞争激烈的职场中,职场政治涉及一个人除了才华之外的性格、情商、社交等许多自身能力和复杂的人际交往能力,这有时是在考验你的应变力、你的协调力、你的不断学习的能力、你的自控能力等。如果一个人不为此付出代价,他的职场生涯一定会遇到阻隔。一个人有了才华之后,在职场中最需要的是非凡的智慧。才华只有在智慧的指引下才会展示它的完美性,否则,失控的才华,会伤害周围的人,毁掉一个人的事业。所以说,职场智慧能毫无疑问地成就事业,并因此发掘出一个人更多意想不到的才华。因为缺少智慧,很多人对待机会就像小孩在海滩玩沙子,他们让小手握满了沙子,然后让沙粒往下落,一粒接一粒,直到全部落光。

2.1　尊重职场前辈,寻找职场良师

初入职场的新人往往有些年轻气盛,加之可能有高学历、名牌大学等方面的优势,对于老前辈颇有微词:"就×××那点水平竟然还对我指手画脚,凭什么啊?""×××,他(她)有啥了不起的,不就是资格比我老一点嘛。"殊不知,前辈自有前辈的风范和路子,不要因为前辈职位不高就觉得可以"踩"一脚。要知道,一个人能够在一家公司待很久的时间,必定经历了很多风风雨雨,他对很多事情的把握一定在你之上,在单位的人脉和信息通道可不是一般人能比的,他们对于单位和领导层的了解可以说是相当深厚而独到的,甚至有些领导对他们的意见或者建议都会相当看重。年轻人初入职场尊重资深的老员工绝对是必要的。放低姿态,向老同事"拜师学招",请他分享宝贵的信息与经验,可以帮职场新人尽快提高自身的能力。因此,用诚恳、谦虚的态度努力地向职场老前辈学习才是正途,如果能赢得他们的信任和提携,那你可真是三生有幸。

2.1.1　只有懂得尊重别人,才能赢得别人的尊重

前面我们分析夏冬春以"拼爹"高调登场却瞬间出局的原因时,其中很重要的一条就是她自视甚高,不把别人放在眼里,甚至连教习姑姑也不尊重,从而导致她对后宫的具体情形并不知晓,还以为"中宫就是中宫","华妃娘娘最厉害也是个妃子",殊不知这里的后宫中协理六宫之权竟在她瞧不起的妃子之手。而甄嬛入宫之前却不相同,她对教习姑姑芳若的尊重,使得芳若姑姑将很多后宫的细节告诉了她,华妃、宜修皇后、已故纯元皇后等,她都有所知晓。

剧情回顾

传旨太监:"这位是宫中教导礼仪的芳若姑姑。"

甄嬛小礼下跪问候:"姑姑安好!"

太监:"好伶俐的小主啊!甄大人好教养。"

甄远道:"谢公公夸奖啊!"

太监:"哪里!方才领着另一位教引姑姑去夏常在家,那可是看了好大的脸色。"

芳若姑姑:"奴婢芳若参见莞常在,安答应!两位小主吉祥!"

> 甄嬛忙上前扶起芳若姑姑,说:"姑姑身份贵重。在教导礼仪期间不必行大礼,我怎敢受姑姑的礼。"
>
> 太监:"芳若姑姑入宫年久,打从康熙爷的时候就在宫中教导小主们的礼仪。两位小主一定要好好听姑姑的话。"
>
> ……
>
> 芳若姑姑教导甄嬛和安陵容礼仪时,说:"咱们百姓府里都有自己的主子,紫禁城里也是一样。不过,正经主子只有三位:太后、皇上和皇后。其余的嫔妃都只能称作小主。这是不能错了嫡庶尊卑的规矩的。好比华妃娘娘,最得盛宠,也只能称作华小主。放尊敬了说,叫一声华妃娘娘……祖制宫女晋封是要一级一级来的,是不可越级晋封的。"
>
> 浣碧:"听说当今的皇后是庶出。"
>
> 芳若姑姑一脸严肃地回应:"有福之人,是不分嫡庶的。皇后娘娘人品贵重,母仪天下!"

传旨太监在谈及甄嬛对教习姑姑的礼数时,马上将她与夏冬春进行了一番对比。夏冬春正因为当初没有好好对待教习姑姑,加之华妃娘娘也让人告诉姑姑不必用心教她,从而导致她对后宫知晓的并不多。在职场也是如此,刚入职场,职场新人不能过于势力,不能光顾着攀权贵,以为只有那些职位高的人才会给予你职场受用的东西,其实未必,职场中哪怕一般的同事和朋友,甚至学历、职位等都比你低的人,他们都是你职场中的老师,绝对不可小觑,你对他们的敬重能换来他们耐心的引导和帮助。

"三人行,必有我师。"一个真正懂得尊重别人的人,不仅尊重自己的上司和父母,更懂得尊重自己的下属和身边的每一个人,扬长避短,何尝不是一种领悟和提高的过程?有一句话说得很好,"最穷无非讨饭,不死总会出头"。职场中谁也不知道谁日后发展得怎样,谁也无法臆测谁的未来,尊重别人其实有时就是给自己机会。没有哪个人不想得到别人的尊重,可是并不是每个人都明白尊重别人。当然,在职场中,很多年轻人对于那些位高权重的职场前辈自然会有几分敬重。但每个单位都可能有一些只出工不出力的老前辈,在年轻人眼里,他们就是单位里一些多余的"庸才",浪费单位的资源,没有任何的贡献可言。这些人往往可能被"意气风发"的职场新人所鄙视。但职场新人需要明白的是,这些人虽然德不高望不重,甚至在新人面前有时还喜欢倚老卖老,但是对他们的尊重也是必需的。如果他们得不到年轻人的尊重,就可能会鄙夷新人,贬低新人的资质,恶意扭曲新人的成绩,破坏新人的名誉,成为新人在职场晋升路上的"拦路虎"。总之,在职场中的老员工、老资格、老油条其实并不难相处,只要找准他们的"穴位"——满足他们受尊重的需要,即使是刚出道的职场新人也能与其融洽相处,迅速适应环境。所以说,尊重他们,成为他们的"自己人",你就可以顺利地通过考验期,成为新的"老资格"了。

2.1.2　大树底下好乘凉,有本事也要有靠山

人生有很多悲哀,其中之一便是"少无良师"。在职场上,所谓的"良师"既可以是那些具有真知灼见、德高望重、影响力非凡的职场前辈,也可以是那些具有特定职业背景、拥有特定权力和资源的人。这些人我们可以将其统称为职场中的"大树"。职场上有一句话,叫"大树底下好乘凉"。的确,在职业生涯中,如果身后真有个显赫的人物为你撑腰,你的职场之路自然畅通无阻。

在电视剧《甄嬛传》中有一个人在后宫这个职场中遇到挫折之后,进行了很好的自我评估,最后寻找了一棵重要的"大树",并得到"大树"的庇佑,确保其在后宫嫔妃争斗中非常安全,那就是眉姐姐(沈眉庄)。当然有人会纳闷,沈眉庄为何在经历"禁足闲月阁"的冤屈之后要去投靠太后,而不是皇后或者华妃或者甄嬛,再或者干脆寻找皇上呢?这就是沈眉庄的智慧之处,她在寻找"大树"时并不是盲目的,而是对自己、对局势有了很清晰的把握后才做出的决定。

剧 情 回 顾

在尔虞我诈的后宫中,沈眉庄和甄嬛是唯一的一对真正做到相依为命的好姐妹。在甄嬛小产后伤心失宠,沈眉庄认为甄嬛虽对皇上失望,却做不到无情,外加安陵容盛宠中,便去极力劝甄嬛振作,否则碎玉轩就是冷宫。

甄嬛问沈眉庄:"姐姐最近常去向太后请安吗?"

沈眉庄告诉她:"……我心里待皇上大不如前,如今陵容专宠,后宫也难见皇上,我总得寻个依靠吧?……你和我不一样,我与皇上的情分本来就浅,他将我禁足不闻不问,我便知道他的凉薄和不可依靠。"

禁足的日子让沈眉庄尝尽了艰辛,那段时间如若没有甄嬛的相助,只怕她也很难熬到雨过天晴。水落石出以后,皇上换上了柔和的面孔想要与娴雅端庄的沈眉庄重续旧情,可是她早已冷了心、冻了情。她看透了皇上的凉薄,将自己那

份淳朴的真心深深地隐藏,再也不愿与他亲近,就像她喜爱的菊花,"宁可枝头抱香死,何曾吹落北风中"。正因为她具有这种傲骨使她不再对凉薄的皇上献媚承欢,而她聪明的头脑又不允许她自甘堕落,她时刻明白在这后宫生存不是为自己一个人而活的,而是肩负着济州协领沈家整个家族的荣辱,她必须自立自强。因此,在这后宫之中找一个依靠是至关重要的,如果没有依靠,昔日的禁足在这尔虞我诈的后宫很可能会重蹈覆辙。于是,她做出了决定,既然不再愿意依靠皇上,那就只好转投后宫另一棵大树——太后。

"大树底下好乘凉"到底体现在哪里呢?首先,在"大树"底下不会让我们随便沦为职场牺牲品。在职场权力斗争中,我们不难发现,第一个倒霉的往往就是那些没有背景的。这并不一定说明这个人曾经得罪了谁,而很可能是他符合"替罪羊"的首要条件——没有人罩着他。牺牲他一个,紧张局势会有所缓和,且不会给双方带来任何后患。

其次,跟随"大树"共同前进,可避免在职场走弯路。在很多名人自传或者成功学书籍中,很喜欢将一些名人或者历史伟人的成功完全归因于其天赋异禀、文成武德、勤奋刻苦等。我们必须承认,有些人的确是靠自己的努力一步一步从小角色变成大人物,但绝大多数人的成功都是因为有"大树"领着。要明白,一个人能在职场上升得多高,走得多快,决定因素有很多,但无论如何,有一棵"大树"提携你,有一个"靠山"支持你,远远好过赤手空拳打天下。身在职场,有一棵好的"大树",有一座好的"靠山",可以让人用一年时间学到别人学几年的东西,可以让人成长得更快,而不仅仅是升职加薪的速度更快。

在后宫中,势力庞大的皇后和深得皇上宠爱的华妃势不两立,旗鼓相当,想要在后宫立足,除了要有非常的手段和头脑,还要有必不可少的姿色和家族势力,最关键的是要找到一棵可以依靠的"大树"才能抬得起头。曹贵人自己都说过,她只不过是后宫各大猛兽争斗之间的一只小兽,她曾对幼小的温宜公主倾吐了自己的心声:"夹缝中的小兽,总要给自己找一条后路。"因此,她在华妃得势时依仗着华妃,不仅有了温宜公主,而且还能够存活在后宫,尽管过得有些委屈。安陵容的父亲只是个县丞,在家世显赫的后宫中备受歧视,她不得不抓住皇后这棵"大树"作为救命稻草,才让自己有了生存立足的机会。倚梅园的余答应虽然受皇上恩宠,一样要找华妃做靠山。就连宫里的奴才,也一心想找个靠得住的主子混日子。

"抱大树"是很多职场人都想或者都愿意做的事情,但并非每一个人都能如愿地抱到"大树"。其实,如何才能抱到大树也是有讲究的。我曾经看过这样一句话:"人生五大发展阶段。首先,自己要行;其次,有人说你行;再次,说你行的人要行；然后，你说谁行谁就行；最后，谁敢说你不行。此时，不用你说自己行！"这里所谈到的人生发展前三个阶段似乎道出了"抱大树"的重要诀窍。因为抱谁，怎么抱，抱了有没有用，既取决于对方，又取决于你自身的能力。如果你不会干活，即便你再能说会道，对不起，"抱大树"无效！

由此可见，想要"抱大树"之前，我们首先要增强个人能力，专注于自己的岗位与业务，扩大自己的影响力。如果我们在职场的业务能力强、专业水平高，这时才适合开启"抱大树"模式。"抱大树"，绝不是一味讨好，而是彼此双赢；不是盲从忽悠，而是用实力说话；不是哗众取宠，而是脚踏实地。

2.2 懂得分享与取舍才能创造更大的生存空间

2.2.1 恩宠固然重要，但也要明白"雨露均沾"

后宫的嫔妃要想活得风风光光，皇上的"恩宠"自然不能少。正如槿汐姑姑和甄嬛所说，"万变不离其宗，唯有'恩宠'二字最为重要"。

剧 情 回 顾

甄嬛刚获宠晋为贵人后，她与槿汐姑姑谈到自己对后宫的事情有些害怕。

槿汐："这后宫之事瞬息万变，不是害怕便可以应对的。不过，万变不离其宗，唯有'恩宠'二字最为重要。"

甄嬛："恩宠太过，便是六宫侧目。"

槿汐："恩宠太少，便是六宫践踏，人人可欺。小主，您要知道，无论是否得宠，这后宫的争斗，其实您从未远离过。就好比，小主您和沈贵人、安答应交好，便会被他人视为一党。"

从这段对话中，槿汐姑姑的确说出了在后宫生存的保障性条件，那就是"恩宠"。而且通过两人的讨论，甄嬛也认识了"恩宠"对于后宫各小主的发展是一把"双刃剑"，即"恩宠太过，便是六宫侧目；恩宠太少，便是六宫践踏"。而且，皇太后也经常提醒着皇上"平分春色总胜于一枝独秀"，她最担心的就是皇上在后宫中对某位小主专宠甚至专情，还常用"老十七亲额娘舒妃专宠六宫，众妃怨妒"的事警示皇上。例如，莞嫔因华妃娘娘在翊坤宫罚跪导致小产后有些使小性子，埋怨皇帝,导致皇上"近乡情更怯",也不到后宫任何小主的宫里。皇太后担心莞嫔这样会使皇上更加专宠她,甚至劝皇上暂时不要去碎玉轩。

剧情回顾

　　莞嫔因失子之痛迟迟不能纾解,太后劝导她之后,依然不能回到从前,以致皇上每每见她,心里也感到十分沉重。最后,皇上去向太后请安时,太后听皇上说莞嫔如此"不懂事",便要皇上"不妨暂且不再去看她。若她有慧根,自然会慢慢明白的"。皇上也告诉太后,自己也是这么打算的。

　　皇上走后,太后身边的竹息姑姑疑惑地问太后:"太后不是挺喜欢莞嫔的吗?怎么也不帮着劝劝皇上?还让皇上不去见她。"

　　太后:"哀家自己的儿子自己知道。皇帝是太在意莞嫔了,所以莞嫔伤心他就气恼,这归根到底啊,他是在恼自己。如果再让他们两个见面,只怕不知道会闹出些什么不能回头的事,反而辜负了莞嫔。"

　　竹息:"太后还是心疼莞嫔。"

　　太后:"皇帝可以有宠爱的人,可是不能专宠、钟情,这样会出大乱子的。眼下,年妃失宠,莞嫔如果因此独大,后宫就会失去平衡。况且,莞嫔的性子也不够柔和,需要磨一磨才行!"

　　竹息:"太后真是深谋远虑!"

　　皇太后的深谋远虑就是后宫不能有人获得皇上专宠,更不能一人独大,同时,也认为懂事的后宫小主应该明白与其他小主共分雨露。其实,这也是导致华妃失败的主要原因之一,她很爱皇上,也对皇上很用心,这是没错的,但她忘了皇上是谁。无论在王府还是在后宫,自始至终,她一心想着独乘后宫雨露,只要皇上对任何一位小主好些,或者只要皇上翻了其他宫中小主的牌子而不能来翊坤宫,她便醋意大发,将对方视为敌人。因此,她也常常闹得后宫不宁。

　　对于皇上的恩宠,甄嬛似乎一开始就明白,加之槿汐姑姑的建议,对于这个最不可能一心的男子,"不求一心,但求用心"。甄嬛甚至认为,"谁侍寝都不要紧,要紧的是,我能不能把握住皇上的心"。

剧情回顾

甄嬛因与皇上在御花园的杏花中浪漫邂逅之后,马上获得皇上宠爱,晋为贵人。这份恩宠让她欣喜之余,也有担忧,同时也提到了自己的心之所向。

甄嬛:"那天,我去倚梅园,其实有三个愿望。但最后一个,却没来得及说出来。"

槿汐:"奴婢洗耳恭听啊!"

甄嬛:"第三愿:便得一心人,白首不相离。可我这一心人,偏偏是这世间最无法一心之人。"

槿汐:"那就退而求其次,不求一心,但求用心。"

正是因为有槿汐姑姑的好的引导,后来皇上再次来到碎玉轩时,甄嬛就很大度地说出了这样一句话,"四郎,其实不必每晚都来我的碎玉轩,您无论宿在哪个寝宫,只要您的心在嬛嬛这里就好了"。皇上听了之后也倍感欣慰,便说了一句"还是我的嬛嬛最懂事"。

其实,甄嬛因为得到皇上盛宠,宫中嫔妃便有些嫉妒(尤其丽嫔在言语上表现得最为明显),让她感受到自己集宠于一身,也是积怨于一身。甄嬛便要皇上不能专宠自己,冷落其他人,会使后宫萌生怨气,同时,提醒皇上六宫妃嫔与前朝盘根错节,牵一发而动全身。甄嬛这种愿意分宠的做法,既能迎合皇上的心思,也不至于让其他小主积怨于自己。

职场也是如此,与同事应该有福同享、有难同当。职场中如果一个人独享成果,通常也会引起其他同事的反感,甚至使得其职场人际关系恶化,从而为下一次合作带来障碍。每个人都有希望自己与荣誉和成功联系在一起的美好愿望,且不说这些荣誉和成功会给自己带来一定的物质财富,它更是对自己职场经历的肯定,对自己能力的肯定。如果我们在职场无视别人这方面的需求,就很难在职场立足。因此,职场发展过程中,我们在享受荣耀的同时,不要忽略别人的感受,不要感叹上司、同事和下属度量的狭小,虽然说职场中有些成绩的取得的确跟别人没有关系,是你的努力和能力所带来的,但在很多时候别人不这么认为。大多时候,人在职场都会认为别人的成功中总有自己奉献的一分力量,而有些人却屡次傻乎乎地独自抱着荣耀不放,别人当然不会因他如此自私的做法而感到舒服。

职场的黄金原则就是"要与同事合作,有福同享、有难共当"。当我们在职场上取得一些成绩和荣誉时,当然值得自豪和庆幸。但是我们要明白:如果这一成绩和荣誉的取得是集体的功劳，离不开领导与同事的帮助，那我们就不能独占功劳，否则领导与其他同事会觉得我们抢夺了他们的功劳。因此，当我们在职场上因为特殊表现而受到肯定时，一定不能独享荣耀，而要像甄嬛学习，懂得将"恩宠"与大家一起"平分春色"，否则这份荣耀会为我们的职场关系带来危机。

2.2.2 超出能力的职场"肥肉"绝不可肆意占有

在后宫之中，无论皇上翻某个宫里小主的牌子召其去侍寝，还是某个宫里的娘娘对其他嫔妃示好给予赏赐，或是皇上、皇后以及太后为了后宫的平衡给予你某项权利，这些都可以被认为是后宫职场生涯中的"肥肉"。面对这些"肥肉"，一个人的态度会直接关系着其最终的处境乃至身家性命。

"侍寝"作为后宫最大的"肥肉"，也是后宫所有嫔妃眼中必争的"肥肉"，因为没有侍寝就无法为皇上诞下"龙种"，要知道，"龙种"可是后宫最大的绩效，齐妃也好，曹贵人也好，就因为当初创下了这一绩效而获得特殊的地位和赏赐，因此，"侍寝"在某种意义上关系到各宫小主在后宫日子的荣辱和地位的升迁。所以，凡是过度贪吃这块"肥肉"的嫔妃一定会招来其他宫里嫔妃的嫉妒和怀恨。正如前面所说，面对这种情形，必须明白，恩宠固然重要，但恩宠过多，必然六宫侧目，从而导致各小主怨恨。甄嬛非常明白这一点，即使皇帝来到了碎玉轩，她也不会每次都把这块"肥肉"吃下。职场生活中，面对职场最大的"肥肉"，我们同样绝不可肆意完全占有，要懂得与大家一起"平分春色"。

宫里娘娘（特别是皇后娘娘和华妃娘娘）的恩赐，自然也是其他宫里嫔妾所看重的，因为后宫职场能有一棵"大树"愿意拉拢你，这也是在后宫寻求发展的机会之一。但也要明白，不是什么恩赐都能让你平安吞下。齐妃和曹贵人，本来是为后宫创造了良好绩效的两位小主，凭着皇子和公主的日益成长，其在宫中的地位自然只会越来越稳固，而结果却是，她们一心为了皇子和公主，分别享受着皇后娘娘和华妃娘娘的恩赐，也便成了她们利用的对象，尤其是齐妃娘娘会因为听了皇后娘娘几句唆使便出手做尽坏事，这两人到最后都换来一句，"这样阴毒狡猾的女人，在这宫里，定是万万不能留了"。在职场中，很多时候别人给我们端来的"肥肉"，看上去香喷喷，似乎只要我们承担下来，定能把事情做好并为日后赢得大好前程积攒重要的砝码，但我们也需要看清楚，给予我们"肥肉"的人到底怀揣着怎样的动机，否则，我们也会成为齐妃娘娘和曹贵人那样的职场败将，最终成就了别人的辉煌，而坑害了自己的前程。

皇上、皇后或者太后为了后宫的平衡，有时也会给小主们一些"肥肉"，这些"肥肉"，无论是真心给予还是试探，我们都应该十分谨慎，尤其是与自身利益密切相关时，对那些超出了自身吞咽能力的"肥肉"，更要小心为妙。例如，前朝在讨论立太子的事情时，皇后故意联络前朝的人推选甄嬛所生幼子六阿哥弘曕作为储君来日继承大统,以此挑拨皇上与甄嬛的关系。多疑的雍正皇帝下朝后在养心殿试探性地将前朝讨论立储君的事情告诉甄嬛,并表示想立自己与甄嬛所生的六阿哥为太子,问熹贵妃什么态度？甄嬛看透了皇上的心思,此时并没有得意忘形而中了皇后的圈套。

剧情回顾

皇上回养心殿,熹贵妃在殿内为皇上奏古筝以解疲乏。

熹贵妃:"听苏培盛说,皇上这两日用膳不香?"

皇上:"所以听你弹琴当饱餐,行不行啊?"

熹贵妃:"臣妾自问没有这样的好本事,皇上万万不可过分抬举臣妾。若是哪一天,皇上听信了牝鸡司晨之言,会一条白绫赐死臣妾的。"

皇上:"白绫价贵,朕想想便算了。"

熹贵妃:"皇上还能说笑,便知心情不错!"

皇上:"朕要烦心的是太子之争。四阿哥年长,六阿哥是朕心头最爱。朕也为难,说到底,朕总是想起四阿哥的出身来!"

熹贵妃(连忙移步至皇上跟前,跪下回复):"臣妾希望国本归正,请皇上听臣妾一言。"

皇上:"说吧!"

熹贵妃:"皇上,说弘曕年幼,不宜继位于大统之言,必定心存诅咒。皇上身体康健,何愁等不到弘曕而立之年。"

皇上:"这样说的人,朕也不喜欢!那你还是觉得,咱们的孩子最好,是不是?"

熹贵妃:"弘曕资质平庸,不宜被立为太子。所以,为长远计,四阿哥是最合适的人选。"

皇上:"四阿哥并非你亲生!"

熹贵妃:"皇上烦心的是太子人选,而非是否臣妾亲生。"

皇上:"那若是朕为四阿哥寻一个出身更高贵的养母呢?"

熹贵妃:"只要名正言顺,江山后继有人,臣妾绝无异议!"

皇上:"经此一事,朕属意你为皇后。"

熹贵妃:"臣妾已蒙圣恩殊荣,不敢与纯元皇后比肩,且为臣妾一事已经物议如沸,臣妾不愿置身于炭火之上,让皇上为君臣夫妻情分为难!"

在这段剧情中，如若熹贵妃按照很多人的常理表示同意立自己亲生儿子六阿哥为太子，这也的确符合皇上的本意，但自然前朝重臣所谈及的主少母壮，谨防"牝鸡司晨"之类的猜疑定会引起雍正皇帝的担忧，甄嬛必定招来杀身之祸！熹贵妃的机警之处在于不仅表示不赞同立六阿哥为太子，甚至马上清楚表明自己没有此意，而且建议立非自己亲生的四阿哥为太子。若非如此，皇上也许真会立六阿哥为太子，同样也会依据前朝的建议，赏甄嬛一条白绫。

同样地，初入后宫的沈眉庄很快得到皇上恩宠后，皇上便属意她学习打理六宫事务，脚跟还没站稳的沈贵人本以为自己可以借此建立自己在后宫的优势，并未加以推辞而欣然接纳，很快她就最先成为华妃娘娘陷害的对象，差点儿在翊坤宫的荷花池丢了性命，最后还被诬陷假孕而失宠。

所以说，职场中有些送上门的"肥肉"如果真的异常肥美，我们需要更加谨慎，一则可能是别人对我们的试探，我们一不小心会因此而掉进他人故意设下的陷阱，从而自投罗网，为别人陷害自己创造机会和理由；二则那些高收益、高价值的"肥肉"往往也蕴含着高风险，自己在吞食之前一定要好好评估自己的能力和实力，衡量背后的利害关系。我们一定要向甄嬛学习，不断从瞬息万变的职场情境中认清自我的实力，看清摆在自己面前"肥肉"的实质，再做决定是否吞下，千万不可妄自吞下而无福消化，甚至招来杀身之祸！

2.3　纯元皇后：懂得争，更懂得完善自身形象

争着当胜利者本来就是人类的天性，后宫的嫔妃们也不例外。在电视剧《后宫·甄嬛传》中，我们看到各宫的小主们为了获得皇上的恩宠和宫闱之中的权利，她们集结成派系互相争斗，嘴上皆以姐妹相称，私底下却有着一些惨无人道的计谋。职场也会有竞争，但其中的争斗当然不可能如此残酷和惨烈，但需要明白的是，尽管时空场景都发生了变化，人与人之间对名利的争夺之心却是亘古不变的。在这其中，有些人处心积虑地想要爬到职场更高的位置，甚至意欲问鼎权力之巅，获得更多的利益；有些人却因为输不起，见到别人比自己优秀，得到的东西比自己多，就会使坏心眼……

环顾整个后宫，我们会发现，有一个神龙见首不见尾的"梦幻偶像"——纯元皇后，她应该是其中最懂得争的人，即使死后多年，皇上对她的恩宠依然没有任何人能取代。甄嬛因"误穿纯元皇后故衣事件"被禁足且怀孕八个月之时，听闻甄府父母辈发配宁古塔，前往养心殿求情，不料看到了皇上的"述悲赋"：

寄与宛宛爱妻，念悲去，独余斯良苦此身。

常自魂牵梦萦，忧思难忘。

怀念往昔音容，予心悲恸。

念夫哀苦，得以常入梦中以慰相思。

纵得莞莞，莞莞类卿，

暂排苦思，亦"除却巫山非云"也。

甄嬛从此赋中看出了帝后感情笃深，自己其实一直只是"莞莞类卿"，一个替身的身份让甄嬛伤心欲绝而早产生女，并且离宫。

那么，这位后宫"梦幻偶像"到底争得如何呢？

2.3.1 "温柔娴雅，深得人心"的完美形象

具有"完美形象"的纯元皇后在整个电视剧从未出现过，我们只能从皇上对她的那份"长情"和"专情"来加以推测，对她比较详细的描述就是芳若姑姑在甄府做甄嬛和安陵容的教习姑姑时花了很多时间所讲述的她的故事，使在场入选的秀女甄嬛、安陵容以及侍女流朱与浣碧都对这位已故皇后产生了好感。

剧情回顾

芳若姑姑："就说说当今的皇上吧！皇上是先帝爷的第四子，早年封了雍亲王，在王府成的婚，娶的是当今太后的表侄女，乌拉那拉氏，福晋温柔娴雅，深得人心，又与皇上恩爱非常，不过大婚后三年福晋难产离世。连刚出生的小阿哥也没能保住，皇上至今都十分伤心，追谥福晋为纯元皇后，可见皇上长情！……现在的皇后娘娘是纯元皇后的亲妹妹，当时太后赐她为侧福晋，纯元皇后过世，侧福晋继立为福晋，皇上对她倒是十分的敬重。"

在这段话中，芳若姑姑对纯元皇后概括了两个重要的人格特质，即"温柔娴雅，深得人心"。前四个字"温柔娴雅"，我们似乎不太知晓，也难以界定，但后四个字"深得人心"可体现得淋漓尽致。"深得人心"表示纯元皇后非常体恤下人，所以死后多年仍能让芳若姑姑如此难忘，甚至使只受到过她一次垂怜的崔槿汐怀念得甚至对"五分神似、五分容貌"的甄嬛"爱屋及乌"。

剧情回顾

在甘露寺修行时，浣碧和甄嬛冬日里洗衣裳，甄嬛平日里没受过这样的苦难，手上不免长了很多冻疮。浣碧看着冻疮很心疼小主，挑水回来的槿汐姑姑看到这一幕，便谈及了她得到纯元皇后仅有一次垂怜的过程。

槿汐："奴婢刚入宫的时候，只是一个做洒扫的小宫女。也是，新进宫嘛，难免受欺负。冬天给姑姑们洗衣裳，冻得一手都是冻疮。那时候，纯元皇后还只是雍亲王福晋呢，进宫给太后请安，看见了奴婢的手说'真可怜！手都冻成这样了，怎么还在洗衣裳呢？'后来，这内务府才把奴婢调去干别的活。还好在那个时候有了做粗活的底子，要不然现在还真伺候不了娘子。"

剧情回顾

端皇贵妃在永寿宫里同熹贵妃、敬贵妃谈及纯元皇后与当今皇后的关系。

端皇贵妃："……纯元皇后怀孕后便是百般的不适，临盆的时候惨痛异常，生下一个死胎就撒手人寰。临死的时候，还伏在皇上的膝上说，'不要迁怒于太医，更要照顾好自己唯一的妹妹宜修'。纯元皇后入府，善待府中诸人。可是，天不假年！"

从槿汐姑姑和端皇贵妃的回忆中，纯元皇后见到下人和宫女都会广施恩惠。这种"善待府中诸人"的"仁慈"，让她成为后宫推不倒的牌坊。

从这一点上，职场中无论普通职员还是领导者抑或管理者，都应该深刻认识到，领导者的个人魅力并非真要做多么惊天动地的事情，只要你在工作中、生活中的某些地方能关心周围的人，在别人需要帮助的时候积极伸出援手给予支持和帮助，这种"恩惠"会让人谨记心中，与所谓的权力和地位相比，它会产生很不一样的职场影响力。

作为皇上心目中的标杆，后宫的女子与纯元皇后的才艺相较，皆不具备可比性（见附录A后宫主要成员才艺比较表）。甄嬛在杏花中的箫声虽然很是精妙，但与纯元皇后相比依然有些逊色；甄嬛会跳"惊鸿舞"，皇帝虽也说好，但无法与纯元皇后相比；沈贵人会抚琴，在皇上眼中没有纯元皇后弹得美妙；安陵容苦练歌声，唱得温婉多情，欣贵人都发出"女人听了都酥了"的喟叹，皇上也只认为与纯元皇后有"六七分相似而已"；无论甄嬛还是安陵容精心缝绣的寝衣，在皇帝眼中都没有纯元皇后绣得贴身，皇后也说"姐姐的刺绣在后宫是数一数二的"；端妃的琵琶也成为皇上回忆亡妻的一部分。甄嬛作为后宫最突出、"真功夫"最多、最杰出的女子，整体依然逊色于纯元皇后的无敌光环。因为皇上认为纯元皇后最美好，谁都比不上那个已经死去的标杆人物。也就是说，无论后宫哪个女人，都不免会在纯元皇后的惊才绝艳下失色，得尽量配合帝王的喜好而压抑自己。

纯元皇后之所以能使皇上表现得如此"长情"，成为皇上心中那个至深至爱的向往目标和一份憧憬、一段回忆，甚至是对后宫新欢们的一份期待，除了"温柔娴雅，深得人心"，还有就是这些"琴棋书画，诗词歌舞"样样专精的"真功夫"。因此，在职场要想有很好的发展，每个人都应该有些与他人不同的能力和本领，即使不能做到专精，也应向领导和上司所向往的目标努力学习，哪怕模仿至"六七分相似"也同样能让自己拥有在职场发展的一席之地。

2.3.2 后宫"梦幻偶像"背后的真面目

按理说，前面我们已经把纯元皇后这个后宫的"完美的影子""梦幻偶像"进行了分析，这里不应该继续深入，更不应该破坏大家心目中"这座后宫中推不倒的牌坊"的形象。笔者只是觉得不把纯元皇后的面纱进一步揭开，总显得有些不完整。纯元皇后，这样一位"一舞惊鸿动京城"，且琴棋书画、诗词歌赋、刺绣制衣诸多才艺样样出类拔萃到人尽皆知的完美女性，加之年轻貌美，性格温婉，这些彰显的光明面背后，有时也会隐藏着一些可怕之处。纯元皇后的智慧在于，她利用自己的心机和计谋能让事情做得滴水不漏，人人只瞧见她的美好，也惋惜她的早逝，却很少有人发现其可怕的杀伤力。

由于纯元皇后在整个电视剧中并没有真实出现，我们只能通过他人的描述来全面认识她。

第一，妹妹怀孕时，与妹夫之间"一见钟情"。

在电视剧中，皇后和端皇贵妃都有对纯元皇后的介绍，尤其端皇贵妃作为雍王府的老人，其描述比较客观，她口中的事实是，作为侧福晋的乌拉那拉·宜修怀孕时，其姐姐乌拉那拉·柔则前来雍王府探望她，竟然"巧遇"妹夫，结果两人"一见钟情"。

剧情回顾

灵犀在和姐姐们追着玩耍的时候，一句"姐姐追着姐姐"让熹贵妃突然想起了安陵容生前给她留下的最后一句话"皇后杀了皇后"。端皇贵妃和敬贵妃在一旁听到吓出一身冷汗，忙把孩子和侍女们叫到寝宫外面。三人一起体会着这句话的意思。端皇贵妃这时有所思，说出了当年在王府的一些事情。

端皇贵妃："当年，皇上还是王爷，宜修又是庶女，所以先封为侧福晋，只待生下皇子便可封为福晋。直到那一日，纯元皇后奉旨入府陪伴初有身孕的妹妹，谁知在王府就遇上了皇上。皇上竟对她一见钟情，立刻恳请太后封她为福晋。皇上执意如此，太后也不能违拗其心意。"

敬贵妃："那皇上在此之前从未见过纯元皇后吗？"

端皇贵妃："从未见过！皇上和太后执意如此，宜修也只能说嫡庶尊卑有别，长姐入府应为福晋。皇上和太后这才松了一口气。不久，宜修就生下了皇子，可是皇子胎里不足，未满三岁就去世了。这个时候，纯元皇后怀孕了，纯元皇后入府以来都是专房之宠。怀孕之后，皇上就对宜修说，'你精通医理，又是纯元的亲妹妹，就由你侍奉左右，帮着太医一同看方子'。纯元皇后怀孕后便是百般的不适，临盆的时候惨痛异常，生下一个死胎就撒手人寰。临死的时候，还伏在皇上的膝上说，'不要迁怒于太医，更要照顾好自己唯一的妹妹宜修'。纯元皇后入府，善待府中诸人。可是，天不假年！"

难怪槿汐姑姑曾提醒甄嬛"在这后宫即便是亲姐妹也可能会反目成仇的"。从这里可知，乌拉那拉·柔则来探望怀有身孕的亲妹妹宜修时，在王府偶遇妹夫，并与之"一见钟情"，大婚后因嫡庶有别，竟然将本来属于妹妹的福晋之位纳入自己怀中。当然，有人会认为也许是妹夫对大姨子非常迷恋，不能全怪罪柔则（纯元皇后），但即便这样，柔则也应懂得一些分寸，得考虑自家妹子的身份和避免使其落入尴尬的境地。当我们接下来看看她进雍王府时所穿戴的服饰，她的用意就更值得深思了。

第二，初入王府，用尽心思，竟穿僭越本分的吉服。

甄嬛被册封为"莞妃"后，前往景仁宫给皇上和皇后请安，由于误穿了已故纯元皇后的旧衣，皇上见到这件衣服便想起当年与纯元相遇的往事，当下的反应非常反常和夸张，首先当着皇后和几位宫女的面呵斥甄嬛"放肆"，随后便要甄嬛立即脱下衣裳，仅穿着贴身衣裳跪在地上，这在旧制度下是极度侮辱人的严苛命令。

剧情回顾

甄嬛被册封为莞妃后，误穿已故纯元皇后的旧衣前往景仁宫给皇上和皇后请安。皇上从寝宫出来看到隔着纱帘的莞妃，产生错觉以为是纯元皇后。当掀开纱帘，皇上看到眼前的人不是"纯元皇后"，震怒。

皇上："怎么是你？"

莞妃："臣妾参见皇上！"

皇上："你这件衣服是哪里来的？放肆！"

皇后和剪秋等人闻声后，急忙赶来。见到眼前的情形，故作震惊。

皇后："怎么会这样？绘春，怎么会这样啊？"

绘春："前些日子，皇后整理纯元皇后旧时的衣服，发现这件衣服上掉了两颗南珠，丝线也松了，就让奴婢拿去内务府缝补。奴婢本想抽空就把它拿回来的，谁知这两日事多给忘了。奴婢不知道为什么这件衣服会跑到莞妃娘娘的身上。请皇上、皇后恕罪！"

皇后："糊涂啊！本官吩咐你们多少次了，纯元皇后的东西要好好保管，你们竟然当作耳边风。其他的衣服也就算了，偏偏又是这一件。"

皇上："这是她初次见朕的时候穿的。"

皇后："皇上，您还记得，这件衣服是姐姐第一次入王府看臣妾的时候穿的。"

皇上："自然是不能忘的。脱下来！"

甄嬛（脱下吉服）："臣妾大意，不想误穿了纯元皇后的故衣！"

从这段剧情中我们发现甄嬛误穿的是纯元皇后第一次入王府时所穿的衣服。根据清朝妃嫔吉服服制，乌拉那拉家的嫡女第一次去妹妹家看望怀有身孕的妹妹，竟然穿了如此鲜艳而且逾制的"吉服"，这明显僭越了本分，触犯了宫规，失了基本礼仪。可以说，这种花了心思的打扮，也是企图引起雍王府主人，即自己妹夫的注意。所以，就纯元皇后来说，一位真正本性淡泊的女子，不会在乎地位，也不会打扮得如此隆重去王府看妹妹。如若真要在乎亲情，更不会穿逾越宫规的吉服，这可是"大不敬"。

第三，侧福晋对其"大不敬"，狠毒责罚致使小产。

其实，就凭上面两点，纯元皇后的善良和纯真已经显得很难有说服力了，至于芳若姑姑所说的"温柔娴雅"，是否真是如此呢？

剧情回顾

华妃娘娘晋升为华贵妃后，趁着皇上和皇后都出宫祈福的空当，把莞嫔甄嬛唤去翊坤宫罚跪。让华贵妃娘娘没想到的是，不到半个时辰，莞嫔腹中已满三个月的孩子因小产而未能保住。莞嫔为此非常痛恨华妃，皇上知道此事也非常生气。华贵妃娘娘得知甄嬛小产，知道自己此举酿成了大错，罪孽深重，在曹贵人的劝说下只得前往碎玉轩脱簪请罪。

……

华贵妃："皇上万福金安！臣妾有罪！今日莞嫔冲撞臣妾，臣妾本想略施小惩，以示告诫，并非有意害莞嫔小产。臣妾也不知为何会这样，还望皇上饶恕臣妾无知之罪！"

皇上："你无知？莞嫔有孕三个月，你不知道吗？"

敬嫔："皇上，贵妃娘娘说，正是因为知道莞嫔娘娘有孕三个月，胎像稳固才让她跪的。"

华贵妃："皇上，臣妾无知。臣妾今日是被气昏了头。想着跪上半个时辰应该不打紧……臣妾听闻，那年侧福晋跪了两个时辰才小产的。所以，以为跪上半个时辰不打紧。"

皇上："侧福晋当日是对纯元皇后大不敬，纯元皇后才罚她下跪认错。何况纯元皇后当时丝毫不知侧福晋已经身怀有孕。当属无心之失！纯元仁慈，为此事自责不已，才伤及自身以致难产血崩。而你，你明知道莞嫔怀有龙胎还强行责罚，事后还不知悔改！贱妇，如何敢和纯元相提并论！"

从华贵妃娘娘的话语中，我们得知一个细节，那就是纯元皇后当年在雍王府的时候因某位侧福晋对她"大不敬"，便责罚该侧福晋跪了两个时辰导致其小产。虽然我们不知道她为何会如此震怒，更不知道那位侧福晋当初到底做了什么让纯元皇后感到"大不敬"的事情，但我们想知道的是，谁敢公然在雍王府去招惹一位身份地位远高于自己且获得王爷专房之宠的嫡福晋呢？按照"嫡庶尊卑"的规制，嫡庶表明了后院里相处的基本行为模式，嫡福晋有处置管理所有事务之权，甚至可以对小妾们生杀予夺，那是什么让一位侧福晋用拼命的方式对福晋如此"大不敬"呢？

当年雍王府的雍亲王对纯元无比宠爱，"专房之宠"，加之疯狂迷恋，即便新婚三年两人依然如胶似漆，那么侧福晋所谓的"大不敬"这种隐讳的说法到底意味着什么呢？我想，很可能是这位侧福晋在纯元面前说了一些带有人身攻击或者人格侮辱性的话语。毕竟，纯元进王府后所做的有些事情是绝对不光彩的，如穿逾制妃位吉服，或者争其妹妹宜修福晋之位等。不管怎么说，我们清楚地知道，加上其妹妹侧福晋宜修的大阿哥弘晖，在雍王府两位侧福晋失去的孩子都和纯元有关系。纯元更厉害的是，即便死了这么多年，年世兰提起她反而招来皇上极大的愤怒，甚至因此当场失控叱骂年世兰为"贱妇"。

第四，获专房之宠，对妹妹和大阿哥弘晖没有怜惜之心。

纯元皇后是后宫中所有嫔妃都无法挑战的完美榜样，也是皇上在灵魂上最真心对待的女人。但这位雍王府的福晋，对于王爷的恩宠的看重，不亚于后来的华妃娘娘。

电视剧中有这样一幕发生在圆明园的事情。当时的甄嬛刚受宠不久，有一晚皇上翻了华妃的牌子留宿在清凉殿，不料夜半时分，外面雷雨交加，狂风大作。皇上被雷电之声惊醒后，马上从床榻上起来往甄嬛所住的碧桐书院走去，去照顾怕雷声的甄嬛，惹得华妃娘娘无比痛恨，觉得这是极大的侮辱，也对甄嬛所获盛宠感到几分担忧和可怕。皇后娘娘身边的剪秋姑姑将这个事情告诉了皇后娘娘，皇后听了并没有半点嘲讽的态度，只是发出了一声物伤其类的叹息："本宫当年的屈辱，现在她也尝受到了"。

由此可见，按照华妃这样的性子完全不可能怕打雷，更不会用"怕打雷"这样的方式来争宠，能够这样装可怜、装柔弱来博得皇上同情的，也就只有那个"温柔娴雅""柔弱美好"的纯元皇后了。

另一幕就是电视剧快结束时，皇上听说纯元皇后是被皇后所害，于是要她过来亲口说说。

剧 情 回 顾

当皇上得知后宫很多事端都因皇后而起，他对诸如"筹谋储君、戕害嫔妃、残害皇嗣"皆相信，但是，皇上对皇后谋害纯元皇后一事有些不解，毕竟她对姐姐一向"既恭谨、又谦和"，于是，决定当面问她，亲口听她说。

……

皇后（抬起双手，看着手腕上的玉镯）："这对玉镯还是臣妾入王府的时候，皇上亲自为臣妾带上的。愿如此环，朝夕相见。可如今皇上以为臣妾犯错，大约不愿意再见臣妾了吧？当年，皇上同样执着此环同臣妾说：若生下皇子，福晋便是臣妾的。可臣妾生下皇子时，皇上已经封了姐姐为福晋！连臣妾的孩子也要被迫成为庶子！和臣妾一样，永远摆脱不了庶出的身份！"

......

皇上："朕明白！正因为朕明白，所以才在你入府以后厚待于你，即便朕立了纯元为唯一的福晋，你也是仅次于她的侧福晋！可是你永不知足！"

皇后："本该属于臣妾的福晋之位，被他人一朝夺去！本该属于臣妾儿子的太子之位，也要另属他人！臣妾夫君所有的爱都给了她，臣妾很想知足，可臣妾做不到啊！"

......

皇上："是朕太看重你们的姐妹之情了。你就不怕报应？午夜梦回的时候，你就不怕纯元和孩子，来向你追魂索命？"

皇后："她要来索命尽管来索呀！免得臣妾长夜漫漫，总梦见我的孩子向我啼哭不已。孩子夭亡的时候，姐姐有了身孕，皇上你只顾姐姐有孕之喜，何曾记得臣妾与你的孩子呀？他还不满三岁，高烧烧得浑身滚烫，不治而死啊！臣妾抱着他的尸身，在雨中走了一个晚上，想走到阎罗殿求满殿神佛，要索命就索我的命，别索我儿子的命啊！而姐姐这时竟然有了孩子，不是她的儿子索了我儿子的命吗？我怎能容忍她的儿子坐上太子之位呢？"

皇上："你疯了？是朕，执意要娶纯元！是朕，执意要立她为福晋！是朕，与她有了孩子，你为什么不恨朕！"

皇后："皇上以为臣妾不想吗？臣妾多想恨你呀，可是臣妾做不到，臣妾做不到啊！皇上的眼中只有姐姐，皇上你可曾知道，臣妾对你的爱意，不比你对姐姐的少啊！皇上，你以为姐姐爱你很多吗？你以为熹贵妃真的爱你吗？凡是深爱丈夫的女子，有谁愿意看着自己深爱的丈夫，与别的女人恩爱生子啊？臣妾做不到，臣妾做不到啊！皇上虽然以为臣妾悍妒，可是臣妾是真真正正深爱着皇上，所以臣妾才会如此啊！"

皇上："佛口蛇心，你真是让朕恶心。"

皇后："皇上，臣妾若不是身在皇后之位要保全自身，也希望皇上心中还记得臣妾的一点好，臣妾何尝不愿意什么都不掩藏，臣妾不得已的贤惠，也是臣妾最痛心、最难过之处啊！"

这段对话中，扮演宜修皇后的演员蔡少芬在剧中用非常夸张而生动的表情说出了"臣妾做不到啊！"。这句话后来在网络上迅速走红，被很多人用来表示自己无法放弃某种事情或者物品。其实，看看这段剧情，皇后的"臣妾做不到啊"说出了多少的苦楚和无奈。其实，上面提到的这些场景，皇后在剧中不止一次的提到过。曾有一个凄清的雷雨之夜，皇后"头风病"又犯了，她对一旁侍疾的剪秋姑姑说,"皇上对本宫再好,都比不过对姐姐好,太后也是。到底本宫是庶出,不比姐姐是嫡出。如果弘晖还在,他便是皇上的长子,又成了嫡出,身份是何等尊贵啊!弘晖死的时候,外面也是这样的雨天。剪秋啊,本宫头好痛啊!"

我们回想一下:那天晚上,天下着大雨,宜修身为侧福晋,她和雍王府雍亲王所生的大阿哥生了重病,王府里竟然无人重视,享受"专房之宠"的姐姐纯元忙着与自己的夫君享受新婚怀孕的快活日子,王府的其他人都到哪里去了呢?王府里怎么会任由一个刚刚经历丧子之痛的母亲抱着孩子的尸身在雨中走了一夜却不闻不问?正如前文所述,王府的嫡福晋是其姐姐,嫡福晋有掌管后院之权,一个真正爱自己妹妹的姐姐,这个时候又去哪里了呢?也许我们不应该进一步推测,但似乎也不难发现,王府里所有的下人一定得到了某个人的授意,从而导致宜修被冷落,甚至弘晖的高热而夭都和这个人有一定的关系!

看到这一切,我们不免同情起宜修皇后来。首先,宜修在未出嫁之前,在乌拉那拉氏家族,由于自己是庶出,所有的人都不是很看重她,这个亲姐姐也可能如同后来的祺贵人(瓜尔佳·文鸳)一样看不起自己庶出的妹妹。这种伤痛对宜修的影响非常深,导致宜修在后宫最不愿意接受和最不愿意听到的词就是"庶出"。其次,乌拉那拉·柔则竟然在亲妹妹宜修怀孕期间,穿着违反宫规的吉服,以探视怀孕的妹妹为名前来雍亲王府与雍亲王"一见钟情",这种行为本来就不是很厚道。何况与雍亲王大婚后,将雍亲王明媒正娶的侧福晋、自己妹妹宜修即将到手的福晋之位生生夺了去,让雍亲王失信于自己的妹妹。宜修本来快快乐乐地怀了头一胎,因为姐姐的出现,竟然从正房变成了小妾,后来还悲惨地失去了自己的长子。如此境况谁能忍受?又有谁不会对如此迫害自己之人心怀憎恨?而且她向周围人所展示的大方善良、宽以待人,甚至几近神化的种种为人方式,使其留下"温柔娴雅,深得人心"的作风,这是何等的可怕!

所以说,纯元皇后在后宫是最会争、最懂得争的人。她给人留下了朦胧的美感和幻想,琴棋诗文无所不精,歌舞刺绣无所不工,这个自视甚高的女人,变成了皇上一辈子的爱情牌位,天子无时无刻不把她当作评判后宫佳丽的标准。纯元即使在后宫消失那么多年,仍是后宫推不倒的牌坊,甚至可以认为,正是因为宜修皇后在皇上面前把纯元皇后的面纱撕下,从而导致皇上决定与她"死生不复相见"。纯元皇后的后宫经历带给我们现代职场的启示是,身在职场,不仅仅要争,更要紧的是会争和懂得争,无论怎么样,我们都应该建立良好的群众基础。其实,真实的职场并非没有这样的人物,他们可能采取非凡的手段获得了很多职场中稀缺的资源,但他们也会想尽一切办法维护自身的形象,让凡是认识他们的人对他们都有着极好的印象。另外,我们也应该明白,也许后宫有些旧人都知道纯元皇后的事情,也明白这个皇上心中的"莞莞"其实并非完美无瑕,只因为众所周知纯元皇后是皇上心中的一个美好的憧憬、一份无敌于天下的完美回忆,所以谁也不想触犯龙威,于是处处维护纯元皇后的形象,所以皇后将纯元皇后的事情说出来之后引起了皇上心里深深的不安。这一点带给我们的启示就是,我们身在职场要明白领导和管理者的所思所想,千万不可随意冒犯、诋毁领导和管理者内心深处的那些美好的人与事,要做的应该是和领导们保持高度一致,去尽力维护它。

2.4　欣贵人:审时度势,低调地绽放

在自然界中,狮子以"动物之王"著称。在草原上,狮子常常会以强健的体格和惊人的速度令比它弱小的动物们心惊胆战,因为它们深知自己根本不是狮子的对手。有些弱小的动物见到狮子,甚至干脆躺在地上一动不动,等着它来吃。动物可以这样,但人不能这样。

虽说人类社会无论生活中还是职场中同样存在如同自然界一样"弱肉强食"的现象,我们甚至一时半刻也无法改变自己的"强"或者"弱",但我们是有智慧的,智慧产生见识,通过不断的学习和积累人生经验,我们才可以在职场获得生存的机会,从而搏出一片天地。

2.4.1　善待他人,享受一份踏实的安定

在电视剧一开始,整个后宫除皇后以外,一共有七位小主(华妃、端妃、齐妃、敬嫔、丽嫔、曹贵人、欣常在),欣常在在这些小主中位分最低,随后晋升速度也非常慢,却是一个实心肠和好心肠的女人。欣贵人是剧中第一个失去孩子的后宫小主,虽然电视剧没有刻意描写她是如何失去孩子的,只是六位小主(端妃称病不参加)齐聚皇后娘娘的景仁宫时提起此事,但她也许是经历这件事情之后非常明白后宫这潭水太深,要想活下去,先要学会自保,所以并没有多说什么。欣贵人最可贵之处是,当甄嬛落魄的时候,她与祺贵人在御花园碰到了甄嬛,祺贵人完全不把这个位分比自己高的失宠姐姐放在眼里,甚至还出言讥讽她,欣贵人却没有表现出轻慢,仍谨守后宫尊卑礼数。由此可见,欣贵人有自己的道德判断,是非分明。所以,整个电视剧中,除了比较纯真的淳常在、一身傲骨的沈眉庄和品格端庄的端妃以外,要说还有哪个女人自始至终都表现了真实无隐的本性,既不害人,也不争宠,还没有犯任何恶行,大概就只有欣贵人了。

在后宫中,众嫔妃无论在景仁宫齐聚参加皇后主持的"例行朝会",还是在御花园一起赏牡丹,或是在圆明园避暑观看别样景致,欣贵人总是隐没在后宫的繁花似锦当中。尤其是每次在景仁宫"例行朝会"或者皇上摆家宴与众嫔妃齐聚,当嫔妃们斗嘴争宠的时候,镜头总会留给坐在最角落的欣贵人,她除了偶尔会说那么几句中肯得体的话,其他时候都在享受着一份踏实安定。

作为一个贯穿全剧的角色，欣贵人最初以"欣常在"的封号出现是在电视剧开始时，华妃娘娘一脸醋味地提起了这位刚刚小产的后宫小主。后来，新选秀入宫的秀女还不能侍寝时，皇上翻了几次欣常在的牌子去她宫中，华妃娘娘为此还非常恼怒和记恨欣贵人，骂她"狐媚劲又犯了"，甚至还迁怒于皇后派去翊坤宫的眼线小福子。从这个剧情中，我们可以推测，在新人未正式侍寝之前，欣贵人还是有几分恩宠的，只是身边从来不缺年轻貌美女人的皇上很快就把她淡忘了。的确，欣贵人身上实在没有什么特质能让人念念不忘，值得庆幸的是，她也没有特质什么让人厌烦，甚至皇上每隔一段时间还会想起她，算是叙叙旧情，她就这样生活在后宫之中。至于位分，晋升之慢也在后宫中比较罕见，第一次晋升是典型的熬年头熬到的，第二次则是投靠甄嬛之后的事情了。

2.4.2 做一个"平凡中的不平凡之人"

欣贵人，这位不起眼的后宫小主实在不一般，她不仅在残忍冷酷的后宫斗争中没有受伤，而且还安然无恙地活到了最后，让人不得不佩服。欣贵人的厉害之处就在于平凡中的不平凡和不平凡中的平凡，她的经历告诉我们，认清自己斤两，进行合适定位，清楚自己所求，主动争取机会，哪怕平凡，也能获得最大收益。

首先，她有着真实无隐的本性，是个实心肠的女人。她会在华妃娘娘刁难甄嬛和沈眉庄时坐在一旁说几句中肯的话；会因为嫉妒华妃忍不住冷言冷语两句。例如，齐妃抱怨华妃娘娘每次给皇后娘娘问安时总是姗姗来迟，她冷言道，"她是年大将军的妹妹，年大将军多得势啊，皇上又那么宠爱着她"；会在大庭广众之下，戳破安陵容对甄嬛与沈眉庄那份姐妹情义中的假情假意。别看她如此"心直口快"，但她心里却很明白，她说任何话时都是有分寸的，所以并不显眼，也并不惹人讨厌。

其次，她虽不够聪明，无超群的美貌，但懂得为人低调。在整个后宫之中，皇上的"恩宠"是各宫小主安身立命的根本，所以，后宫的女人大抵分为两种：一种是有容貌和有能力者，她们直接争夺、分割皇上的恩宠；另一种是能力、容貌及家世都一般者，她们只能依附前者，间接地吸引皇上的庇护和恩宠。这里只有沈贵人和欣贵人为特例：沈贵人自被华妃和曹贵人陷害"假孕争宠"之后，她便依靠自己的长辈缘，直接抱住了太后的大腿，加上本身就和太后很投缘，所以她即使没有获得皇上恩宠，但在后宫之中只要有太后在，她就能平安无事；欣贵人虽然容貌、能力和家世都很一般，但她却没有成为前面所说的第二种依附于别的上位者来争宠的女人，她从不贸然跟随任何人，而是独自低调地安身立命。即使后来储秀宫的新主位无知轻狂的祺嫔屡屡欺负她，甚至还打骂她的宫女佩儿，她也是忍耐着。在这个神仙打架凡人遭殃的后宫里，她能够安然度过那么多岁月，能做到忍辱负重又开朗豁达，她已经很不平凡了。

最后，欣贵人会审时度势，低调地绽放光芒。虽然作为熟知后宫复杂情势的"老人"，她一开始并没有贸然跟随受宠之人，以此提升自己。其原因，或是皇后和华妃本来就不看好她，不想拉她成为同盟；或是她自己觉得后宫形势瞬息万变，难以推定哪方最终能取得成功，在仔细观察思考和不断地权衡之后，做出和两派势力保持距离的决定。为此，她在储秀宫宁愿先后受妙音娘子和祺嫔那样无知轻狂的两位宫中主位的欺辱，忍耐而不随意投靠任何一派寻求庇护。但当她作为一个长年在后宫的旁观者，看到甄嬛以一种不可思议的姿态从甘露寺回宫之后，她光速投靠到了甄嬛的麾下，这种魄力和勇气确实让人钦佩。即便如此，她也没有表现出对甄嬛的依附，她们之间的关系更准确地说，是一种合作。两人合作后，欣贵人并没有表现出太大的野心，她明确表示自己只想做一宫主位，舒舒服服地不看别人脸色过日子，其他皆无所求。

实际职场生活中，也可能存在强者专门欺负弱者，即恃强凌弱的现象。因此，行走于职场，如同欣贵人这样"遇强示弱"也是很重要的生存法则。当我们明知自己的处境、能力和身世背景皆如同欣贵人在后宫那般不占上风，我们一定要学会忍耐，在遇到职场上那些比我们强的人（华妃、祺贵人等）时，我们不要一味只顾及自己的所谓脸面和虚荣心，对他们采取硬碰硬的方式来处理某些工作中的事情。虽然这样以弱碰强的方式也可能将对方击倒，但最终我们很可能也会因此而受伤。因此，我们应该懂得示弱。欣贵人所采取的这种"遇强示弱"的后宫生存法则，在职场中也会收到同样的效果，可以消除华妃娘娘一类的对手的戒心。示弱可以让对方摸不清你的虚实，降低了对方攻击的有效性，一旦攻击失效，对方有可能收手，从而弱者也就获得了生存空间。至于，弱者反击与否，要慎重，要视情况而定，因为反击不是目的，生存才是目的。所以，从根本上讲，"遇强示弱"的职场生存法则也是一种以退为进的方式，可以化困难于无形。

同时，我们还要学习欣贵人的过人之处，即"人贵有自知之明"，知道自己的能力有多少，自己的界限在哪里，而且在忍耐的同时，有追求、眼光准又有魄力，她不会好高骛远，即便攀上高枝也并没有提出过多非分之想。剧中的曹琴默和安陵容在欣贵人面前似乎有些相形见绌，欣贵人这种在面对巨大的诱惑时，能够保持清醒的头脑，对自己有个清醒的认识，显得很不平凡。

3 职场生存

从青涩走向成熟

跨入职场的我们,没有办法去选择我们的领导、上司以及同事,就如同跨入后宫的新人,她们无法选择搬进哪个宫中,与谁在同一宫中相处,也无法选择掌管皇宫的是阴险难缠的皇后娘娘还是泼辣跋扈的华妃娘娘,甚至连身边伺候她的宫女、太监都不是她们能选择的。因此,职场新人需要增长智慧,成就自我,从青涩走向成熟。

3.1 身处职场,心灵和谐是最要紧的

身处职场,我们面对快节奏的工作和激烈的职场竞争,难免有些心浮气躁,有些不安与焦虑,因此,心灵和谐便成了一种战胜自我、超越自我的力量,它会给予我们一种"不管风吹浪打,胜似闲庭信步"的自信。所以说,职场中的每一个人保持心灵和谐是一种境界和素质,我们要做到"宠辱不惊,看庭前花开花落;去留无意,望天上云卷云舒";我们要能勇于争先而不计较名利得失,品格高洁而不孤芳自赏。面对职场的失落与失意,我们要有良好的自我调控能力,能够"卒然临之而不惊,无故加之而不怒",随时控制好自己的情绪。

3.1.1 安陵容:明白差异,学会正确地比较

很多人看了电视剧之后,都想让自己成为甄嬛,觉得自己应该要向甄嬛学习,其实,在真实的社会生活和职场发展中,我们绝大多数人都不属于"人生胜利组"的甄嬛。我们没有天生讨人喜欢、长得像皇上旧爱的容貌,也没有让人一见如故的性情,更没有显赫的家世背景来依靠和青梅竹马的男(女)闺蜜温太医来悉心关照。我们很多人活脱脱就是一个安陵容,毫无身世背景。难怪很多人在看

电视剧时，看到安陵容成功实现了逆袭时，心中有不少的感动和激动。

的确，安陵容进宫之后的处境非常像我们现代职场中众多平凡的上班族的写照，夹在人与人激烈竞争的缝隙中求生存、谋发展，也身不由己地加入了如火如荼的职场竞争（甚至职场争斗）之中，如果不靠自己努力争取，想尽一切办法让自己站得更高，我们就会被别人推下去，甚至被人挤出局。所以，安陵容在临死之前对甄嬛讲出了自己的苦楚："为何我不如你，因为我没有你的家世背景，没有你的容貌，我要往上爬，我就只能这样"。

值得深思的是，成功逆袭后的安陵容，虽然取得了一定的地位，获得了一些梦寐以求的荣誉和皇帝的赏赐，但其所作所为让我们觉得有些厌恶，甚至让她成为后宫众多女子中最让我们讨厌的小主。其原因就是安陵容心灵不和谐，不明白差异，也不懂得如何比较。

进宫前认识的两位姐姐对她其实照顾颇多，即便她没有获得皇上的宠幸，两位姐姐都处处为她考虑，时常安慰她。后来，惠贵人沈眉庄被华妃娘娘和曹琴默陷害，因一起莫须有的"假孕事件"被禁足闲月阁。惠贵人在此时明白自己一时半刻难以翻身，便要芳若姑姑带出一纸条给莞贵人甄嬛，即"扶持陵容"。于是，甄嬛按计划让安陵容顺利得到皇上宠幸。这期间，的确，沈眉庄和甄嬛担心孤军奋战难以在后宫立足，有利用安陵容的嫌疑，但这种利用并没有给她带来伤害，相反，刚好实现了她的愿望。她后来对此却颇有怨言。

尤其是，当她得到皇上宠爱之后，便开始与甄嬛比较，觉得自己也应该拥有和甄嬛一样的待遇。这种极其不该萌发的想法，让她做出了许多不应该做的事。她应明白，甄嬛无论从哪方面讲，得到皇上的宠爱比她多都是应该的，而且也是她无法通过自己的努力就能实现的。

首先，单拼脸蛋，安陵容就不是甄嬛的对手。我们不说甄嬛的脸蛋长得比安陵容俊美，但关键的是，人家长得像皇上的旧爱——纯元皇后（无论容貌还是性情），皇上又是一个长情的皇上。就凭这张脸蛋，宫里几乎所有女人都得给她让道才行。其次，人家甄嬛本来可以靠脸吃饭，但她才华也很出众，从表3-1中可以看出，即便已故的纯元皇后论才艺也稍逊甄嬛，甄嬛在琴棋书画、诗词歌舞各方面的表现可谓力压群芳，无人能及。再次，甄嬛的家世背景也不是安陵容所能相提并论的。前者父亲是都察院副使甄远道，后者父亲是苏州松阳县县丞安比槐，就算"拼爹"，也是有天壤之别啊。除此之外，甄嬛的修养和举止特别讨人喜爱，这些都是安陵容无法相比的。

安陵容这种不理性的比较，凭空为自己添了不少烦恼，刚好被旁人（皇后娘娘）挑拨，导致多年的姐妹情分消失殆尽。面对后来的结局，我们如用"甄嬛体"来对安陵容的遭遇表示惋惜大概可以这么说："如今私心想来，若是她能和两位姐姐相处得好些，想必其日后也是极好的"。

表 3-1 后宫主要成员才艺比较表

人物	出身	琴	棋	书	画	诗词	笛	箫	歌	舞	刺绣	烹饪	其他
纯元皇后	满军旗乌拉那拉氏嫡女	专精	专精	—	—	专精	—	专精	专精	专精	—	—	—
皇后(乌拉那拉·宜修)	满军旗乌拉那拉氏庶女	—	专精	—	—	平平	—	—	平平	—	平平	优良	—
嬛妃(钮钴禄·甄嬛)	汉军旗嫡女/满军旗钮钴禄氏	专精	专精	专精	优良	平平	专精	专精	优良	专精	优良	—	—
端妃(齐月宾)	汉军旗将门之女	专精	专精	—	—	平平	—	—	—	—	—	—	—
华妃(年世兰)	汉军旗(年羹尧胞妹)	—	—	—	—	平平	—	—	—	优良	—	—	骑术精良
齐妃(李氏)	汉军旗	—	—	—	—	—	—	—	—	—	—	—	—
敬嫔(冯若昭)	汉军旗	—	专精	—	—	—	—	—	—	优良	—	—	—
惠贵人(沈眉庄)	汉军旗	专精	—	平平	—	优良	—	—	—	优良	优良	—	—
安答应(安陵容)	汉军旗	专精	—	—	—	—	—	优良	专精	—	—	—	专精制香
欣常在	汉军旗	—	—	—	—	平平	—	—	—	—	—	—	—
曹贵人(曹琴默)	汉军旗	—	—	—	—	—	—	—	儿歌	—	—	—	会打珠络
富察贵人(富察氏)	汉军旗	专精	—	—	—	—	—	—	—	—	—	—	—
祺嫔(瓜尔佳·文鸳)	满军旗瓜尔佳氏嫡女	—	—	—	—	—	—	—	—	—	—	—	—
宁贵人(叶澜依)	蒙军旗驯马女	优良	—	—	—	—	—	—	—	—	—	—	制香、骑术专精

有句俗话,"人比人,气死人",甚至网络上有人在这六个字后面又加了六个字"没气死,继续比"。的确,身处职场,我们要有进取心,要能发现差距,要努力弥补差距,但更应明白,自己到底能得到什么,自己的长处是什么,自己应该和什么样的人比较。千万不可不知足,不懂得比较,不明白差异,否则,只会让我们在职场中迷失自我。所以说,当我们发现自己在职场的真实处境只不过是安陵容时,不要把它当作世界末日,我们只有正视自己眼前的处境和当下所在的位置,才能对人生做出正确的判断和选择。

真正的世界末日,是我们完全不明白自己到底几斤几两,只要人生中一出现转机便得意忘形,做事说话完全不知轻重。正如余莺儿,刚从守倚梅园的宫女晋升为答应,这种越级晋封,不管是祖上有德还是自己几辈子修来的福分,本来都应该好好珍惜,但她就过分得意忘形,导致其结局非常凄惨。

3.1.2 沈眉庄:认识自我才能超越自我

沈眉庄和甄嬛在选秀时无论出于主动还是被动,其表现都得到了太后和皇上的青睐,皇上为此龙颜大悦,她俩也最终顺利入宫。

剧情回顾

> 选秀结束后,皇后来养心殿为皇上道喜,就提到了沈眉庄和甄嬛在选秀时最得皇上喜欢:"宫中已经传开了,今日选秀,皇上龙颜大悦。听说,沈自山的女儿长得很有当年敬嫔的风范,甄远道的女儿长得活脱脱与姐姐有几分相似。"

沈眉庄与甄嬛不同。甄嬛进入后宫并非其真实意愿,就像她在入宫参加选秀之前在菩萨面前祈愿的那样,"信女虽不比男子可以建功立业,也不愿意轻易辜负了自己,若要嫁人,一定要嫁于这世间上最好的男儿,和他结成连理,白首到老,但求菩萨保佑,让信女被撂牌子,不得入选进宫"。所以,"愿得一心人,白首不相离",这才是她的本意。谁料命运弄人,她不得不进宫面对世间这个最不能一心的男人。沈眉庄则从一开始就打算进宫,为了自身,也为了沈家的荣耀,因此,她及其家人在选秀之前精心准备,希冀顺利进宫。

个性孤傲清雅的沈眉庄为了荣耀家门如愿踏入后宫,也因其天资聪慧,还有几番当年敬妃的风范,成为第一个被皇上看中的嫔妃,是汉军旗中唯一一个以"贵人"位分入宫的小主,入宫后与敬妃同住一宫。入宫后的沈贵人,积极发挥了自己的优势，无论性情、礼数还是诗书，都得到了皇上的夸奖，皇上甚至还要她帮助华妃娘娘一起协理六宫。让她万万没想到的是，这些盛宠让她很快成为后宫女人们的眼中钉，甚至差点赔上性命。后来，华妃和曹琴默一起设局让沈眉庄以为自己怀上了龙种，再诬陷她假孕争宠，让皇上一气之下罚她禁足闲月阁。

说来也是无奈，这些女人们受不受宠，根本不是自己能做主的，就像甄嬛所说，"有些宫内之事，不是我可以意料的，也不是凭我一己之力就可以避免的。"皇上想要宠你，你是不能说不的，也就是说，沈贵人所受到的宠爱不是自己可以控制的。当她被陷害以后，沈贵人尽管依然秉持"宁可枝头抱香死，不曾吹落北风中"，但她明白自己不能一味任性从而搭上自己及沈家的前程，同时，她也权衡了自己的个性和特长。她明白，凭她的性情和在后宫所处的残酷处境，她根本不是后宫小主们的对手，自己还只是刚刚获得皇上恩宠，就被弄成如此下场，她考虑再三后，做出了一个很好的决定，自己不再走激烈的争宠之路，转而经营自己的人际网络，除了从小一起长大的甄嬛之外，她还一度仗义帮助了安陵容，在皇后面前依然保持着谦卑温和的态度。同时，她也明白，在后宫只有"伙伴"是不够的，她选择了从另一个职场空白领域努力发展自我，"既然你们都想搞定皇上，我没这本事，我不跟你们争，我只要搞定了皇上他妈，我依然能在后宫活好"。于是，她凭着自己的长辈缘，找了一个位高权重的靠山，利用尽孝道的方式照顾陪伴着太后，成功避开了后宫各种流言蜚语乃至行为上的伤害，确保自己与家族平安无事。

同样的道理，身处职场，在工作方面，我们凭着自己的努力和实力的确能为自己带来一些职业上的成就和成绩，也会因此而得到领导或者上司的赏识，甚至提拔和嘉奖。接下来，我们可能被委派一些重要的工作或者任务，面对这些工作和任务，我们没办法不好好表现，我们依然加倍努力，完成好这些本以为是自己义务的各项工作。可是，职场的嫉妒也会因此而产生，沈贵人的处境让我们有切身体会。当然，如若能在此过程中，依然取得成功，像甄嬛那样，最终成为后宫之首，那是最好不过的结局。

但如果结局是像沈贵人那样，我们似乎也应学会一些让自己生存得更好的办法，重新定位自己，重新认识自己，这样才能超越自己。

3.1.3　夏冬春：与人为敌是透支人脉的险招

夏冬春，虽然在众多秀女中，无论相貌还是家世背景都是很不错的，而且其名字也让皇上感到很有意思，一进宫就有了夏常在的位分。遗憾的是，在整个76集的长篇电视剧中，她却只在前3集中出现过，最后被路过的华妃娘娘以一个随便的名目赐"一丈红"惩戒致残，而且，华妃娘娘最后还给她留下一句很经典的评论，"常在，就是常常在这里惹人笑话。"

夏冬春"职场"失败的原因可以概括为以下两点。

第一，处处与人为敌。家世背景深厚的夏冬春，集现代职场典型的"官二代""富二代"和"白富美"的特征于一身，按理说，依据其家世和相貌，她进入后宫应该能左右逢源，可结局竟然是"出师未捷身先死"。夏冬春最不应该的就是自己的脚跟都还不稳之时便开始仗势欺辱他人，正因为选秀时，欺辱安陵容的事情被后宫知晓，才招来后宫小主们（尤其是华妃娘娘）对其未来可能的嚣张萌生担忧。加之，传旨太监和教习姑姑前往夏府，自命清高的夏常在竟然给教习姑姑脸色看，导致教习姑姑也没有尽心教导她，使其对后宫的真实情况并不知晓。其实，夏冬春应该明白，既然自己在选秀时以貌取人欺辱过本以为不可能入宫同为姐妹的安陵容，如今世事发生变迁，她就应该学会"化干戈为玉帛"，尽量去缓和自己和安陵容之间的关系，积攒人脉。她却一错再错，最后落得个无人帮衬，被华妃娘娘以管教后宫为由赐罚"一丈红"的下场。从夏冬春的结局，我们应该明白的是，职场的成功不完全取决于自己的家世、相貌和能力，还取决于自己的人脉，尤其是要学会与人"化干戈为玉帛"，充分积攒人脉，这样才能更接近成功。

第二，不能正确地认识环境，权衡冲突。夏冬春进入后宫后，以为自己各方面条件都不错，甚至在她眼里，除了皇上和皇后娘娘，根本就容不下其他人，加之，并不知晓后宫实情，凭借着想当然，以为"中宫就是中宫，华妃娘娘最得势也就是个妃子"，却不料此时的后宫，协理六宫的实权就在华妃娘娘手中。因此，她没有正确地认识环境，过早站队，使自己很快成为双方共同攻击的目标，最后悲惨出局。

其实，犯同样错误的还有后来的祺嫔（瓜尔佳·文鸳），相较于夏冬春，祺嫔甚至有过之而无不及。她凭借着自己的家世和年轻貌美的姿色，一开始颇得皇上欢心，因为她的父亲隶属于满军旗，还是帮助皇上平定年羹尧的功臣。可她的性格与夏冬春一样，盛气凌人，总是将喜怒写在脸上，除了讨皇上和皇后娘娘的欢心之外，她并不擅长经营周围其他人脉，例如，故意刁难同住一个宫里的欣常在，或是争宠的时候得理不饶人；除此之外，她同样没有看清楚后宫之中嫔妃们之间的利害关系，不懂得适应环境和权衡人与人之间的冲突，听信其父亲鄂敏的瞎指挥，依靠父亲在前朝的势力，一进宫就加入了皇后娘娘的阵营，之后在皇后和甄嬛的争斗中，处处充当皇后娘娘的打手，为皇后冲锋陷阵，尤其是在甄嬛从甘露寺再次回宫后，仍不能与甄嬛和谐共存，坚持将错就错，最终沦为炮灰。

后宫就像职场的缩影，有些人的背景的确具有其他普通员工难以取代也无法逾越的先天优势，就如同我们玩电游时游戏中开着外挂程式的主角，然而，我们要明白，职场和社会仅靠"外挂"并不能让我们取得最后的成功，更重要的是我们要有智慧，能积攒人脉，能认清环境，能适应环境，还应该懂得如何权衡冲突。只有这样，我们才能在职场充分发挥自己的"外挂资源"，平稳发展。

3.1.4 华妃:捧得越高,往往摔得越重

华妃一句"做衣如做人,一定要花团锦簇、轰轰烈烈才好",正是她性格和随之而来的命运的最好的写照。

说实在话,尽管华妃娘娘为了固宠,性格十分霸道和凶悍,控制欲极强,妒火更是强烈,十分狠毒,喜欢占主导地位,后宫女子一开始都相当畏惧她。但很多看过电视剧的观众并不是特别讨厌她,反而是对她的支持声仅次于甄嬛,尤其是在华妃娘娘听到甄嬛把自己在宫中多年所遭遇的事情的真相告诉她时,她才明白自己被自己最爱的人"害得好苦",最后惨烈地死去。她的那份绝望和失望,令很多观众为她感到难过。她的确很有几分真性情。若论对皇帝的爱,她可是后宫中首屈一指的,所以,知道真相后她才会那样在悲观中自杀而亡。

剧情回顾

甄嬛听闻皇上赐华妃死罪,便去冷宫为这位昔日同处后宫的"姐妹"送最后一程。

华妃:"胆子还挺大的,冷宫也敢这样进来。"

甄嬛:"这个地方我来的比你多,当初我就是在这里看着丽嫔在我面前疯癫无状。"

华妃:"你不要做梦了,你把我害到如此地步,我做鬼都不会放过你。"

甄嬛:"没有人要害你,是你自作自受,淳贵人溺水是你做的吧;在温仪公主食物里下木薯粉也是你做的,指使余氏在我药中下毒,推眉庄入水,冤枉眉庄假孕争宠,可样样都是你做的吧!"

华妃:"我就知道,曹琴默那个贱妇敢反咬我一口,必定是你在背后指使,凭她哪有那个狗胆!"

甄嬛:"你还真是知人不明,你几次三番利用温仪来争宠,甚至不惜拿她的性命来开玩笑,襄嫔(曹贵人)是他的生母,哪有不恨的道理。你以为她恨你的心思是从今日才有的吗?冰冻三尺非一日之寒,你早该知道她对你有异心了。"

华妃:"以我当年的盛势,连皇后那个老妇都要让我三分,曹琴默不过是我身边的一条狗,我怎么会把她放在眼里。"

甄嬛:"可惜她是人,人要比狗复杂多了。"

华妃："贱人，你跟你父亲一样狡诈，若不是你父亲设下诡计，我们年氏一族不至于一败涂地，你们宫里宫外联手，不就是为了置我于死地吗？"

甄嬛："若不是年氏一族居功自傲，任意妄为，又何至于此呢，你别忘了，你的夫君是皇帝，君王枕畔怎容他人酣睡。"

华妃："我哥哥是有功之臣，为大清平定西北，战功赫赫。"

甄嬛："再怎么战功赫赫也是皇上的臣子，怎可凌驾皇上之上，岂非谋逆。"

（貌似华妃有所领悟，这时苏培盛过来要送年氏上路，推门进去，说奉皇后懿旨让华妃在毒酒、白绫、匕首里面任选一样。）

华妃："皇后懿旨，皇上的圣旨呢，拿来。"

苏培盛："皇上的意思是，交由皇后娘娘全权做主。"

华妃："没有皇上的圣旨，我绝不就死，皇上能亲口下令杀了我兄长，还怕再下一道旨意给我吗？"

苏培盛："皇上说了，任何有关小主的事都不想听到。"

华妃（快哭了）："皇上就厌恶我到如此地步吗？去请皇上的圣旨来，我等着。"

甄嬛："苏公公，且缓一缓吧，容我和年答应告别几句。"

苏培盛："是，娘娘自便吧，奴才在外头候着就是了。"（放下东西，出去了。）

甄嬛："真是对不住了，称呼惯了您娘娘，骤然要叫你答应，还真是不习惯呢！皇上为什么厌恶你，你知道吗？"

华妃："皇上从来都没有厌恶过我，皇上从前很宠爱我，就算我犯了再大的过错，他再生气，也不舍得不理我太久。"

甄嬛："皇上为什么喜欢你，你知道吗？就因为你的美貌？宫中可从来不缺美貌的女人。"

华妃："你是说，皇上因我是年羹尧的妹妹才加以宠爱，端妃也是将门之女。"

甄嬛："其实你自己心里面都清楚，又何必要自欺欺人呢？"

华妃："你胡说，皇上怎么会对我没有真心？"

甄嬛："或许有吧，可即使有，你和年羹尧跋扈多年，这点真心，恐怕也耗得一点都不剩了。"

华妃："你个贱妇知道什么，记得我那一年刚刚入王府，就封了侧福晋，成了皇上身边最得宠的女人，王府里那么多女人，个个都怕他，就我不怕他，他常常带着我去策马,去打猎,他说他只喜欢我一个人。可是王府里的女人真多啊! 多得让我生气。他今天宿在这个侍妾那里,明晚又宿在那个福晋那里,我就这样等啊等啊,等到天都亮了,他还是没来我这,你试过从天黑等到天亮的滋味吗?"

甄嬛:"我一早知道他是皇上,他的夜晚从来不属于我一个人。"

华妃:"当然,你从来都没有像我这样喜欢过皇上。后来我有了身孕,皇上很高兴,可是渐渐他就不那么高兴了。虽然皇上不说,可是我能感觉到,王府里长大的就只有三阿哥一个。我知道他担心,我就跟他说,别怕,我会给你生下一个皇子。可是没过多久,我喝了端妃送来的安胎药,我的孩子就没有了,太医告诉我,那是一个已经成了形的男胎。"

甄嬛:"你的孩子没了,就要拿我的孩子来陪葬吗?他在我肚子里才四个月大,你居然要置他于死地!"

华妃:"我没有要杀你的孩子,是你自己不中用,才跪了半个时辰就会小产,你自己保不住自己的孩子,何苦要来怪我?我是恨皇上专宠于你,我从来没有见过皇上如此宠爱一个女人。有你在,皇上就不在意我了,我不想再从天黑等到天亮了,只要是敢跟我争宠的女人,就都得死,我是让余氏下毒杀你,可是我没有想过要杀你的孩子。"

甄嬛:"你没有?就算你不是有心的,可若不是你宫里的欢宜香,我又怎么会身子虚弱,才跪了半个时辰就小产。"

华妃:"欢宜香?欢宜香?"

甄嬛:"你知道为什么你小产之后就没有再怀上孩子了吗?你知不知道那欢宜香里面有大量的麝香,你用了这么多年,当然不会再有孩子了。"

华妃:"你信口雌黄,那香是皇上赐给我的。皇上,不可能,这不可能。"

甄嬛:"若不是皇上的旨意,怎么会没有太医告诉你,你体内有麝香。且不说你多年不孕,就连你当年小产,也都是皇上的旨意,端妃那碗安胎药,只不过是替皇上担了虚名而已。你灌了端妃再多的红花,也换不回你的孩子。"

(听到甄嬛说出这些事情,华妃一直摇头,连说"不可能"。)

华妃:"为什么?为什么?"

甄嬛:"因为你是年家的女儿,皇上对年羹尧早有戒心,他是不会让你生下有年氏血脉的孩子的。"

华妃(又哭又笑):"皇上,皇上,你害得世兰好苦啊!"

最后,华妃娘娘一头撞到柱子上,结束了花团锦簇的一生!

华妃娘娘深爱皇上，从伺候皇上的饮食上就能有所体现，每日三餐都要观察皇帝爱吃什么、膳食的摆放及布菜的远近顺序，这充分说明了她对皇上的用心、细腻和体贴。皇帝也一直宠幸着她，但为何最后有如此下场，主要有以下两大原因。

第一，华妃娘娘被皇上捧得很高，却最后才明白的职场道理"你是领导的人，领导却不一定是你的人"。华妃是后宫中最有资本的女人，无论相貌还是家世，以及对皇上的那片忠心与爱，甚至可以说，真正最深爱着皇上、甘愿为皇上做一切讨皇上欢心的后宫女子，也就只有她华妃娘娘了。为了对付不断进入后宫与自己分宠或者争宠的女子，从王府到皇宫，她不得不采取各种手段来排挤身边的情敌，来"固宠"。但她万万没有想到的是，皇上对她万般宠幸的目的只是为了利用和克制她的哥哥年羹尧。她纵横后宫多年，到最后才弄清真正的游戏规则："你是领导的人，领导却不一定是你的人"。其实，我们身在职场，也如同华妃，当领导或明或暗的给予我们"我们是他的人"的信号时，我们的心里一定要比谁都清楚，领导与我们之间的关系往往只是单行道，我们的确是领导的人，但领导却是他自己的。当我们与领导之间发生利益冲突时，他们首先会考虑组织和自己的利益。华妃娘娘及其兄长年羹尧最大的错误就是不应该威胁到皇上的利益。

第二，华妃没能真心对待身边的人，同样被身边的人捧得很高，最终落下个"墙倒众人推"的下场。剧中主要有三大派别，其领导者分别是：皇后、华妃和甄嬛。华妃一党有美艳凶悍的华妃、马屁精丽嫔、耍花招的余莺儿、忠心的颂芝、集智谋与狠辣于一身的军师曹琴默，还有狠毒的职业保镖周宁海等。剧中的年世兰是年羹尧的妹妹，父兄侄儿都身居前朝高位，加之自己容貌出众，乃"汉军旗的翘楚"，且"满蒙八旗放在一块儿，都不及华妃娘娘凤仪万千"，也因此便得周围的人皆聚于翊坤宫。华妃之狠，在于对情敌绝不手软，对身边的人也绝不放松，甚至为了"固宠"，加之其真性情，往往会伤害自己身边的人。华妃常常在职业保镖周宁海面前骂其他宫里的太监是"没有根的男人"，用曹贵人的温宜公主来争宠，最终导致年氏一族倒下之后，翊坤宫所有人便开始揭发其各种罪行，让她最后摔得很惨。身在职场，我们也应明白，即使自己最有权位，也应善待身边的人，更不能无故伤害那些忠心于你的人。

3.1.5　甄嬛：家庭教育与自身性情的结合

甄嬛在后宫的表现，我们不能完全归功于甄嬛的智慧和其团队的努力，我们必须明白传旨太监所说的一句话"甄大人好教养"，正因为甄府成功的家庭教育，才养成了她特殊的心性，加上自己的聪慧和贵人的相助，成就了她的皇太后之路。

第一，谨记父母训导，初入宫选择蛰伏。

甄嬛十七岁参加选秀入宫,因其"五分性情、五分相貌"与已故纯元皇后相似,让皇上选秀之日龙颜大悦。但是,甄嬛并没有飘飘然,入宫后,谨记父母临行前的训导——"若无完全把握获得皇上恩宠,你可一定要韬光养晦,收敛锋芒",于是,装病避宠,远离后宫争斗。结果,新选秀入宫的常在也好,贵人也罢,一个接一个被华妃或者皇后娘娘所陷害,而甄嬛却远居清净的碎玉轩,韬光养晦。

剧情回顾

甄嬛离家入宫前,甄嬛的父母分别对她进行了叮嘱。

甄远道:"看你这几日照顾安小主实在是稳当,为父知道,我的嬛儿已然长大成人了。有句话,为父本不便当面叮嘱你,可是,事到如今,我顾不得了。你要切记:'若无完全把握获得皇上恩宠,你可一定要韬光养晦,收敛锋芒,为父不指望你日后大富大贵,能宠冠六宫,但愿我的掌上明珠,能舒心快乐,平安终老。'"

甄嬛:"女儿不求在宫中获得圣上宠眷,只求在宫中安稳一生,保住甄氏满门和自身性命即可!"

甄远道:"好,这就好!"

……

甄母:"常听人说,一入宫门深似海。如今也轮到自家身上,你此去要多多心疼自己,后妃间相处更要处处留意,不要与人争执起事端!将来,你若是有福气做皇上宠妃自然是好,但自己的性命更紧要。"

职场上,常常有人会说,"不想当将军的士兵,不是好士兵"。但我们更要明白的是,最让领导头痛也是那些太想当将军的士兵。尤其是职场新秀,刚入职场,还没看清职场的基本形势就贸然行动,处处表现自己,感觉公司或者单位的未来属于他,这些人最后往往会在那些职场老将或者在主管上司的排挤甚至陷害中黯然败退。因此,初入职场的新秀,不妨向甄嬛学习,低调行事,低调做人,待时机成熟后再行动。再说,职场有一句话,"枪打出头鸟"。对于一个初入职场的职场新秀,尤其当他还是"无甄嬛一样的家世背景、无甄嬛一样的资历、无甄嬛一样的人缘"的"三无"菜鸟时,无论能力有多强,自己有多能干,都不宜初来乍到便锋芒毕露。要知道,能力强又能干的确是一个新员工发展的必备条件,但一旦和锋芒毕露相结合,往往就非常危险。甄嬛似乎非常明白这些,她无论相貌、家世还是人缘,都是其在后宫获得良好发展的重要保障,但她在后宫的处世方式已然像金庸先生笔下的武林高手一样："慧藏于心,戾隐于表,以无形胜有形,以不争视为争"。连槿汐姑姑也觉得小主这种不争是一种"有福之人"的智慧选择。

剧情回顾

甄嬛和槿汐姑姑讨论皇帝的兄弟时,槿汐姑姑特意提到十七爷与皇上很亲,甄嬛说:"我未进宫时便已听说,十七爷闲云野鹤,精于六艺。笛声更是京中一绝。"

槿汐姑姑:"先帝在世的时候,九王夺嫡之事何等惨烈。唯有十七爷整日与诗书为伴,倒成全了他的福气尊贵。"

"你这话倒也极是,有时候不争,比能争、会争之人有福多了。"

"所以,小主也是有福之人啦!"

第二,适时参与后宫之争,为自己,也为别人。

无论是说后宫如职场,还是说职场如后宫,它们都有很多共同点,如处处都充满着竞争。在这种竞争中,往往是"适者生存,不适者被淘汰"。当各位小主选秀入宫后,她们就如同我们踏入职场新环境一样,处处面临着各宫小主之间的竞争,而且由于资源的有限(只有一位皇上),使竞争更加激烈。毕竟,整个后宫都服务于这一个男人,侍寝的多少不仅关系到能否争得皇上的恩宠,还关系到是否能为皇帝延绵子嗣。这场竞争的结局无非有两种:一种是通过竞争,获得了更多的恩宠,甚至能诞下皇子或者公主,使你在后宫的地位更安全、更稳固,自己的优势也能更加自如彰显;另一种是通过竞争,发现自己根本不适应这场后宫的游戏,要么在后宫争斗中赔上身家性命,要么自愿默默无闻被人宰割,要么另谋出路以求生存。

常听人说,一入宫门深似海。对于一个刚入后宫的小主来说,也许对后宫很多事物及人情等都不甚了解,这就需要用自己的智慧去发现、去了解后宫。同时,后宫中无论资深的各位娘娘还是新进的各位小主都在注视着你,这是肯定的,要想立足,首先就是要用竞争的姿态去适应后宫复杂的环境。但是,不要因为竞争而使自己给别人留下不好的印象,这就需要把握好尺度。

在剧情中,甄嬛初入后宫展示出和平主义爱好者的生性,装病不出,以此来避开皇上的宠幸,远离后宫争斗。自从首领太监康禄海决意离开碎玉轩时,她似乎也明白,身边有些人无法理解自己,也不如她这般想。对于康禄海的做法,我们不能说他有多对还是多错,他就相当于那种有野心和抱负的职场下属,身为领导或者主管的你决意不与人争、你的清心寡欲无形也阻碍了康禄海这样的下属的前程。毕竟，他没有槿汐姑姑那样见多识广，能看出甄嬛与已故皇后之间的"五分性情、五分容貌"的相似点，因此，他才会另寻高枝。

甄嬛蛰伏一段时间以后，对后宫的基本形式有了些许了解，明白了后宫大概的人际关系和相处模式，她决定等待时机，适时出招，于是，便有了与皇上合演的秋千上的浪漫邂逅。每一个人步入职场，无论为了个人事业的发展，追求崇高的自我实现，还是为了个人与家庭的生计，都怀揣着自己的理想与抱负。在复杂的现实职场环境中，很多有智慧的人走进新的职场环境时，往往会如同甄嬛一般，先蛰伏一段时间，然后等待时机，彰显自己的实力。但在蛰伏期间，我们必须做到几点：(1)给自己充电。在新的职场环境，应该抓紧时间学习与本职业相关的知识和技能，不断借鉴学习其他老员工的优良习惯、思维模式、行为方式，这是为了积累后适时出招的本钱。(2)加强自己的责任意识。在职场上，绝大多数领导和主管都很重视员工的责任意识，一个人没有责任心，哪个领导或者主管都不敢把重要的工作交给他，所以在职场应该认真做好每一件事，不断告诉自己这是自己的责任，这样才能使自己的思想变得饱满。(3)培养自己的服务意识。服务意识是最基本职业素养的体现，也是工作价值观的体现。在新的工作环境，不能有抱怨，不能因为比别人做得多就表现出某些不满情绪，要知道，虽然有付出不一定有回报，但不付出就一定没有回报。当然，时机和场合的选择也非常重要，找好时机与场合展露实力时，也不可过分谦卑，更不能过于自负，而应有条不紊地展示自己的能力与才华。

3.1.6　皇后：职场管理者不应有的那份焦虑和担忧

皇后娘娘的阴险难缠绝对让每一个人产生心有余悸之感，她的焦虑和担忧，又总让我们觉得有些多余。事实上，无论皇太后与她谈心时所透露的信息，还是她自己所明白的一切，这后宫的中宫之位只能属于她，用太后的话来说，皇后只能是我们乌雅氏和乌拉那拉氏的人。也就是说，无论后宫新晋的嫔妃如何美貌、如何有才能、如何能讨得皇上的欢心，后位不可能旁落。加之，皇上是一个念旧情的人，更加上皇后已故姐姐的庇佑，皇后的焦虑和担忧更显得非常不应该。皇后的心病无非就是，她自己没有亲生的儿子，未来的新皇帝不是自己所生，后宫将会出现两位太后。但中国古代的嫡庶观念非常严格，皇帝的嫡母与生母是有严格区分的，称为"两宫皇太后"，即母后皇太后和圣母皇太后。也就是说，无论未来谁做皇帝，她都是名正言顺的母后皇太后，其在后宫的地位和权势也永远在圣母皇太后之上。这个无论在此之前的顺治帝时期的两位皇太后（孝庄文太后和孝端文太后），还是在此之后同治帝时期的两位皇太后（慈禧太后和慈安太后）都证明了这一点。

但是，皇后娘娘不仅没有好好带领好后宫的姐妹，掌管好后宫群花，反而一味修剪，导致花叶凋零，更重要的是还伤及了皇族的根本利益，即在后宫中阻止嫔妃为皇帝开枝散叶。从而，皇后娘娘所做的一切引起了太后的反感。

剧情回顾

> 太后："你比纯元皇后的确能干得多。这些年，你怎么做福晋，怎么做皇后，哀家可以不管。只是一条，后宫皇嗣为重。这宫里的女人就像开不尽的花，你费心除掉一个，还会有一个进来。身为皇后是要掌管群花，而不是一味地修剪，终致花叶凋零。有一点，无论如何不能折损皇嗣。"
>
> 皇后："自从臣妾的大阿哥没有了之后，一直希望皇上后继有人，只是眼下虽有三位阿哥……"
>
> 太后："三位阿哥？先帝有多少儿子？皇帝连先帝的零头都没有。后嗣稀少，也是中宫失德！你去鑫斯门站一会儿，好好想想哀家的苦心吧！"

其实，皇后娘娘这种担忧与焦虑的心态在职场中也不少见，尤其一些职场的领导者和管理者容易产生皇后娘娘这种心态。例如，一些领导者或者管理者因为年龄、学历、能力等方面的原因都慢慢显得不如后来的员工，这些新来员工学历高、能力强，因此会给原来的领导者或者管理者带来一些危机感，于是，他们也会形成像皇后娘娘这样不和谐的心态，或明或暗地针对这些新员工进行约束和规制，严重的还将伤及公司的根本利益。其实，职场的管理者应该明白，在中国职场环境中，你的地位、资历和权威是不可撼动的，重要的是你能掌管好"群花"，为公司的利益"开枝散叶"。另外，管理者还应该明白的是，管理者不一定是业务能力最强的人，但管理者一定是具有组织、沟通和协调能力，能够通过自己的人格魅力，将不同性格、不同能力、不同特征的员工为你所用，实现你的管理目标的人。皇后不明白的正是这些，从而自毁前程。

3.1.7　欣贵人：不争比争更有福气

后宫最不起眼、最不被人看好和最不受人关注的欣贵人成为整个《后宫·甄嬛传》76集的长篇电视剧中，经过明争暗斗，最终留下来的四位小主之一。她在后宫的经历告诉我们：做一个认清时局的普通人没什么不好，毕竟，往往那些站得高的人（如皇后、华妃等）反而容易跌得最惨。

在后宫各位小主从未停息过如同林中猛兽般激烈争斗的过程中，没有人会想到欣贵人这么一棵默默无闻的小草,也没有人想到要去害她。正因为如此,让她得以保住自己的性命,为赢得安稳的后半生建立了基础。欣贵人与夏冬春、祺贵人等人相比其智慧之处就在于,当后宫皇后娘娘、华妃娘娘与莞嫔娘娘呈三足鼎立之势时,她从不依附任何一派,也不随意加入任何一派,从而,在激烈的派系斗争中,谁也不会去伤害她,因为伤害她危及不了任何一方。或许我们也可以认为,后宫三个派别都不屑于去拉拢这位没有恩宠、没有子嗣、没有家世的"三无"女人。但是,我们同样可以认为,是因为欣贵人自己聪明才选择了临山望之,"坐山观虎斗",直到最后才选择真正的赢家为依靠。

在激烈的后宫争斗中,虽然皇后娘娘、华妃娘娘与莞嫔娘娘三个派系都不主动去拉拢欣贵人,但并不是说她们都排斥这样一位能够为自己摇旗呐喊的同盟者加入。我们也许会认为,皇后贵为中宫、华妃家族业盛、甄嬛后来居上,欣贵人如若能择机加入任何一派,都能为其赢得皇上的恩宠提供一定的帮助,也好过她默默单干,祺贵人也不至于那样欺辱她。尤其在职场中,对于一个不愿加入任何团体或者派系的职场员工,往往会引起其他人,尤其是团队领导者的戒心。因为,残酷的后宫斗争与激烈的职场竞争一样,团队成员之间利益式的友谊往往建立一致对外的基础上。欣贵人这个职场的老将应该不会不明白这个简单的后宫生存法则,但她之所以一开始不选择、不掺和也许是为了看清最后的赢家做准备。所以,待甄嬛以熹妃的封位从凌云峰风光回宫后,作为旁观者,她明白了后宫的基本格局,自华妃娘娘连同年氏一族被彻底扳倒后,皇后娘娘虽在后宫独大,最终也没能阻止离宫多年的熹妃顺利回宫,也许她也惊讶于甄嬛这三起三落的奇迹,但也更清楚地看到了甄嬛的实力,于是,顺势表示了对熹妃的友好,并光速投靠甄嬛门下,为其顺利除掉心腹大患——祺贵人。

所以说,在这"人无伤虎意,虎有害人心"的残酷后宫中,欣贵人最大的智慧就是明白自己的目标,就如同甄远道对甄嬛的劝导"若无完全把握获得皇上恩宠,你可以一定要韬光养晦,收敛锋芒,不求宠冠六宫,但求平安终老",所以欣贵人为了这个目标忍让、不急躁,同时也清楚自己的位置与处境。

在现代职场中,欣贵人就如同那些默默无闻地做好自己本职工作、与世无争的员工,他们时不时会受到同事的排挤、领导的欺负,但他们不求其他,只求保持自己的本心,努力做好自己的每一个工作,完成好每一项任务。其实,有些荣誉或者虚荣的确能给自己带来一时的愉快,但有时随之而来的是同事的嫉妒、领导的怀疑,从而给自己带来不少的麻烦和苦恼。如果你记住本心,认真做好自己的工作,最终,也会得到自己真正想要的一切,正如甄嬛最后所说,"有些时候,不争比争更有福气"。

3.2 为职业生涯加分之道

对于每一个人来说,职业生涯是我们一生中最重要的历程之一。它对我们人生价值的实现起着决定性作用。人们一生的职业历程,有着种种不同的可能性:有的人从事这种职业,有的人从事那种职业;有的人终身从事某一个职业,有的人一生不断变换职业;有的人在职业中获得成功,实现自我,有的人在职业中一事无成,穷困潦倒。造成人们职业生涯过程及结果的差异,有个人能力、心理、机遇等方面的问题,也有社会环境的影响。需要明白的是,无论我们是一位正在力争上游的基层员工,还是职场的"当红炸子鸡";无论我们是职场的中高层主管,还是即将退休的资深元老,当职场趋势已从企业端的"终身雇用"转变为个人端的"终身就业"时,我们必须时时增加自己的竞争力,力争使自己即使若干年后依然是职场上最要紧的人才。

3.2.1 选择工作:适合比喜欢更重要

苹果公司 CEO 史蒂夫·乔布斯(Steve Jobs)曾在斯坦福大学对即将毕业的大学生们进行演讲时说,"有些时候,生活会给你迎头一击,不要灰心丧气,我坚信,唯一可以让我坚持下去的,就是我对自己事业的热爱。你必须去寻找自己所爱的,无论是工作,还是爱情。你的工作是一生的一个大主题,要获得真正的满足感,就要对它的价值深信不疑。也只有热爱,才可能开创伟大的事业。如果你还没找到,不要气馁,继续找,只要走心,你就一定会找到,并且对此深信不疑。就像你找到注定的伴侣,岁月的更迭只会令你们的感情愈发浓烈,所以千万不要气馁,不要放弃。"这是一段非常励志的演讲。事实上,很多人在职业生涯中很喜欢陷入"把工作当成爱好还是把爱好当成工作"的迷思中。的确,如果我们把爱好当成了工作,如果成事了,自然名利双收,多么美好。但我们需要看清楚的是,这种构想在很大程度上只是意念中的美好,现实却是相当残酷。要知道,这个世界上,太多太多的事例告诉我们,很多人把爱好当成了工作之后,最后被工作折磨得体无完肤,搞得连爱好都不再是爱好,而成了一种谋生的手段或者工具。所以,很多人尽管很愿意去做围绕爱好的工作,但又不敢真正去做这样的工作。毕竟,一项不是你爱好的工作,万一做得不顺利、不成功,我们至少还有一个理由——"我不喜欢这样的工作";一旦我们所从事的工作正是我们的爱好时,万一做得不顺利,连退路都没有了。

这就如同谈恋爱、找对象一样,职业的选择最好"择你所适"的,而不一定是"择你所爱"的。在电视剧《甄嬛传》中,浣碧因为在讨好皇上时被皇上说俗气而自尊心受到严重伤害时,刚好撞见了温和的十七爷。果郡王问清缘由后好好安慰了她一番,那帅气的形象和温和的性格深深打动了浣碧。自此浣碧钟情于他,甚至心里暗暗想着一定要嫁到果郡王府,做果郡王的福晋。需要说明的是,无论怎么说,浣碧爱果郡王的确没什么错,毕竟每个人都有追求爱情的权利。但我们要明白的是,依果郡王对甄嬛的那番痴情,以及浣碧的性格特征、气质类型、能力素养,果郡王无论如何都不会改变其初衷。所以,最后浣碧和孟静娴两人都嫁入果郡王府之后,其命运的不顺,也就是因为她们这种用情的错误所致。

其实,无论找工作还是找对象,适不适合远比爱不爱好重要得多。若是凭着自己满腔热情和一厢情愿的爱好选择了某个职业,也许将导致两败俱伤。我曾遇到过好几位以爱好为职业的朋友对我感叹,一个人绝对不要去把爱好当作自己的事业,否则事业没了,爱好也没了。他们甚至强调,那些把爱好当作事业的人一定没你想象中过得那么好,在没有退路的坚持里,他们要吃更多的苦。所以说,职业的选择,最重要的是适合自己,而不要过多地讨论职业是否是我们所喜好的。

3.2.2 用职场着装来提升自身价值感

国际时尚奢侈品牌香奈儿的创始人 Coco Chanel 曾说过这样一句话,"一个人如果穿着不合宜,人们往往会注意到他(她)的服饰;一个人如果穿着很得宜,人们往往会记住他(她)这个人"。由此可见,培养自身的着装风格,将着装视为一种投资和隐形武器,这必将成为一个人纵横职场的利器。

在电视剧《后宫·甄嬛传》中,因为着装失误而令人讨厌或者因为着装有特点而赢得皇上喜好的例子并不少见。

剧 情 回 顾

敬事房的太监将各宫小主的牌子奉上供皇上挑选,皇上念在白天提起过三阿哥的份上,想起了齐妃。于是,皇上翻了齐妃的牌子。齐妃虽然贵为妃位,而且还拥有三阿哥这张王牌,但皇上对她并没有太多的兴趣,很少去她的宫中探望。当她获知皇上翻了她的牌子,齐妃真是心花怒放,毕竟这种事情换成任何一个小主都会感到风光无限,这在后宫是极其荣耀的事情,她像其他嫔妃一样,对自己精心打扮了一番,准备迎接圣驾。

齐妃听到小夏子来长春宫通报的时候,她不免好奇,"皇上大半年没有来我这了,今个怎么突然想起我来了"。于是,她兴冲冲地从衣柜里翻找出那件曾经用来降服皇上的法宝——粉红色的旗袍。

> 由于大半年没有侍寝了,齐妃紧张得很,以前是深知皇上的脾性。如今,侍个寝都很紧张,说的话不成话,搞得气氛很尴尬,惹的皇上生厌。"皇上最喜欢臣妾穿粉红色了"齐妃说出这话,一脸甜蜜。
>
> "粉红娇嫩,你如今几岁了?还是穿湖蓝、宝石绿更合身份"皇上对她满是嫌弃,说完就拂袖而去……

从礼仪的角度看,着装不能简单地等同于穿衣,它是着装人基于自身的阅历修养、审美情趣、身材特点,根据不同的时间、场合、目的,力所能及地对所穿的服装进行精心的选择、搭配和组合。齐妃自己以为穿得很有情趣,能够博得皇上喜欢,没想到皇上却认为此等穿着有失身份,我想齐妃一定会嘀咕"想当年,你是多陶醉我这身穿着打扮啊,如今却这般嫌弃我"。让齐妃绝对没有想到的是,一场本来好好的侍寝,硬是逼着皇上直接走人。

职场着装也是如此,穿着是否得体非常重要。一个人只有懂得什么场合该穿什么样的衣服,并能根据自身的身材、年龄、气质、体型等优缺点进行精心搭配,在整体上尽可能做到完美、和谐,展示着装的整体美,能够无形中提升自己的职场价值感。

相较于齐妃,甄嬛则可称为后宫的首席造型师。她结合后宫的特征,为自己培养了特有的着装风格。她深知后宫佳丽三千,每一个都穿得姹紫嫣红、艳丽非凡,各种装束及搭配尽显奢华雍容之态。甄嬛无论初次获宠还是遇到挫折后寻求复宠,她都不与这些人争奇斗艳,而是用"香中别有韵"的个性化着装赢得了皇上的喜爱。

剧情回顾

> 在碎玉轩首次接驾时,槿汐姑姑等人都认为小主初次获得皇上恩宠应该穿得艳丽一些。她最后却不理会大家的劝说,只是简简单单梳妆打扮了一番,穿得一身素雅清秀,盘了一个简单的发髻。甄嬛这番打扮洗尽宫中繁华浮靡之态。结果,看惯了庸脂俗粉的皇上一见淡雅、清纯脱俗的甄嬛便眼睛一亮,道出"清水出芙蓉,天然去雕饰"的评价。
>
> 其次,在凌云峰的甄嬛之所以能再次赢得皇上的复宠,除了容颜、旧情之外,更多的可能还是甄嬛那一副惹人怜爱的蒲柳之姿。皇上走进禅房,看到曾经喜爱的人儿穿着一身洁净的青灰色缁衣,虔诚地跪在佛龛前手捻佛

珠,梨花带泪长跪蒲团,一袭乌黑的秀发……这场景马上激起了皇上对昔日那个深爱的嬛嬛的怜惜之情。假若甄嬛当日穿着皇上命苏公公送来的锦衣绣袍,再佩戴上金钗玉镯,其结果也许就截然不同了。

从甄嬛这两次着装都可以看出,着装真是一门高深的学问。我们的职场着装也应该注意,不仅要为爱美而穿,更重要的是能够依据各种场合选择合适的穿着,懂得用合宜得体的穿着为自己提升职场价值感。

职场着装与平常着装不同,可以根据自己的爱好随便穿。职场着装不但关系到你的个人形象,更代表公司的形象。对于职场新秀来说,我们首先要根据行业和企业文化来穿衣打扮,因为服装在别人眼中,是判断你是否能融入公司文化的第一印象。有研究表明,同事对新人的感觉只有8%是看能力表现,37%是看身体语言所表达的信息,而高达55%是根据外表和着装,由此可见着装的重要性。所以,我们在职场到底应该如何着装是一个值得我们去用心对待的重要问题。

3.2.3 安于被利用,以后才能利用别人

"在这宫里有利用价值的人才能活下去,好好做一个可利用的人。安于被利用,才能利用别人。"这是剧中甄嬛的贴身侍女浣碧和流朱两人在讨论后宫人情冷暖的时候说的一句话。

剧情回顾

莞嫔失子伤心成疾,皇上也因"近乡情更怯"而不敢来看望她。碎玉轩逐渐被人冷落,除了惠贵人沈眉庄和敬妃等昔日相处较好的姐妹会来看望,其他的人(包括正获盛宠安陵容)都不曾踏入碎玉轩半步。莞嫔的贴身侍女流朱和浣碧看到如此人情冷暖,便讨论起今夕的诸多事情。

浣碧:"小主病了这几日,咱碎玉轩可真是门可罗雀啊!"

流朱:"日久见人心!现在才知道,那些曾经和咱们走得近的人无非都是利用小主的恩宠罢了。"

浣碧:"皇上现在少来后宫,要去也只是去皇后和延禧宫那里,且不说'利用'两个字难听,要是没有利用价值,那才是穷途末路呢!"

> 流朱:"你这话够难听,倒是也不差!"
> 浣碧:"在这宫里有利用价值的人才能活下去,好好做一个可利用的人。安于被利用,才能利用别人。"

浣碧和流朱这段话,虽然把后宫嫔妃之间的生存状态讲得有些冷漠,但现实似乎就是如此。有时候,人与人之间就是一种"利用"与"被利用"的关系,而我们每一个人要做的是:一则认识到别人能利用自己,说明我是有价值的,这也是我存在的意义,不可因此而过分计较,毕竟有些人利用我们未必会给我们带来伤害,甚至还会有助于我们的发展,使我们得到自己渴望的东西,如沈眉庄因华妃与曹贵人导演的"假孕"被禁足闲月阁后,她意识到靠甄嬛孤身一人在宫中很难成就一番事业,于是要甄嬛扶持安陵容,这里不得不承认甄嬛和沈眉庄是利用了安陵容,但并没有给安陵容带来任何伤害,而且还让安陵容得到了自己一直期盼的皇上恩宠;再则,认识到自己被利用时不能成为一个完全送死的"好人",或者"好利用之人",甚至不能及时提升自己的附加价值,导致价值耗尽后,成为炮灰消失得无影无踪。

值得深思的是,同样是被利用,而且都是被皇后娘娘利用,不同的人结局也不一样。景仁宫的皇后娘娘前后重点利用过三个人,一个是职场老将齐妃、另两个都是职场新秀,只是入职时间有差异,即安陵容(安常在)和瓜尔佳氏文鸳(祺贵人)。齐妃和祺贵人在被利用后,很快消失在后宫,而安陵容却能一路求生,走得较远,这其中的缘由值得我们思考。

齐妃可谓从前到后都被皇后娘娘充分利用,而且对皇后娘娘的阴谋"唯命是从",从拿掺有夹竹桃花粉的糕点毒害甄嬛腹中的胎儿,到送有毒红枣汤给宁贵人致其终身不孕,最后竟然派身边的侍女送有毒绿豆汤毒害四阿哥,直至最后完全失去利用价值,被皇后毫不怜悯听从皇上命令将其赐死,皇后也因此顺利将三阿哥夺走。齐妃到最后才发现自己很"愚蠢"。其实,如若她不是那般愚蠢,怎么会被皇后娘娘利用得如此彻底。事实上,在后宫她算最有本钱的一位,后宫一直讲究"母以子贵",她是三阿哥的生母,无论三阿哥是否登基继承大位,她在后宫的地位都不会受到伤害。而她头脑简单易被皇后娘娘利用,充分榨取了她所有的利用价值。祺贵人也是如此,虽有不错的家世及姣好的容貌,却长着和齐妃一样简单的头脑,也不能及时提升和发展自己的能力,成为一个完全意义上的打手,即使到最后她把皇后的一切罪状都扛了下来,但皇后见其父亲在前朝已因结党营私被杀,其利用价值已尽,对她也没有半点怜悯。祺贵人及其瓜尔佳氏一族的结局都很悲惨。

安陵容却不相同,她虽然没有祺嫔那样让人仰赖的家世和妖媚的性情,也没有齐妃那样足以自保的后宫生存条件,她自从因为皇后娘娘挑拨离间导致与甄嬛、沈眉庄的姐妹情分消失殆尽之后,成为皇后一党的重要一员,也被皇后娘娘充分利用。但她一路求生,走得比华妃还远,活得更久,甚至成为甄嬛在后宫除了皇后之外,最后需要对付的劲敌。她何以做到被利用的同时,也让自己好好活着甚至得到了她期盼的荣华和显赫的后宫地位呢?

这就是安陵容的智慧所在,在被人利用,好好让别人利用的同时,她没有完全甘心被人利用,而是不断自我完善,提升自己的竞争力。当她知道余莺儿从倚梅园的宫女变成了皇上宠幸的小主,甚至因为几个曲子唱得好还被封为"妙音娘子",她便根据自身的嗓音优势,在皇后娘娘的帮助下,私底下与乐师学习"温柔娴雅"的特质,练就神似"纯元皇后"的嗓音,一举得到皇上盛宠,听到安陵容的歌声之美,曾让心直口快的欣常在说出"女人听了都酥了"的喟叹。后来,她遭皇后娘娘陷害失去优美的声音后,为求生存又苦练冰舞,再次夺得皇上的喜爱。除此之外,她还擅长调制香料,并以此拴住了皇上的心。正是因为她这种积极努力的举动,让她不断涌现自己的价值和潜能,才有了皇后娘娘最终的庇佑。

当然,安陵容在后宫展现的个性和心机并不值得我们推崇,但是她这种积极努力、力争自我发展的态度值得我们学习。

皇后(乌拉那拉·宜修)重点扶持安陵容的原因,就在于发现她的嗓音有些神似姐姐"纯元皇后",于是,私底下派乐师训练她。根据剧情的发展,想必皇后强化了安陵容应该表现出纯元皇后"温柔娴雅"的性情。正因为安陵容刻苦训练,反复练习,最后出现在皇上面前时,皇上不仅仅被她的歌声所打动,而且还赞美安陵容的性格"温婉多情"。

面对现代竞争激烈的职场,我们要做一个有利用价值且能够被人利用的人,要好好被人利用,同时也要不断提升自我的价值。因为很多东西今天也许是价值,明天可能就一文不值,所以不断提升自我竞争力,是求得职业发展的秘诀所在。其实,不管是在后宫,还是职场,养成自我完善的良好习惯都是通往职业成功道路上不可缺少的重要因素。当然,我们在开始对自我提升进行有条不紊的规划时,首先要明确企业或者单位的需求方向,一方面做到自己的能力提升与企业或者单位发展的目标及人才能力需求的方向保持高度一致,另一方面也可以更好地依靠企业或者单位的发展让自己成为其中的受益者。简单地说,企业或者单位的需求就像一把锁,我们要做的就是先看清楚锁孔,才能设计出属于这把锁的钥匙。

3.3 适时示弱:后宫生存的重要技巧

在职场中,我们发现,有些人缺乏低头的意识和技巧,甚至无法做到进退自如。然而，如今的职场以及生活中，我们不得不"低头"的情形很多，比如，在某些特殊的场合，我们必须承认自己"需要帮助""能力有限""水平不高""无知""自己错了""工作确实没有做到位""自己暂时办不到""别人比我能干"……这种主动将自己的"弱势"和"弱项"暴露出来的言行，可以用一个词统称为"示弱"。

纵观后宫的各位小主，夏冬春因性格嚣张跋扈而被华妃娘娘赐"一丈红"打残；丽嫔娘娘是后宫老将，也是华妃派系的要员，最后被鬼神之说吓疯而住进了冷宫；余莺儿逆袭成功后成为"妙音娘子"本来很受皇上恩宠，却因得意忘形而被赐死；华妃有着显赫的家世、讨皇上欢喜的性情、娇美的容颜，却因在后宫树敌太多而垮台；曹琴默凭借自己的小智慧屡屡为华妃娘娘出谋划策而升嫔，但也因屡次进言除掉华妃，让皇上对其反感，最终消失在后宫；沈眉庄因为被华妃和曹贵人玩弄手脚导演"假孕争宠"之后，褫夺封号和禁足闲月阁使她对皇上失去了信心而郁郁寡欢，终日和太后、甄嬛混在一起，最后为爱而死；安陵容的罪行被甄嬛在最后明里暗里地告诉皇上，选择自己自尽了；祺嫔有着与华妃一样功高的母家，但个性鲜明、缺乏智慧，最终自作自受被甄嬛除之后快。最后的结局，唯独端妃、敬妃、欣贵人和甄嬛在后宫之中说说笑笑。这些小主们，除了安陵容和余莺儿是"无身世背景"之流，其余几个人，无论一开始就被打残的夏冬春，还是后来的华妃、祺嫔，哪一个没有功高的母家？哪一个没有娇美的容貌？哪一个没有讨得皇上欢喜的本钱？然而在电视剧中，她们都悉数退出了舞台，最后留在后宫的四位女人分别是圣母皇太后甄嬛、端皇太妃齐月宾、敬贵太妃冯若昭和欣太嫔。其实，这后宫就如同职场，很多时候，有些人身在职场并不是因为自己不优秀、无能力、没本领而阻碍了个人获得更大的成功，而是因为自己很优秀、能力超群、本领十足却不善于藏拙示弱，不知道退一步让三分而阻碍了自己的前程。

3.3.1　沈眉庄："装傻"，也是一种职场智慧

剧情回顾

在殿前选秀的时候，太后问沈眉庄："可曾读过什么书？"

沈眉庄："臣女愚钝，看过《女则》与《女训》。略识得几个字。"

皇上："这两本书都是讲究女德的，不错。读过《四书》吗？"

沈眉庄："臣女不曾读过。"

太后："女儿家都以针线女红为主，你能识字就很好了。"

沈眉庄："多谢太后、皇上赞赏！"

……

> 沈眉庄以"沈贵人"的封位顺利入宫后,在宫里与皇上一起赏菊,皇上问沈贵人为什么喜欢菊花时,沈眉庄回复道:"宁可枝头抱香死,不曾吹落北风中。臣妾喜欢它的气节。"
> 皇上:"读过的书不少!"
> 沈贵人:"臣妾卖弄了,请皇上恕罪。"
> 皇上:"朕喜欢你读书,读书能知礼。菊花有气节,可是朕更喜欢菊花独立秋风,不与百花争艳。耐得住寂寞,才能享得住长久。"
> 沈贵人:"臣妾受教了。"

将这两段情节进行对比,我们能知道,沈眉庄本来是饱读诗书的,但在选秀场上,当太后问及读过什么书时,她却告诉太后"臣女愚钝,看过《女则》与《女训》。略识得几个字"。太后听后甚是欣慰,而且觉得她有几分敬妃当年的风范,最后,留牌子进宫。其实,沈眉庄之所以能顺利进宫,就是此处"装傻"的结果。如若沈眉庄当时就表现出自己读过很多书,与皇上在殿前比诗文,那很可能就会被撂牌子。所以说,"装傻"也是一种职场生存的技巧!

在职场中,装傻的人可以分为两种:一种是在领导面前装傻,让领导在下属面前充分体现自己的智慧和能力,千万不可当众指责或者批判和评点领导的决策和想法;一种是在同事面前装傻,懂得韬光养晦、收敛锋芒,否则会成为众矢之的。在职场上要想如鱼得水,就要学会在适当的时候适度地装傻,无论是在领导,还是在同事面前,这样能给我们带来更广阔的人脉和更好的发展空间。

3.3.2 甄嬛:不要为不值得的人浪费时间

剧情回顾

> 祺嫔在储秀宫张狂,用所谓的"梦魇"把本来要在欣贵人寝宫就寝的皇上诓到自己宫里。熹妃知道此事,赐"糙米薏仁汤"给祺嫔喝,以治她的"梦魇"。此事为平息后宫蓄意争宠的不正之风起了很大的作用,得到皇上和太后的高度赞赏。祺嫔为此很是生气,一日,她在御花园的假山后痛骂熹妃,言语极其刁钻和恶毒。不巧,刚好被路过的熹妃听到,熹妃并没有走到她跟前发怒训斥与惩罚,只是隔着假山大声提醒她"隔墙有耳",便不加理睬。

> 跟随熹妃一起在御花园散步的四阿哥看到此情此景后,他很不理解额娘为何不对这种刁蛮的人施以惩戒,于是,疑惑地问道:"额娘,您怎么不生气?"
>
> 熹妃对四阿哥说:"记着,任何时候都不要为不值得的人、不值得的事费时间、费心力。"
>
> 四阿哥略有所悟:"儿臣明白!"

在熹妃看来,不要为不值得人浪费时间,连鄙视的情绪也不要有,因为不值得。正如西方一句人生格言:"生活太短,一分钟都不能留给那些让你不快乐的人和事"。的确,生活虽说像一场漫长的旅行,但时光却往往让很多人觉得不够用也不经用,所以,我们千万不要把太多的时间浪费在那些不能和我们携手同行的人身上,更不要为那些不值得的事情去浪费时间、浪费精力,甚至浪费感情。

职场中也是如此,我们千万不要为了一些不值得的人与事将自己的时间和精力耗尽,结果只能是一无所获。我有一个朋友,有次和他的一位同事闹了矛盾,结果既谈不上到底谁一定是对还是错,又谈不上最后是谁赢还是谁输。事情过去了好几天,他心里却老惦记着,不能为此事释怀。他后来与一位职场的长者谈起这事,长者告诉他:"你老记着这种事情干吗呢?事情都已经发生了,如果那个同事不是你在乎的人,你根本不要再去想这些事情,既然已经争吵,就不要再去多想了,反而让自己不快乐;如果那个同事是你在乎的人,一开始你就应该用心对待,他若也很在乎你,你可以找个机会去挽救,便可释怀"。的确,有些事情,我们本不必看得太重,因为不值得我们去为此浪费时间。

3.3.3 敬妃:隐藏锋芒,以退为进争取机会

虽然剧中没有系统介绍过敬妃的家世,但从宫中人零星的谈论中,我们不难发现,敬妃无论家世、容貌,还是智慧、品格,都应该是后宫的标杆,所以才被皇上赐封号为"敬"。例如,沈眉庄殿前选秀时,太后就说"有敬嫔的风范";皇上也曾不经意露出了一句"敬嫔出身将门之后";能跟皇上下棋,把天下至尊当作对手,足见其智慧。遗憾的是,这样的一个后宫标杆,还是被皇上和太后有意抑或无辜算计,没有生儿育女。也许将门之后的家世,让皇上对她早有戒备,当初在雍王府时就与华妃住在一个宫中,"欢宜香"毒害了华妃,也同样伤害了敬妃。但敬妃在后宫一向谨小慎微,不得罪众人,端庄温婉,内敛淡薄。虽一开始就高高列为

嫔位,也不过就位于皇后、华妃、端妃、齐妃之下,但还是会看华妃的眼色,也不与人结仇、不争宠,最后成为整个后宫笑到最后的几个赢家之一。可以说,她用自己的隐忍换来了前半生的平稳生活,用自己的聪明识人换来了后半生的安然稳度。她善良有谋略,甄嬛后期的翻身除了瑾汐姑姑和温太医的帮助外,敬妃与端妃的扶持也功不可没。

甄嬛就曾对槿汐姑姑为敬妃下了一个结论,"在这后宫之中,许多人是隐藏了锋芒的,若敬妃真是一无是处,又如何能在华妃之下,隐居这么多年呢?"同样,敬妃也曾在劝导甄嬛的时候,讲出了一句后宫生存法则:"妹妹心善是好事。可是在这宫里,只一味地心善就只能坏事了。唯要牢记一句话,明哲保身才是最要紧的。"

在剧中,皇帝为了安抚华妃,让她掌管六宫事宜,但是又不想让她太过专权,于是,皇上交代敬妃与华妃一同协理六宫。皇上的这一举措,华妃娘娘非常不满,她在掌管六宫事务的过程中,很多事情故意不让敬妃娘娘知道。不过,每次后宫众姐妹齐聚景仁宫向皇后请安时,皇后在"例行朝会"中问起后宫事务的时候,敬妃就会赶紧说,"臣妾算账的本事不好,这些事请华妃娘娘做主就好!"让华妃娘娘很是得意。

正如前文所述,论家世,论智慧,敬妃绝不亚于华妃娘娘,也未必斗不过华妃娘娘,但敬妃为什么要在华妃面前如此示弱? 这是因为她明白,华妃娘娘就是要享受独握后宫大权的感觉,如若此时不故意示弱,势必会增加华妃娘娘对她的敌意,从而招来不少的麻烦,就如一开始的沈眉庄那般。因为敬妃明白,自己活在后宫其实就是皇上和太后用来制衡华妃的一颗棋子,自己不能太过看重自己。

在职场生活中,我们要学会像敬妃这样适度地在他人面前"示弱"或者说"装傻",这是一种自我保护的职场生存之道。"示弱"经常会被人当作退缩,有些人甚至认为软弱会被人鄙视。其实,"示弱"不失为一种"以退为进"争取更多优势的手段。如果一个人能把握好其中的分寸,在职场中适当地"示弱"也是一种职场生存的方式。要知道,在职场中,一个人如果一味地逞强,处处表现出锋芒毕露,未必就是好的,若处理不当反而适得其反,使自己陷入不必要的拉锯战,工作也会遭遇更大的阻力。适时"示弱",会让我们更好地把握机会,取得成功!

3.3.4 端妃:装病示弱,避开后宫"妖魔鬼怪"

端妃是后宫中的聪明女人,也是活得很透彻的女人,她的人格与其封号"端"字非常相符:正派、善良、耿直和低调。她当年因为皇上的旨意亲手送了一碗药给华妃，杀死了其腹中已成形的男婴，华妃自此死命认为是端妃所为，她也只能为皇家背了这个黑锅。最后她被华妃娘娘灌下"红花汤"而导致不孕，她明白，自己早已不可能争宠，自己的身体状况又差，皇上那因敷衍或者愧疚而偶尔去探病的行为，漠视她常年受华妃压迫，早就寒了端妃的心。

端妃娘娘被华妃灌下了红花汤而不能生育之后忧思过度，加之华妃为了整她，偌大的延庆殿不让内务府派宫人进去服侍，每天只给发馊的食物，每月的月例银子参照答应的份例，而且管理六宫事务的华妃觉得看着端妃痛苦是一种生活的乐趣，甚至端妃病情转重时也不允许太医前去诊治，就想让端妃在痛苦中慢慢死去。

面对狠毒而睚眦必报的华妃、冷血而故作旁观的皇后、自私而冷漠无情的皇上，端妃心底悲苦，天天跟延庆殿唯一的贴身婢女吉祥窝在冷清的宫里，心里多么想着复仇，但当"机会"和"人"都不齐全时，她只能选择忍辱受苦。

端妃是个聪明的女人，她看不起那些嫔妃在后宫龌龊的争宠与夺宠行径，也明白凭她一己之力也无法与华妃抗衡，更不用说报复华妃娘娘了。所以她只愿咬牙活在等待之中，宁可静等机会，也绝不贸然躁进。她在后宫每一次出现都显得举棋若定，从不愿在人前显山露水，独独看重甄嬛对皇上的影响力。所以，有观众甚至怀疑剧中端妃的病情其实并没有那么严重，而是端妃用自己的智慧表现出来的样子。有一回，曹贵人问起端妃，齐妃娘娘冷嘲热讽地说，"端妃那身子骨，十天有九天都起不来床"。这种隐忍使她能很幸运地躲过或者远离了后宫的纷争。

同时，端妃也并非一味地隐忍和委屈自己，她也在不断寻找时机，寻找帮手。当甄嬛在宫中还只是小小的莞贵人的时候，端妃在九州清晏的宫廷宴席上环顾了一下后宫新选秀进宫的秀女，她很快就在人群中看到了那个具备"五分神似"已故纯元皇后的女人甄嬛，也断定这个人将来一定能帮助自己向华妃复仇，甚至能搞定压迫了自己多年的皇后。于是，自那以后，她开始明里暗里地帮了甄嬛不少的忙。自然，甄嬛后来获得恩宠时第一个就是给端妃娘娘请封。

端妃这种职场中装病示弱的方式虽然显得有些极端，当然也充满一定的风险，但纵观当时后宫的生态，如若端妃不能很好的隐忍和装病示弱，避开后宫那些"妖魔鬼怪"，她一定会被华妃娘娘活活整死在宫中。所以说，职场中正确地评估自己的能力，克制自己一时的冲动，能够有利于我们更好地发展自己。

小贴士

职场示弱是一种智慧

在职场生存过程中,如果一个人过于强势,就如同华妃那般,其结局自然会导致"六宫侧目",同事们会觉得你不好接触,使自己在职场中的人际关系非常糟糕,即使和你"亲密"的人(例如曹贵人)也会对你心生畏惧甚至心生芥蒂。所以,我们在职场中,你即便和华妃娘娘一样拥有功高富有的家世、出众的能力和讨得领导欢喜的性情,也要懂得示弱,学会示弱。

1. 过于强势,不懂示弱,定会滋生霸道,导致团队内部不和谐

职场中,一个人能力非凡出众,甚至成为工作业务上的一把手,这时如果不懂得示弱,周围的人定不敢对他的任何主意或者建议提出异议,也不敢点评和批判其中可能的荒谬,这样既会给单位带来很大的损失,也会逐渐增长自己在团队中的霸道之气。这种霸道在工作业务上可能伤及工作,在人际关系上可能伤及身边的人有时也会伤害到自己。有时,还可能酿成一些无法挽回的损失,同事们因为这个人的霸道只能敬而远之,觉得这个人蛮横无理或者仗势欺人,从而,人际关系一落千丈,自己的业务能力也会因此被他人中伤。

华妃娘娘在翊坤宫的霸道是人尽皆知的,就是因为她的霸道和蛮横,不懂得示弱,从而导致曹贵人与她有隙。例如,一向思维缜密的曹贵人在听到浣碧说甄嬛要去闲月阁探视禁足的沈贵人时,她并未跟华妃娘娘细细分析,只是直接将这个信息告诉给华妃,让华妃冲动前往闲月阁搜查,从而惹得皇上生气。

2. 听取别人意见,关注别人感受,让别人有安全感,这就是很好的示弱

的确,对于一些有能力又能干的人来说,自己的智慧和锋芒似乎很难隐藏,示弱显得非常之难。其实,职场示弱做起来也很简单,只要你能在关键时刻听取别人的意见,关注周围人的感受,让别人觉得与你相处有安全感,这就是很好的示弱。

在职场中,霸道的人会给周围人留下很难接触的印象,甚至同事或者下属与这样的人见面都不敢打招呼或者不愿打招呼。这样既不利于职场中的有效沟通,也不利于个人职业的发展,更不利于整体工作的顺利开展。所以,在职场中适时示弱,在关键时刻虚心听取他人的意见,关注他们的感受,会让他们感受到职场人际相处的和谐与温暖,从而提升大家的职业归属感和安全感。

3. 示弱不是妥协，是为了更快达到目标，是伟大的。学会示弱，做成熟的稻谷

弱者示弱，本来就是一种职场生存的智慧，因为"遇强示弱"的职场生存法则也是一种以退为进的方式，可以化困难于无形，让强者更可能帮助你或者给你自我发展的空间和机会；强者示弱，无论对于弱者还是对于强者自己，都能有所收获，因为强者以弱者的姿态行事会给周围的人留下一种谦虚谨慎的印象，自己的某些意见或者建议也更容易被周围的人所接受。如此，强者自会成为长久的赢家，并令强者更强；而对于弱者，则能从中获得慰藉，心理上得到平衡，从而在心平气和中自觉地向强者学习，从而有所进步、有所提高。

"以退为进"是一门职场艺术，示弱不是妥协，而是更高级的解决问题的方式。自古以来，以退为进无论在政治、军事以及社会生活中都是一种很睿智的生存方式。无论是强者示弱还是弱者示弱，都有助于个人更好地实现自己的目标，示弱也会让其他人感受到真诚。

"示弱"，既然是一种智慧，那么必然要注重方法上的选择。地位高的人在地位低的人面前，不妨展示自己的经验有限、知识能力不足等方面的弱点；成功者则不妨多说说自己失败的经历；某些专业上有一技之长的人，最好承认自己在其他领域上的不足。至于那些因偶然机遇获得成功的人，则更应宣示自己的幸运。从这个意义上说，一个真正甘心"示弱"的人，必是一个以事业为重、敢于负责的人，一个豁达大度、宽宏大量的人，一个充满人情、充盈智慧的人，一个处世浅浅、悟世深深的人。

4 职场发展

内外兼修锤炼真功夫

剧情回顾

槿汐:"这后宫之事瞬息万变,不是害怕便可应对的,不过万变不离其宗,唯有'恩宠'二字最重要。"

甄嬛:"恩宠太过,便是六宫侧目……"

槿汐:"恩宠太少,便是六宫践踏、人人可欺,小主要知道,无论您是否得宠,这后宫的争斗,其实您从未远离过。"

……

甄嬛:"后宫中女人的前程与恩宠,都在皇上的枕榻之上,皇上的大局亦是如此,两情缱绻间,就能消弭硝烟,也算默契。"

槿汐:"这在宫中都是寻常事,小主不必太介意。"

对于后宫来说,能否获得皇上的恩宠是各位小主生存和发展的关键途径,而要得到皇上的恩宠,单靠自己的容貌似乎显得比较单薄。用甄嬛的话来说,"这宫里的女人就像御花园里的花一样,谢了自然会再开……皇上身边也从来不缺年轻美貌的女子",所以,光拥有年轻美貌的容颜似乎不能固宠,还必须要有真功夫,有自己在后宫赖以生存和发展的本领与素质。那些庸庸碌碌,真功夫不扎实的嫔妃们,大多数凭借着美貌获得一时的荣宠,却保不得长久的圣恩。华妃娘娘的真功夫无疑就是翊坤宫的美食和自己让皇上觉得可爱的"矫情"性子,在后宫里也只有她敢拉着皇帝的腰带让他跟着自己入寝宫；甄嬛则风格低调，实质有内涵，用软实力获得皇上的青睐；沈眉庄则是以温文而婉、稳妥大方却不失傲骨的情怀获得圣心……其实，盘点后宫的小主们，凡是能走得长久的，都有属于自己特有的技能和真功夫。

职场也是如此，跨入职场的很多基本条件和要求（无论学历还是资历抑或经验等）就如同选秀入宫的后宫小主们的容貌，它也许能确保你在职场生存，但无法实现在职场的发展。要想在职场顺利发展，我们就必须锤炼自己在职场安身立命的"真功夫"。这些"真功夫"，就是我们在职场发展所必备的能力，具体表现为我们应该内外兼修提升自己的职业素养和职业技能。

4.1 深体帝心，揣摩圣意，提升职场领悟力

为了试探碎玉轩到底是谁和曹贵人相与，从而使甄嬛很多事情都能被华妃等人知晓，甚至险些坏事，甄嬛特意把皇上送给他的名贵香料蜜合香（西域进贡的香料，整个宫里就一盒，皇上赐予了甄嬛，该香料气味出众，只要打开一会儿，身上就能沾上这种味道）送给曹贵人，想以此来摸透是谁。

剧 情 回 顾

甄嬛和槿汐姑姑把给温宜公主的衣服及蜜合香送到曹贵人那里后，回到碎玉轩。小允子在曹贵人住所附近观察，回来禀报。

小允子："小主刚走，曹贵人就把小主刚刚送的东西都悄悄丢了出去。"

甄嬛："她哪会真心收我东西啊？那香料也仍了吗？"

小允子（惊奇）："啊？什么香料？并没有见到。"

槿汐："小主怎么那么确信曹贵人会收下这蜜合香呢？"

甄嬛："她久在华妃之下，吃穿用度都恪守本分。连寝殿都那么简素，想必她也没有用过什么名贵香料。何况蜜合香实在难得，除了皇后娘娘这样不爱香料的人，哪有女子会拒绝啊？就算她对我最有戒心，也舍不得扔掉这盒香料。"

槿汐："放不下荣华富贵的人，就永远成不了大气候。奴婢跟着小主快一年了，小主也渐渐学得揣度人心啦！"

甄嬛："吃一堑，长一智！看着眉姐姐吃了那么大的亏，我还能不害怕吗？"

> 槿汐："其实,小主只要学会能猜中皇上的心意就足够了。"
>
> 甄嬛："在这后宫中,想要升就必须猜得中皇上的心思;若想要活,就得要猜得中其他女人的心思。"

"其实,小主只要学会能猜中皇上的心意就足够了。""在这后宫之中,想要升,就必须猜得中皇上的心思;若想要活,就要猜得中其他女人的心思",槿汐姑姑和甄嬛对话的这两句经典台词一针见血地道破了后宫的生存法则。俗话说,"伴君如伴虎"。无论是后宫的皇太后、皇后、各位嫔妃,还是皇帝身边的太监、前朝的重臣,如果不能深刻体悟皇帝的心意,揣摩他的想法,都是非常危险的事情。现代职场也是如此,一个人在职场之中最忌讳的不是没有才能,而是不清楚老板想要什么,出色的职场领悟力以及工作能力才是职场晋升和发展的关键。

4.1.1 甄嬛:揣摩圣意,知晓皇上的心思

甄嬛在后宫之所以能够获得盛宠,不仅仅因为她与纯元皇后"五分性情,五分容貌"的相似,还因为聪慧的甄嬛能够揣摩圣意,知晓皇上的好恶和软肋,更懂得如何"对症下药"。

在电视剧中,华贵妃因莞嫔自获得皇上恩宠以来与自己分宠不少,心有怨恨,刚好趁皇上和皇后出宫祈福,自己掌管六宫事务,便把莞嫔唤来翊坤宫罚跪,从而导致莞嫔胎中已满三个月的第一个孩子没了。莞嫔因此事对华贵妃仇恨万分,皇上也对华贵妃的做法十分恼怒,但又不得不顾及年羹尧的势力,不能按照甄嬛所愿杀掉华妃,只能"废弃贵妃之位,褫夺封号,降为妃位。非招不得入见,并责罚其每日正午跪于翊坤宫门外两个时辰思过"。

年羹尧在川陕边界频频传来捷报,同时,当他得知妹妹华妃失宠后,每次的请安折子中总会问及华妃娘娘是否安好,甚至向皇帝直言冷落妹妹会使年氏一族寒心,令其地位不稳。皇帝处于两难境地。甄嬛一开始沉浸在失子之痛中,不能自拔,通过太后、槿汐和沈眉庄劝慰,甄嬛不再埋怨皇上。在众人的帮助下,莞嫔在倚梅园导演了怀中"蝴蝶飞舞"一幕深深吸引皇上,重获圣宠。

在养心殿,皇上面对年羹尧的请安折子,一方面不想让年大将军失望,毕竟前朝很多事务还依仗于他;另一方面又不想顺应了年氏一族的意愿,重新宠幸华妃而让莞嫔失望。甄嬛明白皇上处于两难境地的苦恼,也明白两者权衡而言,自然皇权的安稳更重要,皇上之所以不愿意说出来是因为顾及她的感受。于是,为顺应皇上安抚年氏一族的意愿,甄嬛决意委曲求全,亲自向皇上表明自己不再计

较华妃害自己流产之前嫌,并请求皇帝恢复华妃位分。

皇上看甄嬛竟然能在自己最为难的时候帮失势的华妃讲话,很心悦地采纳了甄嬛的意见,恢复了华妃的名号、妃位和协理六宫之权。这样一来,皇上一方面对甄嬛便越发感到愧疚;另一方面也使皇上更加欣赏甄嬛的大度,继而更加疼惜她。

职场中,领会领导的意图、读懂领导的心思,对于一个下属来说非常重要。这也是下属出色地完成工作的一个不可缺少的前提条件。一般来说,如果能够准确地读懂领导的意思,便可以很好地把握领导的心理,拉近自己与领导之间的距离。只有跟领导走近了,你才能适时地施展自己的能力和才华,获得领导的青睐和赏识。就像甄嬛那样,我们要能通过领导对你或者对别人说话时的某些潜台词来分析他们的真实意图。因为很多时候,领导碍于面子和身份,他的很多话语不便直截了当地说出来或者详细地告诉我们。这时候,就需要我们有很强的职场沟通中的领悟能力。如果我们能在职场中做一个有心的人,通过对领导的察言观色,充分领会他的弦外之音,那么,肯定会博取领导的认可和赏识。但有些人在职场中不能正确领会甚至误解领导的真正意图,有时还做出南辕北辙的事来,这自然给自己的职业生涯带来风险。

补充阅读

田婴抛砖引玉荐王后

战国时期,齐威王死了夫人,后宫的王后之位出现了空缺。

一天,齐威王把田婴找来,问他后宫的美人哪个适合当王后。一听这话,田婴就头大了,因为他明白这是一个非常难回答的问题,不管说谁都有可能会得罪其他人,况且他对齐威王美女如云的后宫根本就不了解。

他只知道后宫中有七位年少而貌美的女子都深得齐威王的欢心,但看不出齐威王最喜欢她们中的哪一位,别的就一无所知了。对此,田婴心里很纠结:如果自己推荐的人没有当上王后,而没有推荐的人当上了王后,那么新后上位后,自己恐怕会因此招来杀身之祸;也许齐威王是在考验自己的能力,如果推荐的人不符合齐威王的心思,齐威王会认为自己的能力有问题,今后就不再信任他了。

骑虎难下的田婴经过一番苦苦思索之后,终于想出了一个办法。他让人打造了七副耳环,其中有一副最漂亮,呈献给齐威王,请齐威王赏赐给后宫的七位美人。几天后,田婴发现七副耳环中最漂亮的那副耳环戴在其中一位美人的耳朵上,于是就告诉齐威王,推荐这位美人做王后。当田婴说出来的时候,齐威王大喜过望,直夸田婴有眼光,因为这位美人恰恰最符合他的心思。

> 其实道理很简单,田婴无疑是一个很有智慧的人,齐威王心中早就有了人选,只是想借由田婴的举荐来显示自己的公允和公开。在不知道齐威王最钟爱哪一位美人的情况下,田婴抛出了七副耳环揣摩齐威王的意图,当看到其中的一位美人戴着齐威王赏赐的最漂亮的耳环时,田婴心里也就有了底,就推荐这位美人当王后,双方一拍即合,君臣意见高度一致,这就是抛砖引玉的效果。在这个故事中,田婴不过是读懂了齐威王的心思,顺水推舟,才有了最后皆大欢喜的结局,也为自己免去了一场灾难。

无论甄嬛还是上面故事中的田婴,他们都是能善于察言观色,读懂领导心思的下属,这样就自然成了领导身边的"红人"。其实,要想读懂领导的心意并不是非常困难的事情,要知道,每个人都会若有若无地将自己内心的想法表露出来,要么是通过肢体语言,要么是通过言外之意,将这两方面结合起来就是我们常说的"潜台词"。职场领导使用"潜台词"表达自己真实意向的情况是最为常见的。

所谓潜台词,简而言之,就是"话中有话"。在职场中,它指的是在职场沟通中,信息提供方(例如领导)在某一段沟通信息背后所隐藏着的不愿或者不想直接明了地表达出来的内容。通常来说,它虽然没由信息提供方说出来,但往往也会展现在信息接收方的面前,以面部表情、身体语言来表达和示意,甚至还可能通过信息传递时的语音、语调及语气等传达某些语言之后的意思。一个优秀的职场员工能充分理解和领悟领导或者同事之间所传递的"言外之意",根据工作中同领导、同事谈话的任何一个细节来揣摩、判断说话者心里想的是什么,下一步可能有什么行动。尤其在领导下达相关指示或许命令时,我们一定要认真聆听,并用笔记录下来,以充分领会消化,对不清楚的地方切不可主观臆断推测,更不能随意改变领导的指示。职场中,优秀的员工与平庸的员工最大的区别之一就在于,前者具备灵活的理解、领悟和应对能力,在接到领导下达的任务时,能够深入地理解和准确把握,甚至还能从领导的讲话中发掘出更深层的东西。

4.1.2 苏培盛:读懂圣意的最佳总裁助理

最近,网络上流传一个"教你读懂领导"的段子:

> 他说没爱好,并非清心寡欲,是没把你当心腹;他说看着办,不是不让你办,是要你抓紧办;他说再想想,不是没想好,是要你别再想;他征求意见,不是广开言路,是寻求同谋;他表扬你,不是你干得好,是笼络人心;他批评你,不是你有过错,是提醒你别站错队。

先不论这个段子中所谈及的内容与真实职场是否一致,或者说它对真实的职场能给予多少指导,但职场中,一个人的职场领悟力和职场理解能力是非常必要的。

在电视剧《后宫·甄嬛传》中,虽然描写的主要是后宫的很多人与事,但有一个大配角却始终贯穿其中,那就是苏培盛。苏培盛作为后宫的首领太监,皇上的首席贴身秘书,在电视剧的第1集就和年羹尧、隆科多等前朝重臣一样,享受了电视剧的正面特写加字幕的待遇,这也预示着他在整个电视剧中的重要性。

苏培盛,跟皇上从小一起长大,天天伺候皇上而且是能在皇上耳边说上话的少数人之一,所以,他在剧中的作用简直不亚于任何一个后宫的主角。他就相当于今天职场中雍正王朝集团总公司的总裁秘书,是一个炫目的职位,有时能行使着等同于总裁的职权,但也有其职业风险,他能否准确而有效地理解皇上这位独大的总裁的意思非常重要,毕竟,"伴君如伴虎",否则,即使有一百个脑袋也不够在皇上身边伺候的。

剧 情 回 顾

甄嬛因为得到皇上盛宠,宫中嫔妃便有些嫉妒(尤其丽嫔在言语上表现最为明显),让她感受到自己集宠于一身,也是积怨于一身。甄嬛便要皇上不能专宠自己,冷落其他人,会使后宫萌生怨气。同时,提醒皇上六宫妃嫔与前朝盘根错节,牵一发而动全身。

第二天,皇上去给太后请安。太后用老十七的亲额娘舒妃专宠六宫,众妃怨妒的事情旁敲侧击地说起了皇上对甄嬛的专宠。皇上听了,显得有些不耐烦。离开太后寝宫时,刻意问了太后身边的孙(竹息)姑姑:"孙姑姑,这两日皇额娘身子不好,华妃来看望过吗?"

孙姑姑:"华妃娘娘协理六宫不得空,起早皇后娘娘来看了太后,侍奉了汤药就走了。倒是昨个儿丽嫔娘娘来过,陪太后还唠了好一会儿嗑呢!"

皇上若有所解地重复道:"丽嫔?"

晚上,敬事房的太监请皇上翻牌子,当丽嫔的牌子在御盘中出现时,苏培盛见到皇上的表情,连忙说:"呦,这丽嫔娘娘的牌子怎么都沾上灰了。拿回去重做一块,这两日就别随着送来,让皇上翻牌子了!"

这一幕充分显示了苏培盛的职场领悟能力。其实，无论从事何种职业，居于何种职场地位，身在职场的我们都会感觉到"职场悟性"对我们每个人的职场成长和职业发展具有巨大作用。"观晚霞应悟其无常，观白云应悟其卷舒，观山岳应悟其灵奇，观河海应悟其浩瀚"，身处职场，除了自己具有应有的技能或者才能以外，我们更应该具备职场人际相处中的这种"悟性"。"悟性"能给我们争取更多的职场发展机会，获得更广阔的发展舞台。

苏培盛在后宫展示领悟力还有最经典的一幕，体现了他最精准地读懂了皇上的心思。皇上在甄嬛的劝说下"雨露均沾"去了齐妃的宫里，没想到齐妃的唠叨和琐碎的言辞让皇上听得很烦心，于是深夜仍从齐妃宫里出来。走在半路上，苏培盛问坐在銮驾上的皇上是回养心殿还是去华妃娘娘的翊坤宫，脸色不好的皇上默不作声。

这时，苏培盛没有继续追问，也没有因为皇上的不回答而不知所措，他十分坚定也十分从容地报出了"碎玉轩"。

剧情回顾

皇上翻了齐妃的牌子，到齐妃寝宫，由于齐妃见了皇上只会一味地谈三阿哥怎么样怎么样，让皇上觉得无趣而且烦心。皇上很生气，离开了齐妃的宫里。

走出齐妃的宫门后，苏培盛很谨慎地问："皇上，这会儿，您是要回养心殿还是要去翊坤宫啊？"

皇上一言未发，依然紧绷着脸，一副生气的样子。

苏培盛似乎心里有了底，直接说："碎玉轩！"

看到这一幕，我们心里一定会暗暗地佩服这位在宫里"经久不衰"的首领太监。他能非常精准地看清楚领导心里的想法，若是换成一般的小太监，看见皇上阴沉的脸色，一定早就吓得趴在地上连声说"奴才该死，奴才该死"了。然而，苏培盛却能很镇定自若地将手中的拂尘一扬，"替"皇上做了决定。作为最佳总裁助理，苏培盛还在几个方面表现极佳。

第一，执行力强，同时，办事谨慎。即使有些事情苏公公有七八成的把握，他也不自己轻易做主，而是把问题巧妙地交给皇上，让皇上做最终的定夺。他知道一旦出错就可能连拯救自己的机会都没有。在倚梅园，皇上巧遇一位很有才华的女子让他龙颜大悦，只可惜人家以鞋袜湿了为由而不愿见他。皇上很是思念，把当晚的两句话"逆风如解意,容易莫摧残"告诉苏培盛,要他把这个人找出来。苏公公依据皇上的意思已经初步确定余莺儿可能是当晚雪夜偶遇圣上的女子,但还是安排余莺儿给皇上奉茶,让皇上自己辨认。

第二,能为皇上忍辱负重,与皇上保持高度一致。年羹尧从川陕凯旋,进京后,嚣张跋扈,当皇上赏他一同用膳时,他竟然要苏培盛这位首席总裁助理为他夹菜。苏公公为了皇上,听从皇上的意思,毫不迟疑。他也明白这不只是对他侮辱,也是对皇上的极大不尊重,心中也暗暗记下了这一件事。后来,苏公公深知皇帝看年羹尧不入眼了,向皇帝汇报年大将军坐等皇帝一事,用语之精妙,让人叹为观止,即暗合了领导的心意,又除去了自己的眼中钉。可见,老板助理是万万不能得罪的。

第三,作为团队领导,护惜手下。作为首领太监,宫里的太监都应由他掌管,尤其是侍奉皇上的班底,应该是其团队的核心成员。苏培盛在电视剧中为了手下的徒弟,很护着他们,也常常和他们分享经验。有这么一幕:余莺儿因得意忘形在御花园冒犯了莞常在,皇上见到了非常生气,将其从"妙音娘子"降为余答应,不愿见她。余答应想尽一切办法跪在殿外不断地唱昆曲,顾旧情的皇上又允她进宫陪侍。余答应为了报复太监小夏子阻止她面见圣上之仇,趁皇帝睡着叫小夏子徒手剥核桃,不但剥得满手是血还耽误了皇上与莞贵人的品箫之约,龙颜微怒,嘴里埋怨了几句。此时,苏培盛冲进来,敲着小夏子的帽子说:"你个糊涂东西,净顾着给皇上剥核桃,把喊皇上起床这事都给忘了。"从表面上看,苏公公是在责怪徒弟小夏子,但其言外之意是暗示皇上:您看您这后宫的二货,欺负得我徒弟满手血,多刁蛮!耽误了您的约会可全怪她,可不干我徒弟什么事啊!这种对团队中手下的护惜,自然会让大家勤勤恳恳地为其工作。

除此之外,他对槿汐姑姑的专情、长情和真情更是值得我们欣赏和肯定,他也是后宫中唯一真正获得爱情的幸福之人。

4.1.3　槿汐:用领导最喜欢听的语言

其实,在职场中"领导想要我们做什么,我们就按吩咐做好什么",这自然很重要,也并不是很难的事情。但更重要的是,我们能察言观色,知道领导需要我们做的事情以外的事情,明白领导所说话语中的言外之意。说穿了,职场只有两种人,即管理者与员工。职场也只有一种心理,就是管理者的心理。在很多职场中,管理者的心理又往往展示地像一部电视剧的片名——《像雨像雾又像风》,让我们捉摸不透。但无论我们想不想做职场红人,我们都有必要去琢磨他们的心思。要正确地揣摩领导的心思,除了依靠过去积累的经验去推敲之外,察言观色、耳听八方是绝对不能少的。无论是陪侍皇上的甄嬛、服侍皇上的苏培盛,还是服侍皇后的剪秋姑姑、照顾甄嬛的槿汐姑姑,他们都做到了即使领导还未开口都能想到他们想要听什么,需要做什么。槿汐姑姑甚至连小主的"眉心微动"都能觉察到,说话和做事都深得甄嬛的喜欢。

第一,对领导说话一定要很真诚。真诚是职场有效沟通的基础,真诚也是实现和谐而融洽的职场沟通气氛的关键。正所谓,"精诚所至,金石为开"。唯有真诚之心才能打动职场中的领导或者同事,以真诚之心对待他人,我们才能获得他人的信任,建立良好和谐的关系。尤其是在职场赞美领导或者同事,更要体现我们的真诚。很多人以为,在职场中领导最喜欢听的话是赞美的话,甚至有些人会将马克·吐温的一句名言"靠一句美好的赞美我们能活上两个月"作为职场生存格言。的确,无论作为一名优秀的管理人员还是一名优秀的普通员工,我们都必须了解赞美别人可以使人成功的价值。赞美在职场中有着一种不可思议的推动力量,但并非人人都懂得赞美,也并非人人通过赞美都能达到预期的效果。我记得曾经一个各方面条件都很优异的朋友说过这么一句话,"我觉得在职场和生活中总能听到很多对我赞美的话,但这些话里真正能取悦我的赞美之词却很少"。其原因是,我们必须明白,真诚是有效赞美的先决条件。只有名副其实、发自内心的赞美,才能显示出赞美的光辉和魅力。

剧情回顾

甄嬛为迎新岁特意为皇上绣了一件寝衣,并拿出来仔细端详,做到精益求精。站在一旁的槿汐姑姑说:"小主为这件寝衣可是费尽了心思,这衣服当真是无可挑剔的。"

甄嬛开心之余,总觉得有些美中不足地说:"要是换上陵容的刺绣,定是比我好上十倍。"

槿汐:"若论绣工,那肯定是人外有人,天外有天。可是,若论心意,这件就是最好的。"

甄嬛听后,非常满意地回答:"皇上对我这般好,我自然要是全心全意去待他!"

在这段剧情中,当甄嬛提到自己刺绣的美中不足时,槿汐姑姑并没有表现出职场中有些人的赞美风格,例如"小主您才是极好的"、"小主,安小主的绣工哪能跟您比"之类的赞美之词,而是,用了一句很中肯而且很真诚的话进行了回复,"若论绣工,那肯定是人外有人,天外有天。可是,若论心意,这件就是最好的。"这充分体现了槿汐姑姑说话的真诚。所以说,真诚的赞美必须符合两个条件。

(1)赞美的内容应该是对方拥有的、真实存在的,而不是无中生有。因此,槿汐姑姑并没有说"小主的绣工是极好的"这样的话。因为甄嬛从前在甄府的时候并没有学过刺绣,是入宫后才学的,在后宫里不说内务府的绣工技艺多精湛,就连她的好姐妹安陵容也定能超过她,因为她的母亲是苏州有名的绣女,她从小跟随母亲学刺绣。甄嬛心中也有数,如果这样赞美,就好比对一个胖子说"呀,你多苗条!"这种赞美不但不会换来好感,反而会使人反感,甚至以为你是讽刺,从而造成彼此的隔阂和误解。

(2)赞美要真正发自肺腑,情真意切。赞美的尺度掌握得如何往往会直接影响到赞美的效果。恰如其分、点到为止的赞美才是真正的赞美。槿汐姑姑面对甄嬛对自己刺绣的寝衣总有"美中不足"之感时,我们又不能说过分夸奖的言辞,因为过分夸张的赞美也往往会使对方感到不舒服、不自在,甚至难受、肉麻、厌恶,也会给人一种奉承的感觉,"马屁味"太浓,在赞美中有时是适得其反的。就如同一个领导和大家一起唱歌,领导唱完之后自己也明白唱得不是太好,这时我们千万不要对他说,"您唱歌真是全世界唱得最动听的"。这样过度恭维和空洞吹捧会让领导很难堪,假若我们说,"您的歌唱得真不错,挺有那个韵味的"。这样对方也会欣然接受。因此,槿汐姑姑明确告诉甄嬛,"若论绣工自然是人外有人,天外有天",既没有说小主的绣工不好,也没有说小主的绣工不如安小主,随后加上"若论心意,这件就是最好的",自然会让对方听后心情舒畅。要知道,言不由衷的赞美无疑是一种谄媚,最终会被他人识破,只能招来他人的厌恶和唾弃。

第二,领导要的是"建议",而不是"指教"。美国哈佛大学心理学教授戴维·麦克利兰(David C. McClelland,1917—1998)提出了著名的"三种需要理论"。他认为,个体在工作情境中有三种重要的动机或需要:权力需要(影响或控制他人且不受他人控制的需要)、成就需要(争取成功,希望做得最好的需要)和人际需要(建立友好亲密的人际关系的需要)。对于管理人员来说,他们最在意的就是权力需要,其次是成就需要。因此,在与管理者进行职场沟通时,我们最需要的是满足对方的需求。就像槿汐姑姑,她算是宫里的老人,对宫里的很多事情懂得比甄嬛多,但很多时候,她心里即使对某些事情做好了打算,有了自己的主意,但她都等到甄嬛想到了才一起分享和交流。即使有些时候甄嬛面对一些事情无计可施时,她也只会一点点地给小主一些建议,让小主自己慢慢把事情想得更周全一些。

剧情回顾

甄嬛刚入宫，一直装病在碎玉轩避宠。由于内务府总管黄规全是翊坤宫华妃娘娘的亲戚，对碎玉轩这一不得宠的小主十分势利，导致碎玉轩首领太监康禄海看到前途渺茫便离开甄嬛，回到丽嫔宫里。

一日，甄嬛和槿汐姑姑讨论皇帝的兄弟时，槿汐姑姑特意提到十七爷与皇上很亲，甄嬛说："我未进宫时便已听说，十七爷闲云野鹤，精于六艺。笛声更是京中一绝。"

槿汐："先帝在世的时候，九王夺嫡之事何等惨烈。唯有十七爷整日与诗书为伴，倒成全了他的福气尊贵。"

甄嬛："你这话倒也极是，有时候不争，比能争会争之人有福多了。"

槿汐："所以，小主也是有福之人啦！"

槿汐这么做，把所有的想法和主意都包装成是甄嬛想出来的，给足了小主的面子，满足领导要的权力需要和成就需要。所以，甄嬛一直到最后都把槿汐当成自己最重要的"王牌"加以爱惜和保护！因此，在职场中，如果我们的经验比上司丰富、能力比上司强、想法和点子比上司好，甚至我们百分之百地认为某件工作绝对需要执行，这时我们千万不可强行要求上司采纳我们的意见。为了照顾上司的需要（权力需要和成就需要），我们应该用他们能够接受的方式和方法去表达，也就是说，要说领导喜欢听的话。最佳做法就是，像槿汐姑姑那样，逐步地分析状况，然后请示领导的意见，在彼此的沟通中把事情做好。

剧情回顾

莞嫔娘娘因误穿纯元皇后故衣而被禁足碎玉轩，守卫太监为了忠于职守，不允许碎玉轩宫里的人出门请太医给昏倒的莞嫔娘娘看病。流朱姑娘见此，只好自己冒死撞到了守卫太监的大刀上，导致失血太多而死。

守卫太监知道问题大了，赶紧将此事告诉内务总管。内务总管到养心殿呈报时，皇上大发雷霆："放肆！朕只是要莞嫔娘娘禁足，并没有说她病了不要看太医。莞嫔要是有个三长两短，拿你是问。要守卫碎玉轩的太监去慎刑司领罚！"

在这段剧情中,守卫太监就是职场悟性不高,没有完全明白领导的意图,最后因为自己"忠于职守"而被送去慎刑司领罚。所以,作为员工,我们经常要接受任务,汇报工作,与上司进行沟通。上司说话各有不同的特点:或简或详、或快或慢、或直或曲,千差万别。有时,他说了,就认为我们懂了,而事实上,我们听到的与上司头脑中想的总是有一定差距,这就全靠我们认真领会了。把上司的意图领会了,把握准确了,才能很好地执行。如果我们一知半解,蒙着头去干,不是不周全,就是把事情弄拧了,后果可想而知。因此,这种职场悟性,需要我们在工作中适当地表现出来,即明白领导者的意思,明白他希望要做的工作,同时,我们要能适时、适当地成为这些工作开展的助力而不是阻力。只有这种"悟性"和"默契"才能让我们在职场顺意发展。

4.2　忍人之所不能忍,才能为人之所不能为

说到"忍耐",其实就是一种韬光养晦,正所谓"忍一时,风平浪静;退一步,海阔天空"。白居易说:"孔子之忍饥,颜子之忍贫,闵子之忍寒,淮阴之忍辱,张公之忍居,娄公之忍侮;古之为圣为贤,建功树业,立身处世,未有不得力于忍也。凡遇不顺之境者其法诸。"所以,古人云,"忍人之所不能忍,才能为人之所不能为。"忍耐和坚持是痛苦的,但它最终能够给我们带来幸福。忍耐是成就一项事业的必要条件,人要获得某方面的成就,首先必须学会忍耐。忍耐能让我们在清静沉寂中提升我们的职业价值感,让我们体会到生命的意义。一心忍耐,百炼钢也会化为绕指柔。没有忍耐,金矿炼不成黄金,玉石也磨不成美玉。

职场中,挫折和委屈是一种常态,就像有人所说,"人生就是心电图,要想一帆风顺除非你死了"。所以,每个人都是在挫折与痛苦的摸索中成长,逐渐磨炼自己的。隐忍、坚强,都是成为职场精英不可缺少的"课程"。职场的理想和追求,也是在一次次的碰撞、受挫和反思中渐渐清晰的。

4.2.1　皇上:大丈夫能屈能伸,方能为朝政谋万世之全

周易曰:"潜龙勿用。"

孔子曰:"尺蠖之屈,以求伸也;龙蛇之蛰,以存身也。"

朱熹曰:"退自循养,与时皆晦,屈伸消长乃万古不易之理。"

虽然说,人活一口气,树活一张皮,但大丈夫做事就要能屈能伸,在通往成功的征途中,会遇到各种困难和挑战。很多人都能忍受艰苦的环境,但是却无法忍受精神上的半点屈辱,这样的话即便有很好的机会,往往也会错失掉。所以说,忍让是做人的一种大智慧。有时候忍让是为了改变自己不利的处境,赢得胜利的机遇,如果在不利的情况下不学会忍让,硬拼蛮干,就会把老本都输光,连翻本

的机会都没有了。

剧 情 回 顾

面对敦亲王上奏折要皇上为他的生母温僖贵妃追封贵太妃并迁入先帝陵寝,而且年羹尧随后上奏加以呼应,还关心年妃失宠等后宫事宜,皇上觉得自己被要挟,而且敦亲王竟然和年羹尧勾结,但又无十足把握应对,为此非常生气,大发雷霆。

苏培盛要小夏子从碎玉轩请来莞嫔安抚皇上。莞嫔听皇上讲了自己的感受和危难时,甄嬛告诉皇上此时要学会"忍耐",这并非窝囊,而是屈己为政。"大丈夫能屈能伸,方能为朝政谋万世之全"。同时,甄嬛还讲了汉景帝和光武帝两个故事。

所以说,忍让是一种职场谋略,正所谓"小不忍则乱大谋"。人的一生难免会遇到各种各样的困难,人们必须要学会能屈能伸,学会容忍一时的屈辱,学会控制自己的情绪和心智,只有这样才能应付未来更多、更困难的问题。正如身体柔软的虫子收缩是为了求得伸展的机会,而龙蛇之所以要蛰伏是为了能保全自己。为一时之气而丢掉自己的长远目标,当时你可能无所感觉,但是他日你想起来一定会后悔自己的决定。身处敌强我弱的境遇时,一定要学会能屈能伸,这样才会有更多的机会。

其实,一个人要想成就事业,就要有"厚脸皮"的狠劲。所有的人都不愿意做丢脸的事情,但是很多时候人都是身不由己的。毕竟世事艰难,人很难保证在任何时候都能够不丢脸。若想争取成功的机会就不要在乎面子,只有这样才有可能得到比别人多的机会。所以说,积极的忍让,绝不以牺牲自己的独立人格为代价,也绝不是意味着人格的渺小,自我的萎缩,它只是将可贵的、独立的自我暂时"隐藏"起来,软中透硬,柔中带刚。因为我们在忍让的同时,仍在默默地干自己想干的事情,仍在悄悄地做自己想做的事情。

但是,如果忍让浓浓地烙上保守、落后、安命不争、平庸、易满足、缺乏进取心、衰老退化、奴性、软弱、过分自卑等痕迹时,变成了一种相安无事、与世无争,而且偷安的处世哲学之后,它就走向反面。因此,林语堂先生曾有过这样的批判,"遇事忍让为中国人的崇高品质,凡对中国有所了解的人都不否认这一点。然而,这种品质走得太远了,以致成了中国人的恶习。"

4.2.2 果郡王：闲散无能，万事就是皇兄最行

剧中，果郡王允礼（十七爷）是康熙帝二十四个儿子里的异类，没有参与"九子夺嫡"的皇权之争。果郡王与雍正皇帝是同父异母，虽然亲生母亲是舒太妃，但却是在太后宫里养大的，是雍正皇帝最亲的弟弟之一。剧中的果郡王最令人钦佩的特质是温柔敦厚，凡事都是小心翼翼，细密留心，除此之外，还多才多艺，工于书法，擅长诗词，喜好游历，笑容阳光，气宇轩昂，待人接物从无王爷架子。

在整部剧中，以儿子而言，果郡王恪守孝道；以臣子而言，果郡王恭敬有礼；以王爷身份而言，果郡王始终谨守本分。每次在宫中与皇上一同下棋，最后输的也往往是他，屡屡输了以后，还不忘把皇兄好好地赞美一番，说自己技不如兄，所以平日里也只会吹吹箫，种种树。处处示弱，还说因为自己"无能"，表明自己喜好那种闲散的生活，不想受约束，也不愿被那些国事烦扰，特别要皇兄千万不要派什么重要任务给他，让他潇洒地过过好日子。让皇帝感觉到，这朝中只有十七弟是最无害的。

即使面对年大将军，果郡王也做得很好。居功自傲的年羹尧回京后，在殿外等待皇上诏见，看到十七爷在养心殿出来，他竟然耍大牌坐在凳子上问候十七爷。年大将军这一举动让十七爷旁边的阿晋看了都很气愤，要是换成其他王爷势必早翻脸了。要知道，王爷可是皇室宗亲，年羹尧就不过是皇家的一个臣子，说大了也不过是一个国舅，见到王爷竟然故意装作腿疾而不行应有的礼数，谁不会动气？果郡王就是有这种能忍人所不能忍的能力。也正因为他如此，皇上没有对这位弟弟下毒手（注：皇上后来要甄嬛去赐死果郡王，只因皇帝怀疑他与甄嬛的关系才做出这一决定）。

果郡王之所以处处向皇帝示弱，就是因为他清楚地知道，经历过"九子夺嫡"的皇帝最防备的就是他的这些兄弟们。为了自保，果郡王只能处处向皇兄证明自己胸无大志，闲散无能，只想享受皇室宗亲的荣耀和安逸的生活，于是，他处处将自己的才华掩藏起来。就算皇上赋予他一些任务，他也会积极请示，更要求皇上不要给那些让自己伤透脑筋的政务。有时，还会故意出点小差错，让皇帝有机会可以念叨自己几句。因为果郡王明白，皇兄毕竟身居高位，贵为天子，指挥和教导他人，是他的职业偏好，因为在这个过程中，他才会获得建立威信的满足。

所以说，在职场中，尤其在领导面前，我们除了要有效率地做好工作和完成任务以外，还要智慧地展示自己的弱点，让领导为我们指点一二，从而给予领导展示自我价值的机会。

4.2.3 甄嬛：职场从来不相信眼泪和耍性子

剧 情 回 顾

华妃娘娘趁皇上和皇后出宫祈福时，将莞嫔唤来翊坤宫罚跪，从而导致莞嫔痛失第一个孩子。莞嫔为此有着撕心裂肺的悲痛，一方面对华妃娘娘恨之入骨，一方面对皇上没有按照她的意思处置华妃娘娘而心生埋怨。她终日为此痛心，每日哭泣，总觉得皇上不应该如此"轻描淡写"地责罚华妃，甚至还在碎玉轩讲一些埋怨皇上的话语。即使皇上隔三岔五会来碎玉轩看望莞嫔，但她耍性子从不给皇上一个笑脸。这种对皇上的失望和埋怨，加之终日哭泣而致面无血色，皇上也因"近乡情更怯"而再不踏足后宫半步。甄嬛这种哭泣和耍性子，导致皇上渐渐地也开始疏远了她。

失宠之后的莞嫔，马上就遭到了其他宫中与之交恶的嫔妃的欺辱，甚至不小心碰上了齐妃，齐妃还命令宫女掌嘴，罚她在长街跪了一个时辰，用这种方式在后宫羞辱她。这次打击才使她幡然醒悟，在后宫之中，在皇上面前，眼泪和耍性子只会起到反作用，让自己陷入另一番遭人唾弃的局面。于是，在众人的帮助下，莞嫔以倚梅园那场蝶围起舞的戏码成功挽回了皇上的心，让那些羞辱过她的嫔妃惶恐不安。

很多人在职场都有可能犯与甄嬛一样的错误，像她那般耿直和感情用事，一旦遇到任何不公平的对待就会将那些最真实的感受表露在自己的脸上，将自己的弱点赤裸裸地暴露在他人面前，让自己的职场之路变得危机四伏。甄嬛后来所表现出来的"忍耐"就是接受别人所不能接受的东西，并将最悲痛或者最愤慨的情绪吞进肚子里，因为这时候并不是你还击别人的最佳时机。甄嬛后来甚至还揣测圣意，建议皇上恢复华妃的封号，让她继续协理六宫。甄嬛明白，自己还没有到还击的最佳时机，还不具备与华妃抗衡的实力和资历，如果这时贸然回击，不仅皇上不会帮助自己，导致自己受伤更重，而且还会引起皇上的反感。

只有明白了眼泪和耍性子都不是职场应有的表现时，我们才能成长为重新获宠的甄嬛那样。这种职场成长和蜕变的过程虽然是疼痛的，但也是现实的，无人能侥幸躲过。

能屈能伸，其实屈辱只是暂时的。暂时的忍辱负重是为了实现远大的理想，不能忍受一时的屈辱便不能让自己的目标实现，不能实现自己的抱负。人生中的机会往往就在一步之遥,若是能忍受一时的困境,便能达到理想的境界。成就大事的人从来不在乎一时的屈辱,因为他们的目标就在眼前,为了这个目标付出代价也是理所应当的。甄嬛失宠时受尽凌辱,在重新获宠之后,她便邀当日扇自己耳光的富察贵人以及华妃的帮凶曹贵人一同小坐,借历史上吕太后把戚夫人做成人彘的故事来恐吓她们。虽然大家坐在一起,甄嬛句句说的都是历史,但针针扎在富察贵人的心里,以至于当场昏厥,回宫后便疯了。同时,她又借公主和亲之悲惨遭遇用来痛击诡计多端的曹贵人的软肋,让她越发忌惮甄嬛会伤害到自己的温宜,于是当场跪下来表示愿为甄嬛效犬马之劳。

因此,在职场心藏不满时,我们不要一触即发,我们要懂得如何在领导面前表达我们的冷静和大度,也要学会在同事面前展示自己的亲切和隐忍。

4.2.4　祺贵人:不是每一个在你身上拉屎的人都要看作敌人

我们先看一篇微小说:

一群候鸟飞往南方过冬的途中,有一只小鸟因为天气太冷冻僵了,"嗖"的一声,从天上掉了下来,跌在一大片农田里。

就在它冷得直到哆嗦,快要冻死的时候,一头母牛走了过来,正好在它的身上拉了一泡屎。

冻僵的小鸟躺在牛粪堆里,发觉牛粪真是太温暖了。牛粪让它慢慢地缓过劲儿来了!它躺在那儿,又暖和又开心,并庆幸自己捡回了一条命,便在牛粪里高兴地唱起歌来。

不巧,一只路过的野猫听到小鸟的歌声,它想要探个究竟,于是,循着声音找了过来,走近牛屎旁发现有一只小鸟躺在那儿。

野猫非常敏捷地将它刨了出来,并把它吃掉了!

这个故事告诉我们:

(1)不是每一个在你身上拉屎的都是你的敌人;

(2)不是每个把你从屎堆中(困境)拉出来的都是你的朋友;

(3)当你陷入深深的屎堆当中(身陷困境)的时候,更要闭上你的鸟嘴。

电视剧《后宫·甄嬛传》中,祺贵人(瓜尔佳·文鸳)和华妃娘娘过招交锋的戏份很少,因为祺贵人是仗着其父亲瓜尔佳·鄂敏在前朝帮助皇上扳倒年羹尧的功劳而进宫服侍皇上的,此时华妃已经被降为年答应。初入宫的祺贵人得到皇上的临幸之后,皇后看她讨皇上喜欢,又因为同是满军旗,也对她格外好,赏赐了不少东西给她。兴致极好的祺贵人在回宫的路上,遇到了年答应。

剧情回顾

正当祺贵人坐在轿子上与身边的侍婢幻想自己的美好前程,思考如何巴结甄嬛,想皇后娘娘对自己有多好的时候,昔日的华妃娘娘出现在她面前。

侍女:"谁这么大胆,看见祺贵人也不赶紧行礼问安?"

祺贵人(冷眼看着年答应,不屑地回应):"哼!我还以为是谁,原来是华妃娘娘。可是娘娘健忘,总还惦记着自己满门荣耀,却忘了'树倒猢狲散'!"

年答应:"'树倒猢狲散',这话说得可真好!你依仗家里的功劳进宫,和我当初有什么两样?你以为做了美梦,只怕会落得跟我一样的下场。"

祺贵人:"你只不过是个小小的答应,竟敢冒犯于我?等我告诉皇后和莞嫔,你就知道了。"

年答应:"皇后如何?莞嫔又如何?不都是我当初的手下败将吗?更何况,你只是依附在她们身边的一个小贱婢。即便如今她们一时得意,难道就没有登高跌重的时候吗?走着瞧吧!"

此时的华妃娘娘已经落魄降为年答应,前程似锦的祺贵人却在这一次交锋中被华妃娘娘的气场所镇住。最后,祺贵人因为年答应的"不敬"十分气恼,随即就将这段委屈告诉了皇上和皇后,而且,哭着闹着要皇上惩处年答应。

结合前面那个故事,祺贵人就像故事中的那只小鸟,那么年答应就是那只在她身上拉屎的母牛,皇后就是那只吃了小鸟的猫。其实,祺贵人为什么能被皇后生生地吃了?就是因为祺贵人受到年答应羞辱后,她没有闭上自己的"鸟嘴",还急忙向皇上告状,暴露了自己"遇事不能忍"的性格弱点。因此,皇后推测祺贵人缺乏心机,头脑极其简单,是"有美貌没有脑子"的人,于是,看准了准备好好利用她。

其实,职场中有一种人说话就是非常的直爽,甚至言语中还带有几分犀利,有时也会得理不饶人,喜好用负面的语言攻击身边的同事,以此来显示自己的气势和威风。这种人的确让人非常讨厌。不过,聪明的人在职场中往往会把这类人的话当作自己职场成长中的警示,用来提升和完善自己,从而获得职场更好的发展。剧中,祺贵人如若能把年答应的那段话当作对自己的警示,进而改变自己的行事风格,想必其后来的结局会更好一些。

4.3 别人是以你看待自己的方式看待你

我们先看一个发人深省的心理学经典实验。

美国一个研究机构的几位心理学教授进行过一项有趣的心理学实验,名曰"伤痕实验"。我们一起来看这个实验的过程。

几位心理学教授在街上随机邀请了十几位愿意参加实验的志愿者,这些志愿者都较年轻,而且容貌上也比较标致。

到研究机构的实验室后,心理学教授向参与实验的志愿者们宣称,邀请他们所参与的实验旨在观察人们对身体有缺陷的陌生人做何反应,尤其是面部有伤痕的人。每位志愿者都被安排在没有镜子的小房间里,由好莱坞的专业化妆师在其左脸做出一道血肉模糊、触目惊心的伤痕。化妆完成后,心理学教授允许这些志愿者用一面小镜子照看自己化妆后的效果,随后,镜子就被拿走了。关键的是最后一步,化妆师表示需要在伤痕表面再涂一层粉末,以防止脸上的伤痕不小心被擦掉。实际上,化妆师在"涂抹粉末"的同时,用纸巾已经偷偷抹掉了化妆的痕迹。对此毫不知情的志愿者,被派往各医院的候诊室,他们的任务就是观察人们对其面部伤痕的反应。

规定的时间到了,返回的志愿者竟无一例外地叙述了相同的感受:人们对他们比以往粗鲁无理、不友好,而且总是盯着他们的脸看!可是实际上,他们的脸上与往常并无二致,也没有什么不同。

这个实验的结果表明,他们之所以得出那样的结论,主要是因为错误的自我认知影响了他们的判断。

原来,一个人内心怎样看待自己,就能感受到外界怎样的眼光。同时,这个实验也从一个侧面验证了一句西方格言:"别人是以你看待自己的方式看待你。"不是吗?

一个从容的人,感受到的多是平和的眼光;

一个自卑的人,感受到的多是歧视的眼光;

一个和善的人,感受到的多是友好的眼光;

一个叛逆的人,感受到的多是挑剔的眼光……

可以说,有什么样的内心世界,就有什么样的外界眼光。如此看来,一个人若是长期抱怨自己处于冷漠、不公、缺少阳光的环境,那就说明,真正出问题的,正是他自己的内心世界,是他对自我的认知出现偏差。这个时候,需要改变的,正是自己的内心;而内心的世界一旦改善,身外的处境必然随之好转。毕竟,在这个世界上,只有你自己,才能决定别人看你的眼光。

4.3.1 品性高洁、自尊与自爱的甄玉娆

电视剧《后宫·甄嬛传》中,女性角色繁多,她们多为争夺皇上恩宠而大玩心计与权谋,而在这众多女子之中却有另类之人,那就是甄嬛的亲妹妹——甄玉娆。玉娆出落得很标致,与甄嬛相比更像皇上的妻子纯元皇后,更引得皇上的怜爱。她是电视剧中唯一的没有表现任何心机,却是以纯情真挚、乖巧可人、善良聪慧赢得宫中之人乃至皇上的喜爱。皇上甚至欲将玉娆封妃,但敢于追求真爱,懂得自尊与自爱的玉娆却多次婉言谢绝了皇上的厚爱,求得皇上的成全,最终和自己真正喜爱的人在一起,使她成为整个电视剧中唯一一位结局完美的女子。

剧情回顾

皇上为了能收她入宫为妃,用尽了千方百计。

先是送玉娆"并蒂海棠步摇",并用"谢恩"的方式让玉娆表态。结果,到永寿宫看到玉娆时,发现她根本没有戴那对步摇,而且当面表白,"臣女不仅不喜欢金器首饰,而且那步摇上的海棠花是姐姐所钟爱的。姐姐喜爱的,臣女不会沾染毫分。"

然后,皇上从她的兴趣出发,利用玉娆喜爱画画,意图多方拉拢她,意欲安排她"与宫中的画师切磋"。玉娆也直接拒绝皇上的"安排",巧妙的回复道:"宫中画师多崇尚富丽辉煌的色彩,皇上看臣女临摹崔白之画,就知道臣女与画师必然话不投机。"同时,她还表示自己喜欢比翼双飞的大雁,因为大雁是忠贞之鸟。皇上只好说要她得空去如意馆把崔白的真迹《秋蒲蓉宾图》送给她。

再后来,皇上又把自己随身带的玉佩赐给玉娆。玉娆说明了自己的真实心意。

……

玉娆:"皇上喜欢臣女是因为姐姐的缘故吗?都说玉娆和姐姐长得像。"

皇上:"你像她,又不像她,更多了些天不怕地不怕的英气妩媚。论容貌,其实你很像朕的妻子。"

玉娆:"真的吗?臣女与皇后仿佛并不相像。"

皇上:"她是皇后,不是朕的妻子。朕的妻子很早就离开人世了。"

玉娆:"臣女知道了,皇上可以有很多个皇后,但是妻子只有一个。"

皇上:"你很聪明。"

玉娆:"那么姐姐呢?"

皇上:"你姐姐是朕身边最重要的女人。你问了朕这么多,可也想做朕的女人吗?"

玉娆:"臣女很羡慕皇上的妻子。"

皇上:"为什么?"

玉娆:"皇上的妻子虽然早逝,可是皇上心里只认她一人为妻子,时常想着她。皇上说喜欢玉娆对不对?"

皇上:"是。"

玉娆:"臣女自小便有一个愿望。就是成为心爱男子的妻子,不是妾,不是最重要的女子,而是唯一最爱的妻子。只可惜皇上已经有自己的妻子,不能满足臣女的愿望,所以臣女希望自己有朝一日,能够实现自己的愿望,而不是永远羡慕皇上的妻子。"

皇上:"朕说过,你很聪明,很像你姐姐。"

玉娆:"这不是聪明,而是事实。皇上若喜欢臣女,将臣女留在宫中,又能给臣女带来什么呢?还是废了皇后,让臣女入主景仁宫?皇后也只不过是皇后,并非皇上的妻子。恕臣女多嘴,皇上与您的妻子都很喜欢彼此吧?"

玉娆跪下了,继续说道:"臣女与允禧两情相悦,臣女不敢请求皇上让臣女做允禧的正妻,即便做他的侍妾也无妨。只求皇上能让臣女与允禧在一起。"

皇上:"你不是只愿意做他的妻子吗?"

玉娆:"皇后是皇上名分上的妻子,可是皇上却不把她视作妻子。臣女虽然来日并不能成为允禧名分上的妻子,可是他心里只有我,我心里也只有他。臣女知道,他不会再娶其他女子,臣女是他心中唯一最爱之人,不就是他的妻子吗?"

皇上:"你起来吧。"

玉娆纹丝不动:"臣女知道皇上喜欢臣女,既然喜欢就应该成全对方的心意。除了皇后,皇上身边还有许多女子。臣女入宫不久,便已看见姐姐受了这么多风波周折,姐姐虽然是皇上认为最重要的女子,却也过得如此辛苦小心,臣女不愿将来也过那样的日子。"

> 玉娆再拜:"皇上的喜欢难能可贵,臣女不敢辜负。但世间的喜欢并非只有男女之情,请皇上像喜欢小妹一样喜欢臣女吧。"
>
> 然后从腰间拿出玉佩说:"这是皇上交由臣女保管之物,臣女完璧归赵,也请皇上准了臣女与允禧夙愿。"
>
> 皇上:"这玉佩朕赐给你了。"
>
> 然后皇上离开了。

玉娆的聪慧与难得,就在于她面对皇上的各种试探和引诱时,不给皇上丝毫的机会,这在剧中似乎没有哪个女子能做到,这样坚定的心性更加赢得了皇上的赞赏,也因此,玉娆成为电视剧中被观众钦佩的角色。

玉娆之所以让人肃然起敬,还在于她明白自己的本分:出身书香门第的甄府,懂得进退应对,不应与姐姐争宠,不在乎金银珠宝,不夺人所爱,相当厌恶浮华奢靡的宫廷生活,追求"愿得一心人,白首不相离"的幸福爱情。皇上本来是不愿意放手的,完全因为她的心性的高洁,不忍心破坏她的美好。

所以说,一个人只有自己尊重自己,才能赢得别人的尊重。如果一个人不懂得尊重自己,他就不会爱自己;而一个不爱自己的人,怎么可能会有别人去爱他呢?更不可能懂得爱别人。我们要像甄玉娆那样,不仅要尊重自己,还要尊重自己的选择,如果想要在某一方面获得成功,我们就必须在那个方面设立目标并树立实现目标的坚定信念。只有有了目标和信念,人才会有努力前进的方向,才会有不断努力的动力,才会不管是困难重重,还是顺风顺水,都一如既往地不断拼搏。

4.3.2 生性自卑、妒忌心强的安陵容

回想那一年朝霞和煦,侥幸通过殿选的安陵容,也曾经会为自己成为九五之尊的嫔妃而欣喜若狂,逆袭成功的她嘴里不断地念着自己的爹娘,认为自己终于可以光耀门楣,可以不辜负父母养育之恩。只是她那卑微的出身和阴暗的童年经历在她内心深处留下了难以磨灭的伤痕,那份自卑和妒忌扭曲了她的人格,加上后宫的皇城永远巍峨冷峻,长街幽然铺开的却是一条注定没有自由的不归路。身处后宫的安陵容憎恨所有的人,那些践踏她的人、利用她的人、玩弄她的人,就连那些对她好、帮她的人,她也会认为是在施舍冷饭。在她看似温顺隐忍的外表下,是一颗早已疯狂到无法分辨善与恶、充斥着深深恨意与报复欲的心。

多行不义必自毙,安陵容戕害他人、负罪而死的结局是咎由自取。甄嬛的孩子小产、甄父几乎命丧鼠疫,甄嬛送去的宫女菊青柱死,沈眉庄难产血崩,都是出自她的阴谋。纯元故衣事件,甄嬛在碎玉轩的绝境中苦苦挣扎,安陵容却步步歹

毒的想要置她于死地。其实她们之间关系恶化到这样的地步，有着很多外界因素，如淳儿的无心之言、浣碧的有意排挤、皇后的蓄谋挑拨、皇帝的三心二意，但最大的原因还是安陵容的性情导致了这最终连自己都恨自己的结局。

安陵容本性自卑，在她看来甄嬛和沈眉庄什么都有，良好的出身、娇美的容貌、集万千宠爱于一身。可自己则出身贫寒，祖上并无显赫家世，饱尝世人冷眼，再加之妒忌心作祟，皇后的挑拨离间术在安陵容身上屡试不爽。从一开始只是为了赢得皇后的信任不得已而为之，到后来各种主动出击挑起事端，当年一段美好的姐妹情谊就这样一步步被尽毁，而事后证明宫中曾真心待她之人都被她推向了深渊。

剧 情 回 顾

安陵容被皇上下旨禁足延禧宫，自生自灭。安陵容最后想见昔日的姐姐熹贵妃甄嬛，甄嬛去了后，安陵容对这位昔日的姐姐道出了自己的内心痛苦。

……

安陵容："你知道我的刺绣是谁教我的吗？是我娘。我娘曾经是苏州的一位绣娘，我爹很喜欢她。当年，我爹还是一个卖香料的小生意人，靠我娘卖绣品，给我爹捐了个芝麻小官。我娘为我爹熬瞎了眼睛，人也不似从前漂亮，我爹便娶了好几房姨太太，我娘虽是正房，可人老色衰，又没有心计，所以处处吃亏。以致我爹到最后，连见她一面都不愿意。入宫后，华妃那样凶狠，皇后城府那么深，连宫女都敢欺负我，我很怕。我每晚都做梦，梦见我变成我娘一样，瞎了眼睛，受人欺凌，生不如死。"

熹贵妃："谁都知道宫里的日子难过。可是，再难过、再要步步为营，也不该伤害身边的人。特别是，一直把你当作亲姐妹的人。"

安陵容："你不要怨恨我，说我狠毒。其实，我只是不甘心而已，不甘心无声无息地做了人家的垫脚石；不甘心就这样无声无息地活一回。我不得不争宠，不得不怨恨皇后，怨恨皇上。怨恨一切把我当棋子，当玩意儿的人。就算你对我好，也是因为要利用我，让我替你去向皇上争宠！"

上面这段剧情是安陵容死前和甄嬛的对话，在安陵容的成长环境中，负面因素太多，绝望和屈辱的影响太深。她目睹了自己的母亲是如何为了父亲操持着家务，耗尽了如花似玉般的青春年华，最后因为日夜操劳致双目失明后反而落下一个凄凉的结局。母亲甚至因为自己的个性,虽是正房,依然被几个小妾所排挤苛待,受尽欺凌,生不如死。在一个男权为尊的时代,父亲甚至因为厌恶母亲,都不愿意去看一眼。这种人情冷暖、世态炎凉的成长环境致使她不相信亲情、爱情和友情。所以,在刚开始,皇帝要她侍寝的当晚,她紧张得浑身如同筛糠一般,除了天子君威凌厉之外,还有她潜意识里有着挥之不去的对男性的恐惧感和对男权的畏惧感的烙印。

在这段对话中,安陵容甚至认为父亲当初对母亲好、喜欢母亲是因为母亲能接刺绣的活,母亲刺绣换来的钱能为父亲捐一个芝麻小官。这在安陵容心里烙下了深深的心理印记——父亲对母亲好,不是因为喜欢,是因为母亲有用,用完便冷落,不过一个绣娘出身,冷落也是无妨!正因为这种逻辑,她最后竟然说出了一句很不通情理的话,"你对我好,是因为要利用我,让我替你去向皇上争宠!"局外人一看便知,那时的甄嬛在意的是保全她们(沈眉庄、甄嬛、安陵容)三个小姐妹,根本不是什么争宠,不然,她们就只有被华妃欺负的份儿。所以,在安陵容的逻辑里,你对我恶,自然是因为我出身微贱,因此一开始,安陵容心里就没有真正的朋友,从开始就在内心里把所有人都放在自己的对立面上。只能说"你如何看待这个世界,这个世界便是怎样,一切诸相皆是虚妄,光明阴暗全在自己。"

除此之外,入宫后,随之而来的就是各种利益倾轧。夏冬春的跋扈,华妃凶悍,在她们的欺凌霸道面前,安陵容脆弱的自尊心只能遭遇血淋淋的盘剥;皇后的阴险,曾以为是可依偎的参天大树,没想到最后将自己推向万劫不复深渊的也恰恰是她。子嗣对于嫔妃的重要性不言而喻,皇后对祺贵人之流还只能暗中动手脚不让她们受孕,而对安陵容,则是直截了当的一碗落胎药,由不得她有任何异议。

如同孤草一般寒微的安陵容,正因为其成长的悲惨经历所致本性的自卑、孤独纠结的内向性格以及深沉敏感的心机,导致她很难理解周围人的对她的好,在与甄嬛、沈眉庄三姐妹的关系中,无法理解和接受别人对她的好。相比华妃和皇后娘娘,其实,甄嬛和沈眉庄待她才是真正互惠互利、彼此扶助的做法,遗憾的是,安陵容却最终选择了背离。其实,职场中这类人,我们也只能用一句话来说,"可怜之人,必有可恨之处"。

4.4 拥有良好的判断力和独到的眼光

人类的生活处处充斥着判断,可以说,人生就是由一连串的判断累积而成的。拥有正确而明快的判断力,是个人生活或者职场获得成功的一项必备条件。

在日常生活与职场之中，我们每分每秒都可能遇到某些事情需要我们进行思考并做出决策，如果不能进行准确的判断，就可能无法得到满意的结果，而成败就在于我们这一念之间。这"一念"就是我们所说的判断力。

《三国演义》中有一段极有意味的故事：

> 曹操行刺董卓不成，与陈宫一起逃跑。路过其父亲的结义兄弟吕伯奢的家，他受到吕伯奢的热情款待，杀鸡宰猪的设置晚宴。生性多疑的曹操担心人家出卖自己，便偷听人家谈话，闻人语曰："缚而杀之，何如？"曹操以为人家在商量要杀他，吓出一身冷汗说，"是矣！今若不先下手，必遭擒获。"于是，他与陈宫一起"先下手为强"，拔剑杀了吕家八口人，当看到厨房里绑着一头猪时才知道错怪了好人，但憾事已经无法挽回！

这个故事中的曹操就是曲解人意，做出了错误的判断。良好的判断力和独到的眼光，对于任何一个职场人来说都是不可或缺的，准确的判断有利于我们做出正确的选择和决策，所以说，职场中拥有良好的判断力确实是成功的重要因素之一，反而，一旦判断失误会给自己乃至他人带来很大的损害，甚至会一败涂地。

4.4.1　端妃：良好的判断力助其结识了甄嬛

面对职场环境中种种真假虚实，良好的判断力能让一个身处职场中的人透过纷杂多变、扑朔迷离的种种境遇看到事物的本质，做出精准的判断，从而避免不必要的损失，有利于职场目标的实现。

剧中，由于太后和雍正皇帝不想让华妃娘娘生下有年家血统的孩子，便要端妃将放了堕胎药的保胎药送给华妃喝下，致使华妃小产。端妃在毫不知情的情况下，替皇帝背了黑锅。但华妃不知道，她一直认为是端妃害死了她的孩子，所以，气急败坏的华妃强行灌端妃喝下大量的红花，导致端妃再也不能生育，所以两人一世结仇。端妃成了借刀杀人的那把刀。华妃娘娘的复仇方案就是让自己的仇人痛苦地活着，她生活的乐趣也便是看着端妃受苦，当端妃病情转重时，她禁止太医院的大夫过去给她诊治，就想用这种方法折磨她，直到死亡的那一天为止！

多年被华妃欺压，她一直忍耐着。电视剧中，有一场端妃的哭戏使人印象深刻：那就是端妃在第 17 集出场之时，昏暗夜色下，端妃搭着延庆殿唯一一名服侍宫女吉祥的手，走在无边无际的黑暗里，她流着眼泪，狠狠地念着华妃的名字，发泄满腔恨意地说，"我们不仅需要机会，还需要人"。由此可见，端妃心底悲苦，天天跟自己的贴身婢女吉祥窝在冷清得如冷宫一般的延庆殿，她心里多么希望复仇，却又有些绝望。在温宜公主的周岁宴席上，端妃娘娘初次见到了新选秀入宫的后宫小主们，她从众多新人中一眼就看出了那位与已故皇后纯元皇后有"五分神似"的莞贵人甄嬛，她做出了精准的判断。

剧情回顾

皇上在九州清宴替温宜庆生时，端妃见到了当时还是莞贵人的甄嬛，第一次的见面只是远远看见，两人并没有说话，但是端妃有跟皇上和皇后说话，对话如下。

端妃："臣妾祝皇上、皇后万福金安！"

皇上："起来吧！"

端妃："谢皇上。咳咳（捂住胸口咳嗽时看到甄嬛），呵，皇上又得佳人了！"

皇后："端妃长年累月不见生人，所以还保留着当年的眼光啊！"

皇上："外头太阳那么大你还赶过来，不过是小孩子家庆生，不是什么要紧的事。"

端妃："温宜周岁是大喜，臣妾定要过来贺一贺，臣妾好久也没有见温宜了。"

皇上："坐吧！"

端妃："谢皇上！"

从这段对话中，首先，皇后的一句话说明了端妃的智慧之处，"端妃长年累月不见生人，所以还保留着当年的眼光"。随后，在回宫里的路上，端妃对身边的侍婢吉祥说了这么一句话，"本宫看见她的第一眼就知道，她日后定能帮我。"这凸显了端妃娘娘极好的判断力，她就凭着一眼之缘就知道，以后她定能利用甄嬛来搞定华妃，甚至搞定压迫了她们多年的皇后。

于是，她屡次冷静机智地出手帮助甄嬛。事实也证明，她当时的判断是对的，甄嬛就是后宫中最后把华妃扳倒的人。

拥有良好的职场判断力是成为高潜力人才的头一条标准。因此，我们要想在职场有所作为，就必须培养自己独到的眼光和良好的判断力，从而让自己在职场中掌握更多的主动权。那么，我们怎样才能具有良好的职场判断力呢？

第一，充分的准备是具备良好职场判断力的前提。不打无准备之仗，不做无把握之事，充分的准备工作是我们做任何事情获得成功的前提，是一切事情成功的坚强后盾。端妃虽然长年遭受华妃娘娘的欺凌，不仅失去了生育孩子的能力，而且还使自己落得一身的病痛。但她从来没有放弃过报仇，同时，也明白要想报仇不是凭着一己冲动能成功的,所以她才会说,"我们不仅需要机会,还需要人"。当然,我们不鼓励职场的报仇,只是用端妃的案例说明在做出行动之前应该有很充分的准备。

第二,搞清楚眼前的事情。无论日常生活还是职场,我们常常会遇到一些纷繁芜杂的人和事,如果不能睁大眼睛弄清楚眼前的人和事,就会误导我们的判断。所以,我们只有弄清楚眼前的事情,理清乱麻,认真分析,抓住本质,对事情深思熟虑,才能找到出路,做出良好的判断。

剧情回顾

华妃娘娘陷害甄嬛,诬陷她在宫宴期间借机外出到翊坤宫向温宜公主喝的马蹄羹里放了木薯粉,从而导致温宜公主肠胃出现问题,不断吐奶。

皇帝怜爱公主,责问甄嬛夜宴离席良久到底去了哪里,是否有人可为其作证没有前往翊坤宫加入木薯粉。危急关头,久病的端妃出面为甄嬛作证,说当时自己与甄嬛在一起,帮助甄嬛化险为夷。

端妃认清了后宫的态势,认识到甄嬛与华妃娘娘的关系,更加坚信自己的判断,认为她能成为自己的同盟。

第三,冷静思考,认真分析其可行性。虽然说,良好的判断力来源于经验,但经验有时也会将人们带入行动的迷思,从而影响了自己的判断力。尤其是当我们遇到比较棘手或者复杂的问题时,我们更要学会对问题进行详细的分析,然后对问题逐个击破,做出判断。

4.4.2 敬妃:心善是好事,一味心善可能坏事

剧中,皇上带着宫里的嫔妃去圆明园避暑时,甄嬛有一天看到一个小男孩在大热天里跪在皇上的殿外要见皇上。一时好奇问了一声,才知道他是皇上不喜欢的四阿哥。然而,甄嬛看到他孤苦伶仃的背影,还是起了恻隐之心,兴起了想要帮他的念头。随后,她与四阿哥有一段对话。

剧情回顾

莞贵人与四阿哥在圆明园第一次见面时,四阿哥和莞贵人有一段谈话。

四阿哥觉得自己一直生活在宫外,皇上也从不召见他,也不要他前往磕头请安,尽儿臣的本分,便问莞娘娘:"皇阿玛是不是不喜欢我?"

莞贵人:"怎么会呢?你皇阿玛只是太忙了。天下事太多了,皇上忙不过来,况且,阿哥虽然一直在园子里,甚少见到皇上,但皇上牵挂阿哥之心并不比五阿哥少。五阿哥不也是一直寄养在外吗?"

四阿哥:"五阿哥有他的额娘,可我没有。我额娘身份卑微,被人瞧不起!"

莞贵人:"人贵自重!我虽不知你额娘出身是否卑微,但父母爱子之心人人皆是。别人如何轻贱你都不要紧,重要的是,你自己别轻贱了自己,来日别人自然不敢轻贱你分毫!"

四阿哥:"真的吗?"

莞贵人:"四阿哥若是不信也不会来问我!"

四阿哥:"谢谢莞娘娘提点……莞娘娘是皇阿玛身边最得宠的人,甚至连华妃都不怕,您是有勇有谋之人。我听了那些事情,一直很敬佩您!"

莞贵人:"与其心生敬佩,不如让自己就做那样的人。"

甄嬛的这段话对四阿哥的成长是极好的激励,也是他从未得到过的成长教导。从这一点上来说,甄嬛的确是四阿哥的贵人,也正因为这个原因,后来四阿哥也算成就了甄嬛,也是甄嬛的贵人。

但是,甄嬛与四阿哥接触的事情被一些人知道后,其中,"资深同事"敬妃就好心地提醒了甄嬛:"你看看,四阿哥心性聪明又没病没灾的,可是皇上为什么最不愿意见他?你可揣测过圣意为何如此……所以,妹妹心善是好事,可是在这个宫里,只一味地心善就只能坏事。唯要牢记一句话,明哲保身才是最要紧的"。

在职场上,像甄嬛这样心善的人不少,看到人家有难或者需要帮助的时候,不判断事情的状况,不分析形势,也不分析后果,便一味地出手相助,到最后却发现事情的进展与自己当初的想法完全不一样。这种"好心办坏事"的情形,一方面会使自己成为职场的"便利贴",即逢人就相助,为那些不是自己的事情或者不是自己的工作忙得不亦乐乎,反而最后可能因为承担太多别人的工作而耽误了自己的工作,更惨的可能因此而被扔出职场;另一方面会被人误会,在不清楚事情真相的情况下贸然介入别人的事情,绝对会让人认定别有居心。

就如安陵容,她为了向甄嬛和沈眉庄表明自己与她们的"姐妹情义",于是,在毒害甄嬛的余莺儿不肯就死时,她自行前往冷宫告诉太监,直接把余莺儿给勒死了。事成之后,安陵容高高兴兴地去碎玉轩向甄嬛邀功,没想到却在门外听到了沈眉庄的一段话,"这件事情与她无关,她却去冷宫让人活活勒死余氏,没想到她竟然那么狠心,与她平日表现出来的柔弱完全不同"。安陵容听到这番话之后都傻了眼,她不明白自己的好心为何会被人看作心狠手辣。

因此,在职场上,当我们的善心无法为自己的职业成长和职业发展加分,也不能为自己创造价值时,我们就不要过分地表达心善,更不要因一时的心善而损害自己的利益。就像刚进宫时,甄嬛常常会因为一些小事而多愁善感,槿汐姑姑就告诉她,"小主有时候是多愁善感,不过只有如此善良的人,才会如此多思。小主的不足之处就在于心肠太柔软,为人顾忌太多"。在职场中,我们要提升自己的判断力,用独到的眼光看清职场,然后才能有的放矢地行善,表达自己的心善和热情。

5 左右逢源

职场人际关系管理

虽说职场不像后宫那样"一入侯门深似海",但身处职场也不是一件简单的事。并非你能力强、技术精湛就能使自己脱颖而出,成就未来,实现职业梦想。就如同华妃、甄嬛等后宫小主,她们并非没有能力,并非不得皇上恩宠,并非没有好的家世,但其结局却是有差异的。所以,很多时候,人们都会发现:在职场中,我们或许会感受到身不由己,需要学会左右逢源。单纯的奉承拍马已经不是职场的时尚,有主见又有人缘才是职场的风向。我们需要懂得如何跟上司搞好关系,如何与同事融洽相处,如何让下属全心支持。这一切都需要我们好好学习,我们不能左右为难成为矛盾焦点,要巧用心思让自己彻底左右逢源,这才是职场达人的目标。

5.1 拓展人脉,成就职场

我们常说,职场中,人际关系良好有利于我们构建完善的情感支持系统,有利于提高我们的生活质量和生命质量,也是我们舒心工作、安心生活的必要条件。人际关系处理不好,会给我们带来许多现实的压力,而好的人际关系可以帮助我们共同应对压力。所以,我们在注重个人内外兼修的同时,还应该善于经营人际关系,注意为人的口碑,确保自己在与上司、同事和下属交往中能够游刃有余。

剧中,甄嬛一入宫就明白,"人脉"对她来说非常重要。虽然她一开始行事低调,但却在后宫默默地建立自己的人际关系网,她无论对老牌的太监,或者地位比较低下的宫女,都不会摆出架子予以欺凌刁难,反而是礼遇有加、以诚相待。正因为如此,她在险恶的后宫建立起了自己的小团队,并赢得了沈眉庄、温太医、果郡王、端妃、敬妃等贵人相助。每当她陷入困境，这些人都会陪在甄嬛身边，为她出谋划策，排忧解难，帮助她渡过各种难关。

5.1.1 身在职场，善结贵人

算命先生常说"你命中缺乏贵人"或"你今年会遇到贵人"。由此可见，贵人在一个人的生命中非常重要，甚至关系到一个人命运的发展势态。身在职场，犹如人在江湖，虽然还不至于刀光剑影那么可怕，但多多少少还是会有些公平缺失、名利争夺。因此，我们在职场打拼时，都渴望有"贵人相助"，尤其是当步入职场，发现竞争异常激烈，甚至职场发展屡屡受挫时，我们最大的期望可能就是贵人从天而降，将你带上他的桃花骏马，携你在职场的路上疾驰，抵达你梦想中的圣境，飞黄腾达。

有贵人相助是职场发展中极大的幸运，甚至也是人生的一大幸事。那么，在职场中，懂得如何不错过身边的贵人，也是职场自我完善和自我成长的关键。广义上来说，职场贵人通常是那些在我们身边握有资源、权力的人。对于贵人，我们不应该用非常幼稚的想法刻意地讨好他们，这样他们也只会认为我们在巴结他。我们应该学会在平时的生活和工作中，与人和睦相处，慢慢观察人的秉性和素质，识别出能够帮助自己的贵人。在职场中，如果把贵人当凡人，那就是有眼无珠；如果把凡人当贵人，那就是明珠暗投；更有甚者，把贵人当仇人，那就只能说命比纸薄。

甄嬛之所以能实现从新秀到皇太后的职场跨越，贵人相助是其主要原因之一。其中，最有代表性的贵人有端妃、敬妃、苏培盛、果郡王等人。甄嬛之所以能得到这些人的支持和帮助，除了他们有共同的目标以外，还有就是甄嬛懂得如何维系他们之间的关系。

剧中，甄嬛因华妃责罚她在翊坤宫长跪后，不到半个时辰，便小产。在伤心之余，甄嬛既恨华妃，也埋怨皇上。一次，她和槿汐姑姑在外面散步时，路过端妃娘娘的延庆殿。甄嬛便跟槿汐说，已经到了端妃娘娘的住处，我们进去看看吧！她们一同到了端妃娘娘的寝宫，看到卧病在床的端妃，甄嬛赶紧要槿汐好好服侍端妃，并派槿汐去请温太医，要求把端妃娘娘的病尽量调理好。经历过很多事情之后，甄嬛明白，能够在这后宫活下来的人都不简单，也知道端妃日后一定能帮上自己。甄嬛的这种真诚待人，并不显得十分做作，顺其自然便结识了贵人。

根据甄嬛的观察，她明白，端妃既然当初能帮皇上和太后背了那个害华妃娘娘不能怀孕的黑锅，而且事后没有落下"狡兔死，猎狗烹"的下场，这说明，端妃是皇上很信任的人，也是后宫里品行端正的人。事实也证明，后来遇到难事，端妃出面时最有效。尤其是，当槿汐姑姑和苏培盛结为对食的事情被发现时，皇后自然想拿此事大做文章，置整个甄嬛团队于死地。皇上也没别的处理办法，毕竟后宫的事情,皇后这么做也未显得有什么不妥。两难的皇上,既不想违背皇后整治后宫的做法,又不想让甄嬛伤心,烦心的他只好前往端妃那里坐坐。端妃的一番话,很快让皇上知道该如何处理。表面上,这是帮了皇上解决难题,其实,这可是十足帮了甄嬛一把!

在职场中,善结贵人并非是找门路、拉关系、逢迎拍马等,这些举动的风险很大。无论对于职场新人还是职场精英,结识贵人最自然、合理的做法就是珍惜一切机会,忘掉自己的喜好,把那些你喜欢的、讨厌的、畏惧的、鄙视的人都加入到你的人际网络中,这样机会才会越来越多。毕竟,谁也不知道谁未来会怎么样,甚至连很多人自己也不明白自己未来会如何,所以,结识贵人时,我们应该意识到,"不错过身边任何一个人,说不定他们未来对我们很重要"。

那么,在我们身边哪些人才更可能是我们的贵人呢?让我们看看职场贵人到底是哪些类型的人。

第一种贵人:愿意欣赏你的长处并无条件力挺你的人。一个愿意发现你的长处、接纳你的长处、欣赏你的长处,并愿意挺你的人,肯定是你的贵人。有些人(包括上司)虽然能发现你的长处,但是他未必会接纳这些长处,更别说喜欢及欣赏它!在这种情况下,如果他还愿意无条件地挺你,只因为他欣赏"你"这个人及你的长处。这种人心胸宽广,能和你共续发展,从心底接纳你,并把你当自己人,你的一举一动都让他或她上心。

第二种贵人:愿意唠叨你、生你气,但不放弃你的人。有些人喜欢唠叨你,甚至生你的气,其实,他并不是不喜欢你,而是因为很在乎、关心你!他的唠叨和生气是提醒,在事情发生前,他希望你可以少走冤枉路,而且,他即使非常生你的气,也不放弃你,会相信你。有时,他们甚至还展示出神龙见首不见尾的侠士风范,来无影去无踪,浑身充满神秘气息。在你足以应付职场瞬息万变的状况时,他可能只是待在某一个角落默默地做他自己的分内事,并不会太引起人们的注意,然而在危急时刻,他势必会挺身而出,为你排除万难,其实他才是与你交情最深的人。

第三种贵人:愿意和你分担分享的人。这个世界多的是能同甘不能共苦的人,如果有一个人愿意陪你一起度过风雨,那他就是你的贵人。毕竟,在你有难的时候离开你很容易,留下来支持你的人不仅需要勇气,还需要情义。这种人可以陪同你分担一切的苦,分享一切的乐,这是贵人。还有一种情况,只因为你是你,他就愿意为你做一切,那你肯定很幸福,因为他处处为你着想,这种人就是你的贵人。

第四种贵人:提点、教导及提拔你的人。这种贵人,在职场往往是比你资历深、经验足、能力强的人。他就像你的老师,当你遇到任何问题,他总会提点教导你;甚至在你还未曾意识到风险来临时,他就能未卜先知。不论他是温和还是严厉,能指出你的不足并教你改进,这种人就是你的贵人。他对你的帮助,可能只是一个机会的争取,也可能只是一句激励的话语,甚至只是一次耐心的等待,对你来说,都是最好的磨炼和雕琢。

第五种贵人:愿意信守承诺,成为你的榜样的人。这样的贵人,可能是和你并驾齐驱的同事、合作伙伴,但良好的职业素养让他得以在职场的比拼上比你先行一步。他的踏实、勤奋和执着可能并不是做给谁看的,而只是与生俱来的特质,看在眼里这些都是最好的正面教材,足以让你在点滴之中学到很多,从而在点滴之外重塑自己。他们遵守承诺、言行一致,说到就肯定做得到,往往清楚自己的能力所在。这种贵人具有实力和谦虚的性格,和这种人在一起,你不用担心被出卖。

以上五种类型的贵人,甄嬛在后宫中几乎都有遇见。例如:实初哥哥(温太医)就是第三种"愿意为你"的贵人,他所做的一切,只因为你就是你,所以无论何时,他答应甄嬛"永远事事以你为重";甘露寺的莫言就是第二种"做事侠义"的贵人,她会生你的气,甚至批评你,但她有一种侠客风范,只要你需要她的帮助,她第一时间就会出现;槿汐姑姑、芳若姑姑就是第四种"提点教导"的贵人,她们由于进宫时间长,见过的事情多,知道如何处理某些事情,处处提点你;沈眉庄、流朱就是第三种"愿意与你分担分享"的贵人;端妃、敬妃就是第五种"愿意成为你榜样、遵守承诺"的贵人;果郡王、苏培盛等人都是属于第一种"欣赏你的长处并力挺"的贵人。

5.1.2 世事难料,同事可能成上司

在《西游记》里,我们也许会发现,孙悟空之所以能那么轰轰烈烈地大闹天宫,导致身处凌霄宝殿的玉帝都十分恐慌,真有"皇帝位子轮流坐,今年轮到我家"之势。事实上,悟空在《西游记》中的功夫本领绝非一流,也并非无人可敌。我们在取经路上的悟空的经历就能看出,任何一个妖怪只要从主人身边偷来一两件法宝,就能让他九死一生。那当初大闹天宫又是为何没人能制服他呢?不得不说,他的人际关系非常好,拓展了自己的人脉,他上天庭做了齐天大圣之后,《西游记》是这么写的:"(大圣)与那九曜星、五方将、二十八宿、四大天王、十二元辰、五方五老、普天星相、河汉群神,俱只以弟兄相待,彼此称呼。"后来,李天王率领四大天王和十万天兵来到花果山,布下天罗地网围剿。无论从叫阵的称呼上(每每都叫"大圣"或者"猴精",从没有用侮辱性的"妖猴"相称),还是战后的战果上(只抓了豺狼虎豹七十二洞洞妖,花果山四万七千只猴子,一个没抓到),可见,李天王等天兵天将顾及往日的兄弟情分,并没有真正伤及悟空。后来,观音菩萨推荐二郎神前来救驾,因为二郎神当初是没有上天的神仙,跟悟空没有交往,这样才挫了悟空的锐气。

可以说，"人脉"是个体获得幸福和走向成功的基石。因此，我们尽量不要轻易错过身边的同事，甚至包括我们身边今日的下属和那些不起眼的人。

剧中，沈眉庄说过，"荣宠侥幸，不过是三十年河东，三十年河西般时事迁移，并无稳固之说"。在后宫里，嫔妃们的位阶等级随着皇上喜好时上时下。就连宫女也是如此，只要她有朝一日有幸被皇上垂怜，马上就能从奴婢升成"答应"，以及更高的位阶；同样，如果冒犯了皇上，逆了皇上之意，也可能一下子从"贵妃"被贬为"答应"，甚至打入冷宫赐死。也就是说，在这后宫里，不管是升阶还是降等，都可能一不小心发生在自己或者身边的人身上，那些你曾经不屑一顾的人，或许一不小心就能与你平起平坐，将来还可能爬到你的头上。

当甄嬛在甘露寺带发修行时，富察贵人、齐妃、祺贵人、安陵容等都万万没想到这位莫愁师父（甄嬛）还能回宫，更没想到她会凌驾自己之上，连皇后对此都追悔莫及。在职场中，我们也难免会遇到这样的情形。身在职场，看到升职的人不是自己就已经很惨了，而更惨的事情是成为上司的人竟然是你的死对头。此时，我们可能要开始烧香拜佛，希望他失忆，好让你们之间的恩怨情仇都消失得无影无踪。其实，倘若如此，我们就只能压低自己似乎比他智慧和高明的想法，把腰杆子放软一些，尊敬对方高你一等，让他感受到你的尊敬和你的真诚，尽量使自己与他能和平相处。

职场也是如此，职场人士的升官降职，也是一种自然常态。

当然，即使自己昔日的好姐妹和好兄弟成了自己的上司，我们也不要痴心妄想他或者她一定会给我们多少照顾，此时，我们要明白的是"别人帮你那是情分，不帮你那是本分"，要知道，职场的行为是由职场角色和职场位置所决定的。

5.1.3 不要错过身边的"小人物"

职场中，"大人物"很容易被我们所察觉，我们也能辨识他们可能为我们带来的好处，因此，面对"大人物"，我们会积极靠近他，甚至讨好他，想让他成为我们未来职场发展和事业成长的重要资源。但我们有时遗憾的却是，我们错过了身边的"小人物"。一方面，对于他们，我们难以辨识他们的未来，无法知道他能给予我们什么；另一方面我们还可能不小心得罪这些"小人物"，给自己未来的生存和发展带来危机。

结合剧中的故事情节，职场中的小人物可分为以下三类。

第一类，"韬光养晦"的实力派小人物。

他们往往看上去很不起眼，其实并非真的没有实力，切勿把他们的韬光养晦当作"不起眼，没实力"。就像甄嬛，无论在刚入宫时，还是后来成为甘露寺带发修行的莫愁，她的不起眼就让很多人看错了，甚至欺辱她，从而给自己带来很大的风险和错误。

剧情回顾

甄嬛在行"妃位"册封礼之后去景仁宫拜见皇上和皇后时,因误穿纯元皇后的故衣而引皇上大怒,并令她禁足碎玉轩。甄嬛自此发现,皇上对自己的宠爱不过是纯元皇后的替身。一气之下,她决意离宫带发修行。

到了甘露寺后,监寺静白师太对这位来自宫里的废妃甄嬛丝毫没有照顾,也不认为甄嬛还有回宫的可能性,处处欺辱她,诬陷她偷了寺里的燕窝,责罚她去后山捡柴火、挑水、冬日在河边洗衣服……最后,还联合其他姑子将咳嗽生病的甄嬛赶出了甘露寺。

寺中的另一个姑子莫言,性格直爽,每次在静白师太欺负甄嬛之后,她都会出手相助。甄嬛身子虚,加之劳累过度,需要红糖调养身体,寺中所有姑子都不愿意给,而她却送来了一大包红糖。当甄嬛被静白师太在大雪天赶出甘露寺之后,她背着甄嬛在风雨交加的山路上朝凌云峰走去。

剧中,甘露寺的静白师太就是一个很好的例证。甄嬛奉旨到甘露寺带发修行,监寺的静白师太按照常理认为甄嬛乃一废妃,不过就是一个被皇上废弃的女人,永远不可能再翻身,于是,率领寺里众姑子百般刁难甄嬛等人,还处处欺负她,对其口出恶言,诬赖她偷窃燕窝,要她在寒冷的冰水中洗衣、拾柴火,最终劳累成疾而赶她去了凌云峰。后来,沈眉庄前去探视,知道甄嬛被欺负,静白师太因此受到了不小的责罚。更让她感到后悔的是,后来,甄嬛风风光光受封回宫,地位凌驾于静白师太之上万倍,毫不夸张地说,这时的甄嬛哪怕一个眼神都可以让她下场惨不忍睹。与之相较,甘露寺另一个不起眼的姑子莫言就截然不同,她不仅没有对甄嬛落井下石,还处处侠义相助,最后,甄嬛回宫时授予她监寺一职。

第二类,"没权力,没地位"但影响大的"小人物"。

职场中,有些看上去不起眼的"小人物"或许没有太大的权力,也没有很高的地位,但他们在职场的影响却无处不在。就如同皇上身边的近身太监苏培盛和小夏子,他们虽然没有地位,没有权力,但其影响却很大。

剧情回顾

余莺儿因为冒犯了莞贵人,皇上很生气,不愿意再见她。她听了华妃的计谋,说皇上是个念旧情的人,便去养心殿找皇上。小夏子告诉余莺儿,皇上有旨不愿见你。余莺儿连续几日跪在养心殿等皇上,终于让"念旧情"的皇上心软,见了她,又得到了宠爱。此时,她却百般欺负小夏子,记恨当初小夏子不让他见皇上的事情,甚至要小夏子用手剥核桃直至手指都沾满鲜血。

最后,这个人的结局受到了这些"没地位、没权力"之人的影响。所以说,职场中"小人物"也应该好好把握,让他们成为我们未来事业发展的重要人脉资源。

第三类,"出身卑微,无权无势"的小人物。

职场中,有一类看起来不起眼的"小人物",他们确实没有实力,没有能力,没有地位,出身也很卑微。这类人和前面韬光养晦的人不一样,他们往往会急功近利,为了自己的利益容易做不择手段之事,甚至对别人"睚眦必报"。

剧情回顾

甄嬛身边有两个这样的人:一个是自己先前的好姐妹,安陵容;一个是后来背叛她的侍婢斐雯。这两人都因为身份卑微,心胸狭隘,敏感多疑,而做了一些对不起甄嬛的事情。

众所周知,甄嬛是一个善待下人的小主。在她身边做事,只要忠心,她都会对他们很好,而且尊重他们的人格,但斐雯属于特例。

熹妃甄嬛回宫产下了双胞胎。皇上和太后身边的竹息姑姑闻讯前来看望她,刚生产的熹妃身体虚弱,因为房间内一阵寒气打了个寒战和喷嚏。深爱熹妃的皇上忙问怎么回事?

皇上:"好好的,怎么打了寒战,可是冷了?"

槿汐姑姑(见斐雯正在开窗户):"斐雯,娘娘刚生完,怎么可以开窗?万一冻着了怎么办,快关上!"

斐雯(关好窗忙过来谢罪):"回皇上的话,刚才接生嬷嬷说殿里血腥气重,才叫把门窗开着的。"

皇上:"冻着了娘娘还顶嘴!出去掌嘴二十。"

由于熹妃刚生产,无力为斐雯说情,斐雯也就因为皇上宠爱熹妃娘娘而被责罚。按理说,这个看不起眼的"小人物"是皇上得罪的,但她无力对抗皇上,于是把所有的委屈都归咎于熹妃。很快,她就投靠了皇后,成了皇后的线人,甚至在祺嫔诬陷六阿哥是温实初温太医与甄嬛私通所生时,她还作为证人证明此事。当然,剧中的她结局并不好,但她毕竟给甄嬛带来了一场不小的麻烦,而且还伤害了温太医。所以,职场中这类容易被忽略的小人物,我们对待他们也应该特别小心和谨慎。

5.1.4 人脉要拓展,更要善于维护

美国好莱坞流行着这样一句名言:"一个人能否成功,不在于你知道什么,而在于你认识谁。"斯坦福研究中心也曾发表过一份调查报告,指出:一个人赚的钱,12.5%来自知识,87.5%来自人脉。许多成功,看似是幸运之神的眷顾,其实多半是努力经营人脉的结果。拥有良好人脉的人,总是能够呼风唤雨、无所不能。而那些成功的企业家、政界精英等,也无一不重视经营自己的人脉,很多人都兼有"脉客"的身份。人脉的巨大价值已经为全世界所公认。

但是,我们一提到"人脉"二字,很多人都会认为它是"讲人情、走后门"的同义词。其实,这是一种非常片面的看法。我们在职场中要追求事业成功和生活幸福,单靠自我打拼实在不是一件容易的事情,如果拥有广泛的人脉,那势必使工作与生活中面临的很多问题有事半功倍之效。正如有人所说,血脉支撑着我们的生理生命,而人脉则支撑着我们的社会生命。

甄嬛在后宫中不断为自己拓展人脉,使得底下人忠心,一些嫔妃也向她靠拢,更是有自小一起长大的好姐妹沈眉庄在身边陪伴。其实,甄嬛不只会拓展人脉,她还懂得维护人脉。要知道,拥有广阔的人脉资源虽然是好事,但是如果不懂得维护彼此之间的关系,则很有可能会流失一些原本倾向自己的人脉。

剧 情 回 顾

熹妃回宫后,昔日在碎玉轩伺候过她的佩儿前来请安。

熹妃:"本宫瞧着你跟着欣贵人,人都瘦了一圈,欣贵人待你不好吗?"

佩儿:"是奴婢无福,本能回来伺候娘娘。昨日听欣贵人说,是来给娘娘请安的,奴婢欣喜坏了,就忙跟着过来了。"

熹妃:"看菊青没来,是怎么回事?"

佩儿:"娘娘出宫没多久,安嫔就说菊青得了肠痨暴毙,连夜就把尸身拖出去给烧了。其实,奴婢偷偷去看过,菊青的口鼻里全是黑血。分明是被毒死的。"

> 熹妃:"菊青虽是服侍安嫔的人,可到底是从本宫这儿出去的,可怜人就这么没了。若是欣贵人待你不好,本宫自会为你做主。"
> 佩儿:"谢娘娘!自娘娘走后,奴婢被分到了欣贵人那里,后来又跟着欣贵人搬进了储秀宫。可是,储秀宫的主位是祺嫔,她恨奴婢服侍过娘娘,动不动就对奴婢打骂不休。"
> 熹妃(见佩儿手上的伤痕,吩咐小允子去去药酒):"本宫当年一走,虽然也为你们安排好了,可到底也是力所不能及,终究还是连累了你们。"
> 佩儿:"能服侍娘娘一场,已经是奴婢的福气了。在其他小主眼里,我们这些人就是命不值钱的奴才。(熹妃为佩儿涂药酒)奴婢身份低微,怎能让娘娘为奴婢做这些事情。"

由此可见,职场中的人脉既需要我们主动拓展,也需要我们精心地维护,如果只知道一味地拓展人脉,然后把别人晾在一旁,最后只会给别人留下一种急功近利、过河拆桥的坏印象。因此,最明智的做法就是,一方面积极拓展人脉,一方面努力维护人脉,这样才能保证人脉关系的稳定,也有利于自己在工作中不断进步。接下来,我们介绍八条维护人脉的具体方法。

(1)做一个懂得感恩的人。感恩实际上就是在丰富自己的人生,感恩让我们变得更快乐!在职场中,对于那些帮助过我们的人和那些在我们身上看到某种优点而愿意助我们一臂之力的人,我们要对他们怀有感恩的心,并且记得要报答他们。我们不说"滴水之恩当涌泉相报"那般沉重,但至少我们要记住人家的恩情,要感谢他们。

(2)一定要学会并懂得宽容。俗话说,"宽容别人就是善待自己"。在职场中,我们要把"宽容"二字铭记在心。我们都知道生气是拿别人的错误来惩罚自己,一件事情发生后你生再大的气它也是发生了,所以请宽容对方,放下、忘掉这些事。在与人交往过程中,我们的胸怀要像天空和大海,宽广无边、无所不包、无所不容。

(3)学会施恩。在职场交往中见到可以给人帮忙的机会,一定要立马扑上去帮,同时,帮了别人不要四处张扬。人情是一笔财富,人际关系交往一个最基本的目的就是广结善缘和广结人情。如果别人欠了你的人情,求别人办事自然会很容易,有时甚至不用自己开口。

(4)知道对方想要什么。我们要尽可能少的以自己喜欢的方式来对待别人,要知道对方喜欢什么样的方式和对方心里想要什么。他/她想要什么,你就给他/她,给不了他/她,也要让他/她知道如何去获得。同时,我们也要知道自己想要什么,亲爱的朋友,你想要什么呢?

(5)要学会从多角度看问题,并且选择最适合的。把任何困难都当作是挑战,当成自我成长的机会。这些困难要尽量先自己去解决,如果自己的能力不能攻克这些困难,那也别为解决这些问题创造出更难解决的问题,没有必要把自己搞得那么累。这时候,你的人脉该出场了。

(6)能到场尽量亲自到场。朋友的婚礼、生日聚会等能去尽量去,因为举办者会记住谁到场了(倘若你是举办者,你会记住谁没有去吗),这些是事后弥补不了的。亲自到场参加说明你特别在乎你的朋友,而且到场参加也可以让你联络老朋友、认识新朋友。

(7)学会分享。分享其实很简单,好吃的美食、好看的书、好看的电影、好听的歌你都可以分享给你的朋友,以及转发有意义的微博分享给你的朋友,你分享的越多得到的也越多。愿意和别人分享、不自私的人在人际交往中是真正的大赢家,也正是因为分享,人类才会飞速进步。

(8)敢于承担责任。要知道,我们都愿意和敢做敢当的人做朋友,所以你必须要学会承担责任,让它成为你的一种行为,你责无旁贷,逃避不了。很多时候即使不是你的责任,你承担了,是会增长你的见识的。人所能负的责任,我必能负;人所不能负的责任,我亦能负。

5.2 认清上司,才能与之融洽相处

驰骋职场的精英大多数都懂得一个道理,那就是不管什么时候,要让自己与上司相处融洽,要与上司站在同一个战壕。因为在职场中,能够掌控我们前途命脉的人就是我们的上司,如果你与之站在对立面,抑或者站在中立,让他觉得你是故意躲避他、反抗他,那就会让上司误解你或者忽略你,甚至打击你,更为严重的是,他可能让你出局。

5.2.1 "懂但不能太懂"才是使朕心愉悦之人

剧 情 回 顾

莞嫔因为在翊坤宫被华贵妃罚跪而致小产,皇上面对这种丧子之痛十分伤心,尤其看着莞嫔伤心的样子,愧疚不已。每日除了前朝政务,不诏幸任何后宫小主,独宿养心殿。皇后看到皇上憔悴的样子,为了"朕心愉悦",与皇上提出后宫许久没有增加新人了,要不主持"选秀"增加一些新人。

> 皇后："皇上终日忙于朝政,更需要有贴心的人在身边侍奉着,虽然定例三年选秀一次,但近日宫中连遭变故,皇上要是觉得身边没个可心人,不如选新人入宫陪伴皇上啊?"
>
> 皇上："莞嫔失了龙胎,太后听了伤心卧病。朕子嗣不保,孝道未尽,已是心力交瘁,哪有心思选秀啊?"
>
> 皇后："臣妾只是希望皇上心中愉悦!"
>
> 皇上："朕心愉悦,不是多几个女人伺候就是了。这女人不光要听话懂事,更要懂得朕,明白朕。但又别太懂,懂那么一点,能和朕说上话就是了。太懂或者是太不懂,朕都不喜欢。"
>
> 皇后："臣妾明白!"
>
> 皇上："明白就好。朕还有要事,先走了。"
>
> ……
>
> 皇上很不开心地走后,皇后与剪秋接着谈论。
>
> 剪秋："娘娘,您何苦提选秀的事呢?后宫本不缺人,您这样倒让皇上不高兴了。"
>
> 皇后："哪有男人不喜欢新鲜的,皇上这个位置就更是了。皇上不召人侍寝、不选秀,是因为对莞嫔失子的事还没有放下。"
>
> 剪秋："也是。富察贵人失子的时候,也没见皇上这般难受。可近日也没见皇上多去看莞嫔。"
>
> 皇后："你长着眼睛,心却不透啊!有句话叫近乡情更怯,皇上越是这样就越是放不下。皇上刚才说不喜欢旁人懂太多,本宫懂得也太多了!"

这段剧情中,皇上对"爱妃"进行了如下定义:"朕心愉悦,不是多几个女人伺候就是了。这女人不光要听话懂事,更要懂得朕,明白朕。但又别太懂,懂那么一点,能和朕说上话就是了。太懂或者是太不懂,朕都不喜欢"。皇后也明白,所以对剪秋说,"本宫懂得太多了"。

其实,职场上司对自己喜爱的下属也同样是这样的界定标准。要知道,在职场中,越是上位者,越喜欢让自己的心思带点"朦胧美",不希望被周围人看透自己,正所谓"大丈夫做事喜怒不形于色"。毕竟,领导也担心周围的人把他的心思摸得一清二楚,这样也会导致他的某些管理手段失效,降低他的威信,甚至让他感觉无法掌控你,而对你产生戒心。

就如同三国时期的"杨修之死"。建安二十四年(公元 219 年),就在曹操和蜀军僵持不下之时,曹军的主簿杨修却因一根"鸡肋"丢了性命。在此之后杨修便成了"聪明反被聪明误"的代表,而曹操杀死杨修这件事,也成为曹操忌才的典型表现。对杨修的死,《三国演义》中解释为"原来杨修为人恃才放旷,数犯曹操之忌"。一针见血地指出,杨修之死与他的"恃才"和"犯曹操之忌"有关。其实,说起才华的话,曹操手下有才华的人真是不可胜数,像郭嘉、程昱、荀彧、贾诩之流哪一个不是才华横溢,为什么他们就没有因为才华招来曹操的忌妒?那么是因为杨修的才华犯了曹操的忌讳吗?众所周知,曹操这个人并不是一个小气的人。就拿张绣来说,当年发动兵变杀了曹操的儿子和爱将典韦,后来又投降曹操,还是受到了曹操的礼遇。大度的曹操连杀子之仇都可以谅解,为什么就不可以原谅杨修对自己的冒犯呢?

那么是不是杨修有什么特殊的"才",这才会让大度的曹操无法容忍,而一定要将他除之而后快呢?《三国演义》中杨修的才华主要是通过以下事件来体现的:

阔门事件。曹操让人造一座花园,造好后,曹操去看了一下,然后在门上写上了个"活"字就走了,结果是"人皆不晓其意",杨修却说:"'门'内添'活'字,乃阔字也。丞相嫌园门阔耳。"大家都不明白曹操在想什么,只有杨修看明白了门上的字的含意,并且很得意地把它告诉了别人。曹操知道后,心中便对杨修有"忌"了。

梦中杀人事件。曹操为了防止别人暗害自己,便对别人说自己梦中好杀人,让大家不要在自己睡着时接近自己,并装模作样地杀死了一个替自己盖被子的近侍。结果是"人皆以为操果梦中杀人",而又只有杨修了解曹操的意图,并对别人说:"丞相非在梦中,君乃在梦中耳。"曹操知道后更是"恶之"。

曹操暗试曹丕、曹植事件。曹操想考查一下曹丕、曹植的临机处事能力,故意让两人出城,却在暗中吩咐门吏不让两人出城。结果,曹丕老老实实地退回来了,而曹植却在杨修的指点之下,杀了门吏。杨修又一次地料到了曹操的意图,而曹操知道后已经不是简单的"恶之",此时的他已是怒火冲天。

从上面的事件中可以看出,杨修特殊的才华其实就是对曹操意图的洞察力。用夏侯惇的话来说,就是"公真知魏王肺腑也"。杨修就像是一个高明的心理专家,总是可以准确地掌握曹操的心理动态。在杨修面前,曹操所有的秘密都一览无遗。曹操本来就生性多疑,他当然不会愿意自己的部下将自己完全看透。在部下面前,曹操更愿意保持一种神秘感,因为只有这样他才能更好地控制自己的部下,而曹操的大部分部下对曹操的意图的确是常常摸不着头脑。可曹操的种种小把戏却无法瞒过杨修,本来杨修把握住曹操的意图也就罢了,可他却不肯将之藏在心里,反而屡次把曹操的意图解释给别人听。这样一来,曹操所追求的神秘感便荡然无存,他对部下的控制力无疑也会随之减弱。于是,当杨修再一次从一根"鸡肋"中看出曹操退兵意图,并毫不顾忌地将之告诉夏侯惇时,曹操终于对杨修忍无可忍,以"乱我军心"为名,将其杀死。

可怜杨修看穿了曹操这么多次,却始终没有看出曹操早已经对自己起了杀心,还是一如既往地四处传播曹操的各种意图和想法,最终导致自己被杀。从这点来看,杨修也并没有完全看透曹操。

由此可见,上司并非不喜欢聪明的下属,也并非不喜欢有才能的下属,但他们绝对不喜欢将聪明和才能用在他身上的下属。在职场中,上司之所以不把某些事情向外公告或者不告诉其他人,自有他的全盘考量,有时候你只要照做就好,不需要拿起你的"显微镜"和"扩音器"猜测与传播老板的心思。记住:在职场中,我们要学会揣摩"圣意",明白上司的想法和意图,但在上司并不打算让大家知道的情况下,我们千万不可随意诏告天下。从这个意义来说,杨修就是没有完全看透曹操的另一层心意。

5.2.2 猜疑是人性,更是领导的天性

甄嬛为了帮助自己的好姐妹沈眉庄洗脱"假孕争宠"的罪名,她私底下秘密派人追查到了刘畚,并把刘畚带到御前让他向皇上说明华妃当年是如何陷害沈眉庄的。皇上听了这事,生气之余也稍有疑问地问了一句甄嬛"你会不会弄错了,刘畚会不会也是在诬陷华妃"。尽管皇上很快就意识到自己的怀疑很不应该,但甄嬛为皇上对她所表露出的不信任很伤心,回到碎玉轩后,她与槿汐姑姑谈及此事。

剧情回顾

> 甄嬛:"……我不是介意,我是失望。我从没有想过皇上会疑心我。皇上多疑我是知道的,尽管当日错怪眉姐姐时,我也曾想过,会不会有一天皇上也不信任我。事到如今,我非常难过。"
>
> 槿汐:"这嫔妃之间的争斗和是非都是最不重要的。重要的是,皇上愿意相信谁。所以,小主与其在这里伤心难过,不如多想想如何让皇上少疑心。"
>
> 甄嬛:"为什么不说让皇上不疑心呢?"
>
> 槿汐很无奈地回应:"小主若觉得这样也做得到,也可以这样说。"

既然甄嬛明白"皇上多疑我是知道的",但当自己被皇上怀疑时,她却难以接受,说出"我从没有想过皇上会疑心我"。为此,她十分伤心和难过,因为她从未想到过深受皇上恩宠的自己也同样有被怀疑的一天。

其实,猜疑是人性,更是领导的天性。只是不同的领导在工作中表现的猜疑

程度不同而已,有的疑心重,有的疑心轻,完全没有疑心是不太可能的。所以,即使平常表现得最好,最得领导的喜欢,也别天真地认为领导不会听信他人之言,更别妄想领导会在已经对你有疑心的情况下为你主持公平和正义。

那么,按照槿汐姑姑的话,无论后宫还是职场,"争斗和是非都是最不重要的"。重要的是,面对有疑心的领导,我们如何让相信自己,或者如何让他少疑心?

第一,面对领导对我们的猜疑,我们要用真诚和真情化解他的疑虑。

甄嬛入宫后为了蛰伏避宠,她在碎玉轩装病不与人争宠。偶然几次去御花园杏花雨下散心时,没想到竟然遇到了皇上,并由此有了皇上的宠爱。只是,当初皇上为了这份惬意的邂逅没有亮出自己的身份,谎称自己是果郡王。从此,他们之间情意滋长,成就了一段美妙的回忆。后来,这段过去被华妃娘娘一党的曹琴默知道了,并用此来挑拨皇上与甄嬛的关系。

剧情回顾

在圆明园皇上的勤政殿中,曹贵人和莞贵人一起陪皇上品尝果郡王十七爷进贡的雪顶寒翠时,曹贵人故意将话题引到十七爷身上,说:"臣妾听闻,皇上当日初见莞贵人,为怕妹妹生疏了,便假借十七爷之名,与妹妹品箫弹琴。这才成就与妹妹这段美满姻缘。当真是一段佳话呢!"

莞贵人:"这样的细微秘事姐姐也知晓?定是皇上说的。"

皇上:"朕可没说,是琴默心细,自己留神听来的。"

曹贵人:"如此说来,这十七爷还是皇上与莞妹妹的媒人呢。应该好好一谢!何况这位大媒风流倜傥,朝中多少官宦家的小姐都倾心不已,日夜得求亲近,想必妹妹在闺阁中也听闻过十七爷的盛名吧?"

莞贵人:"妹妹入宫前久居深闺,入宫后又卧病不出。不曾听闻王爷大名。真是孤陋寡闻了!皇上文采风流,又能体贴咱们姐妹心思,不知当日是否也做此举来亲近姐姐芳泽呢?"

皇上听了这两人的对话后,脸色凝重。曹贵人感到用十七爷来挑拨皇上与莞贵人之间感情的目的已达到,便借温宜公主之名,先行退下。待曹琴默退下后,皇上便提出了自己的疑惑。

皇上:"朕有一个疑惑,你对朕的情意,朕已经明了,只是朕想知道,你是何时对朕有情的?"

其实，这段剧情中的莞贵人很委屈，毕竟当初在御花园的事情完全是皇上自导自演的，这与十七爷根本没有任何关系，也和甄嬛是否爱慕十七爷没有任何关系，但最终还是要怪罪自己。职场中，领导捕风捉影对下属提出猜疑也是常有的事情。上司的疑心就像暖风吹拂过的野草，只要开始萌芽便会漫天狂长。一旦领导开始有了猜疑，我们一定要想尽一切办法化解他心中的这种疑虑。就像甄嬛面对皇上提出"你是何时对朕有情的"的境况，如果一旦不能恰当化解，不仅会影响皇上对她的恩宠，还可能像她和槿汐姑姑回忆此情景所说的"幸好皇上信任我，否则三人成虎，我恐怕要死无葬身之地了"。因此，甄嬛急中生智用温言软语和楚楚可怜的大萌眼看着皇上，化解了皇上心中的疑虑。

剧情回顾

莞贵人："臣妾看见的是臣妾面前的这个人，无关名分与称呼。"

皇上："怎么说？"

莞贵人："皇上借果郡王之名与臣妾品箫赏花，臣妾虽感慕皇上才华，但一心以为你是王爷，所以处处谨慎，不敢越了规矩多加亲近。皇上表明身份之后，对臣妾多加照拂，并非只是对其他妃嫔一般对待，臣妾对皇上不只是君臣之礼，更有夫妻之情。若真要追究，臣妾是何时对皇上动情的？臣妾对皇上动心是在皇上解余氏之困之时，臣妾当时手足无措，虽然这对您来讲只是举手之劳，可这在臣妾眼里，皇上是救人于危困的君子。"

皇上（非常欣慰）："朕只不过是随口一问罢了！"

莞贵人："请皇上容臣妾说完。臣妾死罪，说句冒犯皇上的话，臣妾敬重您是君，但更把皇上视作臣妾的夫君来爱重。"

皇上（愧疚）："朕何尝不知道你的心思。所以，朕才爱重你。嬛嬛，今日的事是朕多疑了。你不要怪朕。"

其实，剧中甄嬛在封妃的册封礼后去景仁宫时，由于误穿已故纯元皇后的礼服，被皇上呵斥并禁足碎玉轩，随后，她也怀疑了槿汐对她的忠心。槿汐姑姑面对此情此景也是用真诚的语言化解了甄嬛的疑心。

剧情回顾

甄嬛:"槿汐,从前我问你,为何会无故对我这么忠心。你只说是缘分使然。如今可以告诉我了吗?是因为我像纯元皇后,对不对?"

……

槿汐:"娘娘!娘娘多虑了。奴婢其实并没有福气服侍过纯元皇后,只是因缘际会,得到过纯元皇后的一次垂怜罢了!而小主您,也只有穿上纯元皇后的衣衫才有几分真切的相像。纯元皇后为人太过纯良,小主虽然有时也总是会心软,可还是有决断的时候。奴婢效忠小主,其中是有几分纯元皇后仁慈的缘故。但后来,完全是因为小主您。"

……

甄嬛(拉着槿汐的手):"……槿汐,我不该疑你忠心!"

由此可见,职场中遇到上司对我们有所猜疑时,真诚是最好的化解方法之一。只要你出自真情实意的表达和表白,自然可以化解彼此之间的疑虑,使关系恢复到原来的状况。

第二,在领导种下怀疑的种子之前,用事实去扼杀它。

甄嬛在凌云峰与皇上重修于好之后,"顺利"地怀上了皇上的孩子,并因此得以回宫。但是,甄嬛怀孕五个月大的肚子看起来有些像七个月,让宫里人开始怀疑龙种怀胎的时机。甄嬛明白,这件事一定会被后宫的人拿来说,也同样会引起关注皇族龙裔纯正的人的猜疑,于是,她提前进行了回应。

剧情回顾

太后:"熹妃看起来要比平常快五个月的肚子要大一些!"

熹妃:"太医说,腹中有双生胎,所以看起来肚子格外大些!"

皇上:"嬛嬛,你说的可是真的?"

熹妃:"温太医所言,臣妾不敢妄言。"

太后:"温太医的医术想必不会有错!"

皇上:"这样大的喜事,朕该诏告天下才是。"

熹妃:"臣妾能再服侍皇上作于已是万幸,怎敢以腹中之子而得诏告天下之幸?如此荣宠,臣妾万万不敢承受。"

> 太后:"熹妃很是懂事!"
>
> 熹妃:"臣妾刚回宫中,不想以一己之事而生事端,也想好好安静养胎,免受来往恭贺之扰,因而臣妾怀有双生胎之事,在瓜熟蒂落之前,愿无第四人知晓。"
>
> 太后:"六宫皆晓对熹妃安胎也未合适,等来日生产之时便都知晓,不必急在一时。"
>
> 皇上:"皇额娘,您和熹妃都这么说,儿子自然没有异议。只是如此欢喜之事无人同庆,真是可惜!"
>
> 熹妃:"若是真如太医所言,皇上还怕没有庆贺之日吗?"

甄嬛将自己所怀是双胞胎的事情告诉了皇上和太后,化解了皇上与太后对此的疑虑。自此,即便后宫有关龙胎的流言蜚语怎样疯传,皇上也不会为之所动,后宫的其他人自然也不便再多加议论。就如同槿汐姑姑所说,"重要的是,皇上愿意相信谁。"所以,在职场中,上司真要对我们产生某些猜疑,尤其是当周围的人添油加醋来误导上司疑心自己时,我们要做的最重要的事是,用事实证明这一切是不存在的,想办法扼杀领导可能对我们的疑心。

第三,寻求贵人相助,为自己化险为夷。

其实,在后宫也好,在职场也罢,很多时候,并非每一件事情都能用真情来打动领导消除疑心,也并非每一件事情都可以事先预防扼杀疑心,更并非每一件事情我们都能拿出证据来化解疑心。所以,关键时刻还是需要职场中有愿意帮助我们的人,这种人能在领导面前说上话,即使领导有任何疑虑,也会因为他的帮助而消失。

剧中,皇后有凭有据地指控甄嬛身边的侍婢槿汐姑姑和宫中总管太监苏培盛结为对食、淫乱宫闱时,甄嬛在靠自己的能力实在无法解救他们时,便赶紧找了端妃解围。事实证明,仅凭端妃在皇上跟前的几句话,皇上就决定放了这两个奴才,本来无解的灾祸瞬间圆满解决,让本想拿此事大做文章甚至打压甄嬛的皇后气得咬碎牙根却又无可奈何。

因此,在职场中,我们要多与那些形象、品德兼优的同事建立良好的关系,让这些职场贵人在关键时刻帮助自己,使自己能化险为夷。

5.2.3 "恐怖平衡"是管理者牵制下属的手段

"恐怖平衡"是20世纪下半叶冷战史上所产生的一个词语。20世纪60年代以后,在美苏对峙的高峰时期,两个敌对的阵营都拥有原子弹,局势可说是瞬息万变。在这场军备竞赛的囚徒困境(prisoner's dilemma)中,万一有朝一日某一方发动突袭,不仅可能会把对方摧毁,而且可能给全人类带来一场大浩劫,人类文明也将会被毁灭殆尽。在这种双方都已形成了"相互确保摧毁"的局面下,双方的核力量规模极其庞大,即使在经过对方第一次打击后,也能够保有足够的报复能力,摧毁对方主要的工业和人口,这就使得美苏双方都不可能从全面核战争中幸存下来。或者说,美苏双方在核战争不可能有真正的胜利者,这就形成了后来被称之为"恐怖平衡"的局面,即美苏双方基于互相摧毁的能力而达成的和平态势,极高的战争风险有效地冷却了双方领导人的头脑,也使得冷战最终没有演变成"热战"。正因为如此,虽然世界每天都笼罩在核战争的阴云下,但由于双方都拥有大量的核子武器,这种战略上基本平衡的态势,使得双方都尽力避免发生全面的"热战"。这种"东方对西方"的战争中,最终所展示的理性,就称为"恐怖平衡"。

在管理活动中,管理者往往会采用"恐怖平衡"的手段来制衡下属。"恐怖平衡"的用意在于,如果在下属中产生了某一位大家非常推崇的领导者,尤其是当这位大家所推崇的"群众领袖"或者"优秀人物"可能危及管理者的权威和地位时,那么管理者通常会在下属中再提升另一个人来制衡这个所谓的"群众领袖"或者"优秀人物",这样管理者便能又一次成功稳住自己管理者的宝座。

剧中,真正的"六宫之主"太后掌管后宫"媳妇们"最为常用的手段就是"恐怖平衡"。她的这种管理制衡的手段不仅用在了最初的表侄女纯元皇后和宜修皇后身上,也用到了皇后与华妃身上,最后用到了甄嬛与华妃、甄嬛与皇后身上。因此,太后无论在皇上面前还是在皇后面前,她最喜欢强调的一句话就是"平分春色"。她很担心后宫有人专宠。电视剧一开始,太后就属意华妃来负责操办选秀的事情,一则由于华妃在后宫独得皇上宠爱,新选秀女入宫不仅能起到分宠的作用,而且还能给华妃一个警告,让她收敛一些;再则华妃的确办事利落,能把事情办好。其实,这里面就是在寻找平衡。

所以,当新选秀女入宫后,惠贵人(沈眉庄)得到了皇上的宠爱,太后既赏了惠贵人"和合二仙金簪",还要皇上交代给惠贵人学习协理六宫等工作,这自然就是通过惠贵人来制衡华妃。后来,沈眉庄因被诬陷"假孕争宠"禁足闲月阁之后,甄嬛获得皇上恩宠,皇上很少去翊坤宫,华妃娘娘很是嫉妒,前往太后宫里告状,太后便赏了她"凤凰流苏金簪";再后来,莞嫔在翊坤宫受罚长跪导致小产后,莞嫔很伤心,觉得皇上应该严惩华妃,太后便要莞嫔来寿康宫太后身边抄录佛经。

最典型的"恐怖平衡"是太后用在自己的表侄女身上的。当华妃年氏一族在后宫消失,莞嫔甄嬛因误穿已故纯元皇后吉服后自愿出宫带发修行,皇后在后宫一人独大,并不断做些伤及皇家子嗣的事情,后宫再没有一个可心人能得皇上宠爱,更无人能和皇后抗衡。太后明白,后宫长此下去一定会被自己的这个能干的表侄女搅得花叶凋零。当太后听闻,莞嫔甄嬛在凌云峰与皇上偶遇并"顺利"有了龙胎后,尽管皇后想尽一切办法阻止甄嬛回宫,甚至用钦天监的"危月燕星冲月"等可能"伤及"太后康健的天象来阻止其回宫。太后面对这样的事情,她竟然没有顾及自己的康健,而且要皇上赶快迎莞嫔回宫,表示自己老太婆的身体不要紧,后宫应以"皇族子嗣为重"。其实,太后一方面的确是很看重甄嬛肚子里的孩子,另一方面更看重甄嬛的回宫又能让她好好制衡身边的这个表侄女。所以,从她的"恐怖平衡"中,要么是制衡那些可能危及表侄女皇后宜修地位的人,一旦有人专宠而独得皇上雨露,她一定要找出制衡者;要么是制衡自己的表侄女,不能让她在后宫过分嚣张,而使皇家子嗣不保。总之,她的这种平衡都是为了乌雅氏和乌拉那拉氏的荣耀和地位。

所以说,在职场中,我们有时候被领导提拔、奖励、夸奖,甚至给你期待已久的职位晋升,这些有可能是因为你的确很优秀,是领导对你工作能力和工作表现的高度肯定,但也有可能是因为他身边出现了威胁自己地位的人,你的出现是用来制衡另一个人的手段。如果是后者,我们千万不要得意忘形,因为你的出现并非源于你的本事和能力。既然有机会被提拔和晋升,我们仍然要保持低调,更不要以为你是领导的人就高兴得忘乎所以。

5.3　忠诚:最被看重的职场品质

俗话说"一臣不事二主",这种"忠诚"的观念在我们的文化中具有很深的影响力。在我国,几乎到处都能见到关公庙,关羽因为挂印封金,千里寻主而成为忠义的化身,成为"贫贱不能移,威武不能屈,富贵不能淫"的典范。关羽无论作为一个历史人物,还是作为一个民间传说的主角,都被罩上耀眼的光环。

甄嬛刚到碎玉轩见了手下一干人马之后说的第一句话就是,"今后,你们便是我的人了。在我名下当差伶俐自然是好,但我更看重'忠心'二字。你们可记牢啦!"除了碎玉轩,整个后宫各位小主对身边侍女和太监的"忠心"都是非常看重的,绝大多数侍女和太监也做到了与小主共荣辱,处处"一心护主"。

剧 情 回 顾

安陵容与富察贵人住在同一宫,富察贵人平日里就对安陵容多有欺凌,尤其是当她怀有身孕后,便多番凌辱安陵容。安陵容身边的贴身侍女宝鹃看到自己的小主如此被欺辱,便偷偷用马尿拌香灰洒到富察贵人的墙角下,意欲使富察贵人走上霉运。当宝鹃在外头做完这事拍打着手上的灰,得意地走回寝殿时,安陵容觉得一定有什么事情。

> 安陵容："宝鹃，什么事情这般高兴啊？你干什么去了啊？"
> 宝鹃："奴婢真的什么也没干。"
> 安陵容："你这手怎么灰扑扑的？香灰？"
> 宝鹃："奴婢实在是看不惯富察贵人欺负小主。奴婢听说，香灰拌了马尿洒在墙根底下就能让那个人倒霉。奴婢实在是看不过去才这么做的。"
> 安陵容："你疯了？这样的无稽传闻你也信？"
> 宝鹃："千错万错都是奴婢的错。小主若是生气就只怪奴婢，奴婢认罚。若是小主带奴婢去见富察贵人，那奴婢绝对不会连累小主的。"
> 安陵容："你是我的贴身宫女，你做与我做，在外人看来，又有什么区别呢？再说，我日日看她盛气凌人，何尝不想让她气焰低些！你只不过是赶在我前面，做了我想做的事情而已。奴才跟着主子久了，主子的心意便是奴才的心意。所以，你如今做什么说什么也都是揣度我的心意做的。剪秋对皇后如此，流朱对莞贵人也是如此。"
> 宝鹃："小主，那奴婢错了吗？"
> 安陵容："怎么会呢？所谓忠仆，就是这个样子！"

在这段对话中，安陵容对宝娟说的话"你是我的贴身宫女，你做与我做，在外人看来，又有什么区别呢？……奴才跟着主子久了，主子的心意便是奴才的心意。所以，你如今做什么说什么也都是揣度我的心意做的。剪秋对皇后如此，流朱对莞贵人也是如此。"表明无论从管理团队的内部还是管理团队的外部"主仆一心"是被共同认可与认同的一项特质。

现代职场中，忠诚度也被看作职场人士的重要品质，很多企业在招聘员工时也将忠诚作为重要考察内容之一，有时甚至列为首位，认为其是最重要的职场个人品质。因为知识技能可以后天培养，而可贵的品质在短时间内难以形成。曾有一位老板对员工的职场忠诚有过这样的表述："我的用人之道有一个很重要的标准，那就是忠诚。当我们争论一个问题时，忠诚意味着你把自己的真实想法告诉我，不管你认为我是否喜欢它，与我意见是否一致。但是，一旦我做出了决定，争论必须立刻终止，从那一刻起，忠诚意味着你必须按照我的决定去执行，就像执行你自己做出的决定一样。"在现实的职场环境中，企业或者组织的生存和发展的确需要员工的能力和智慧，但更需要职场员工的忠诚。只有职场中每一个人都对所从事的事业或者工作表现出忠诚，才能发挥团队的力量，才能使整个团队的每一个成员心往一处想，劲往一处使，从而顺利地实现既定的管理目标。尤其在企业中，更要明白，企业不仅是老板的，它同时也属于职场中的每一个员工，企业会因员工的忠诚而壮大，员工会因自身的忠诚而发展。

5.3.1 跳槽时代：我想跳槽，但我真诚

"树挪死，人挪活"。最近，我国某知名的人力资源公司的一份调查表明，66%的受访者认为，不愿意自己的一生只做一份工作，换工作被看作是很正常的现象。当问及他们会对什么样的公司保持忠诚时，49%的受访者把实现个人理想作为最重要的考察标准，而看重薪水待遇和公司知名度的只有9%和4%。由此可见，在现代职场中，金钱已不是左右员工忠诚度的第一要素，职业生涯的意识开始在大多数年轻职场人的心目中萌芽。除此之外，55%的受访人认为，虽然想保持忠诚品德，但面对更好的发展前途时，跳槽是可以考虑的。

随着时代变迁和就业环境的改变，个人为了更好地升迁发展的机会和更优厚的薪水待遇，为自己另觅合适的出路已成为很平常的事情。可以毫不夸张地说，"常在职场走，哪能不跳槽"，跳槽正成为现代职场的常态。

因此，"忠诚"的职场内涵也在与时俱进地发生变化，早先是由讲义气式的忠诚于个人发展到了忠诚于公司，而到现在职场，则是忠诚于个人的职业生涯。它不再强调要在一个公司做得多么长久，或者是跟随某一个老板直到他退休或者是你退休。何况在一个公司待的时间的长久或者跟随一个老板的时间的长久都不一定能代表职工的忠诚，因此，有所谓"身在曹营，心在汉"的员工。所以，在现代职场所倡导的真正的忠诚就是要与公司、与组织、与领导的目标保持一致，能够心甘情愿、竭尽全力地为公司付出。

剧情回顾

在剧中，甄嬛刚入宫时为了明哲保身，试图避开皇上的恩宠和远离后宫争斗，她便一直装病不出。但是，碎玉轩的首领太监及一帮下人由于不明白小主的心思，逐渐开始埋怨小主的无能，使他们在后宫其他同僚面前抬不起头来。于是，他们面对没有任何前途的碎玉轩逐渐无心工作，最终离职前往丽嫔宫里当差。

如若用现代职场的标准来看，此时的康禄海也不能说他有多坏或者多不对。毕竟，一个具有野心或者说有抱负的下属要是遇到一个清心寡欲、与世无争的领导，无形中会对自己的未来感到失望。这样的领导也会成为下属职场发展的绊脚石。于是，康禄海这种跳槽的行为也是可以被理解的。

> 康禄海真正不被接纳是当他发现碎玉轩的甄嬛获得皇上盛宠之后,便趋炎附势,前往巴结,甚至还说丽嫔的诸多不是。这种嘴脸是最不应该出现的。所以,曹琴默曹贵人看到这一幕对丽嫔说,"这种背弃旧主的东西,换作是我,那是断断不敢用的"。

"这种背弃旧主的东西,换作是我,那是断之不敢用的。"剧中最滑稽的就是这句话。最擅长出谋划策的曹贵人这时候一定没有料想到,这句话到后来却用到了自己的身上。曹琴默本来是翊坤宫华妃娘娘的党羽,在华妃娘娘与甄嬛的宫斗中,她为华妃娘娘献了不少计谋,也给后宫不少人带来了伤害,甚至为此丢掉性命。后来,她最后反倒帮着甄嬛,抖出了华妃做过的许多坏事,且把这些坏事漂洗得与自己一点干系都没有。因此,太后和皇上认为这个人背叛旧主、心机诡谲,留在后宫恐怕后患无穷,于是下药将其毒死。

随意跳槽当然是不值得鼓励的事情,毕竟,要想胜任任何一个职位,我们都必须拥有相当丰富的知识和经验,这需要我们在每个职位上不断摸索和积累。因此,每一次跳槽都要慎重考虑,在跳槽前要做好职业生涯规划:首先是想"为什么要离开",分析跳槽的职业理由,不能盲目跳槽;其次要明白"想到哪里去",定好跳槽的职业目标;然后再思考"如何走",设计好新岗位发展的职业通道。只有这样,才能使自己在每一次的跳槽中不断得到成长,并持续获得成功。相反,如果对自己的职业发展毫无头绪,不安心本职工作频繁跳槽,注定其在每个职位上只能是"蜻蜓点水"的菜鸟,职业生涯总在低层次徘徊。

但在跳槽后,我们切忌犯康禄海和曹贵人这类错误,也就是说,为了展现自己是一个爱护集体、公司和组织的人,在应征新的工作的时候,切忌批评以前的集体、公司和组织。就算是到了新的工作岗位,也不要一味地为了讨好新的工作或者领导者,而将原来工作单位的秘密双手奉上,或者揭原工作及领导者的伤疤,这会让人怀疑你将来是否也会用同样的方式背叛他们,便会对你有所提防,也不会重用你,甚至将你边缘化,严重者还可能将你抛弃,就像曹贵人被太后和皇上决意下药害死,以除后患。

5.3.2 职场易主:为谁做事比做正确的事更重要

在职场上,有时候易主不是因为你跳槽到了其他的公司、组织或者部门而换了上司,而是你原来公司、组织或者部门发生了"改朝换代"的人事震荡,这种内部的人事变化使我们不得不被动地"职场易主"。这时候,如果不能很好地把握和调整自己,从前的职场忠诚就可能给自己形成一个非常尴尬的处境。

在历史上,有所谓"一朝天子一朝臣"的说法,即皇帝换人的时候,很多前朝大臣都可能被淘汰而换成新人,因为在大家都对皇位虎视眈眈的朝廷里,皇上肯定会任用那些信得过而且是站在自己这边的人。在现代职场也是如此,新官上任总是会想要有一批属于自己的"亲信",这样才能确保自己以后的"政令畅通",实现高的执行力,领导工作也会更加安心和顺手,尤其在一些有严重派系斗争的职场,这种情形更为突出。所以,当"职场易主"时,"前朝遗臣"如果不能好好把握自己的职场命运,其结局往往比较糟糕。

在剧中,前朝有一位很重要的大臣在很多重大剧情中发挥着重要作用,那就是大清的三朝元老张廷玉大人。虽然为了剧情的需要,张大人在电视剧中关于"立储君之争"时,似乎在言语上对甄嬛的利益有很大的中伤,甚至劝皇上"留子去母",但是,除这一剧情之外的张廷玉大人对雍正皇帝处处忠心,为人处事表现得非常谨慎,作为平定年羹尧的功臣也没有落下甄远道和鄂敏等人的结局。

其实,历史上的张廷玉大人是大学士张英的儿子,三次科考才得以中举,按科举进士来说,这并不是一个多么优秀的人,但是就是这样一个人,从康熙朝入仕,并很快得到皇帝的信任,后到雍正朝,官至宰相的他并未作为前朝遗老而被抛弃,甚至得到了更大的发展和新帝的充分信任。雍正皇帝驾崩后,他又继续在乾隆朝做宰相处理朝政。他曾提出为官的六字经:一忠二贤三愚。也就是说,对君王要忠诚,要有贤能,该装傻时要装傻。不能在皇帝面前表现得比他还要聪明。同时,张廷玉大人为人处事非常谨慎,讲究万言万当不如一默。因此,他一生先后伺候过康熙、雍正、乾隆三位皇帝,任太平宰相四十一年。他不单是康乾盛世中最为耀眼的一位大臣,更是终清一代,汉大臣中唯一配享太庙者。

但遗憾的是,到乾隆朝时,晚年的张廷玉大人面对第二次"易主",导致其为官生涯"晚节不保"。乾隆即位之后此时的张廷玉可能做了生平唯一的一件错事。他在感谢皇上恩典之时,重提了先帝雍正之遗命。他说:"蒙世宗遗命配享太庙,上年奉恩谕,从祀元臣不宜归田终老,恐身后不获更蒙大典。免冠叩首,乞上一言为券。"他的意思是提醒乾隆,他死后"配享太庙"的事情,还请皇上记下。其实,依我理解,张廷玉此举,只是仅仅向皇上表明,我只是一个凡人俗子而已,不懂"老而戒得"的道理,是没有什么抱负的人,皇上自可放心。然而,乾隆没有听出来,他不高兴了。"上意不怿"。不过,还是顾于情面,替他"颁手诏",并以明朝刘基(刘伯温)乞休后仍有配享为先例。第二天,皇帝颁布手诏赐之。因有风雪,张廷玉年迈没有到场,"不亲至",而让次子张若澄代为谢恩。乾隆因此大发雷霆,"降旨切责"。当时在场的协办大学士汪由敦为张廷玉求了情。结果,次日张廷玉只好亲自上朝致谢。乾隆火气仍未消。他说,你不是身体不好吗?怎么今天来了呢?这分明是欺君之罪。结果,乾隆皇帝借题发挥,先是责汪由敦"漏言"之罪,下旨削去张廷玉的伯爵爵位,同时将到任不足一月的汪由敦(注:这个汪由敦是张廷玉推荐的)也免职了。一年之后,张廷玉再次提出南还之意,并以"请罢配享治罪",乾隆因此大怒。在乾隆看来,你分明就是赌气。因此,他借其亲家四川学政朱荃(张若澄续妻之父)之罪,株连了张廷玉,下令尽缴张廷玉历年皇帝所赐之物。

中国有句俗话,"进什么庙拜什么神,当谁的和尚撞谁的钟"。张廷玉大人就是这样做的三朝宰相。在康熙大帝时期,他没有像索额图、明珠那样结党营私,而是一心效忠皇上,即便是面对"九子夺嫡"那么复杂的朝政局面,他也是只忠心于皇上。待雍正皇帝登基后,他便立即对新帝忠心耿耿,不以遗老身份来参与朝政,也不再提及康熙大帝时期的朝政纲领,一切只为服务于雍正王朝。遗憾的是,晚年的张廷玉大人到了乾隆皇帝时期,他却犯了"职场易主"后的失误。

在职场中,为了避免不受新的领导者信任,我们不管过去如何都要用客观的立场来站在新领导的角度思考问题,同时,认真完成他指派的任务。职场最忌讳的是在新领导面前反复提到:"依照老领导的意思……""我们以前的领导……""可是以前的领导说……"这些话一旦说出来就很明显地表现出你对新领导的不认可和不忠诚。如此下去,不是你要主动提出"告老还乡",就是新领导把你"发配边疆"。

"自古忠臣帝主疑,全忠全义不全尸。"这是南宋岳飞死后的悼诗。时光过了近千年,人们对岳飞之死的元凶不断提出质疑,人们不再把观念停留在忠奸之争上。对此事提出最有代表性看法的是台湾著名学者南怀瑾。他提出历史上说秦桧杀了岳飞,哪里是秦桧杀的,宋高宗本来就讨厌岳飞,秦桧只是迎合高宗的意思,代高宗承罪而已。那宋高宗为何要杀抗金名将岳飞呢?其实,岳飞就是因为易主之后仍然做"全忠全义"之事。历史上,宋高宗(赵构)本与皇位无缘,然而,"靖康之变"中,汴京沦陷,其父皇宋徽宗和皇兄宋钦宗及其他赵氏宗室多被金兵掳去,唯独赵构成了漏网之鱼,"中兴之主"的位子自然非他莫属。靖康二年,时年21岁的赵构登基,在南京应天府(今河南省商丘市南)登基,重建赵宋(南宋)政权。此时,作为南宋抗金主将的岳飞竟然提出"直捣黄龙,迎回二圣"的北伐口号。在这句口号中,黄龙是金军老窝,捣了也罢,可那二圣(父皇宋徽宗和皇兄宋钦宗)无论哪一个回来,那宋高宗的位子还能坐得稳吗?在这种情况下,现任皇帝宋高宗怎能不恼火?从这里可以看出,岳飞之死与其自身没能很好应对"职场易主"有很大的关系。

所以说,在职场中,往往是"为谁做事比做正确的事更重要"!遗憾的是,有很多员工并没有意识到这一点,他们以玩世不恭的态度对待工作,认为自己是在出卖劳动力;他们蔑视忠诚也错用了忠诚,将其视为上司盘剥员工的手段。其实,上司与员工在一定层面上是和谐统一的。对上司而言,单位与组织的生存和发展需要员工的忠诚;对员工而言,丰厚的物质报酬和精神上的成就感离不开单位与组织的发展。

5.3.3 如何展示忠诚:让上司成为你的资源

现代管理学之父彼得·德鲁克(Peter F. Drucker)曾说过:"你不必去喜欢你的主管,也不必痛恨他;然而你却必须管理他,让他成为你的资源,帮助你达成目标"。这句话的意思就是说,在职场中,由于忠诚是上司最看重的条件和职场素养,尤其在派系斗争激烈的职场,它既可能成为我们事业发展的动力和资源,也可能成为我们事业发展的阻力和障碍。因此,展现对上司的忠诚就是在管理上司,让他信任我们,然后帮助我们。若能管理好我们的上司,就能管理好我们的前途。那么,如何向自己的上司展现真诚呢?

第一,和上司站在同一战壕里。

剧 情 回 顾

在圆明园的九州清宴上,甄嬛按照皇上提前的吩咐,频频与刚获宠的芝答应(原翊坤宫华妃娘娘的侍婢)唱对台戏,表现出对芝答应的不尊重,众嫔妃都在旁边看着她们两人的斗嘴。突然,皇上大怒,狠狠地斥责甄嬛,还令其到偏远的蓬莱岛思过,令在场的人都十分震惊。

华妃因此甚是得意,认为甄嬛这次因为嫉妒皇上对新人的宠爱而彻底惹怒了皇上。同时,她也以为甄嬛之父甄远道弹劾自己兄长年羹尧的势力也会因此削弱。华妃在庆幸自己哥哥的地位可能不会受到太大的冲击时,却没有想过皇上对年家(尤其是年羹尧)的日益放肆是何等的憎恶。其实,甄嬛只不过是与皇上联手演了一场戏,以此来使年羹尧等人放松警惕,使其更加傲慢,这也是皇上铲除年氏一党的手段。而甄嬛则因跟皇上站在同一战线上,事成之后得到了皇上更多的宠爱。

驰骋职场的达人都明白这样一个道理:不管什么时候,要让自己与上司站在同一战线上。因为在职场,能够掌控你前途命脉的人就是你的上司,如果你与他站在了完全对立面,或者过多地站在中立,让他觉得你是故意在反抗他、躲避他,就会让上司误解你甚至忽略你,严重时还会打击你。虽然,很多时候我们会把"用人唯亲"这个词看成是领导者用人决策时的否定词,但是,古往今来,绝大多数领导者的目光只会停留在那些与他共进退、与他在同一战线上的部属身上,因为,只有这样才能确保他管理活动中各项指令的执行到位。

第二,维护上司的形象,给他留面子。

剧情回顾

皇上和皇后都出宫到宝华寺为民祈福,后宫交由华贵妃掌管。华贵妃利用这一机会想好好惩治昔日的最大竞争对手甄嬛。一日,她差身边的太监周宁海前去碎玉轩把怀有身孕的甄嬛莞嫔唤来翊坤宫听训,并责罚莞嫔跪在烈日下。让她万万没想到的是,不到半个时辰莞嫔竟然小产。

皇上听闻此事震怒,将华贵妃褫夺封号,贬为年妃。甄嬛一开始因为皇上没有严惩华妃,十分不满。后来,她似乎有些明白,朝廷现在正是用人之际,西北边陲战乱不止,需要年家为大清效力。皇上因此不可能不顾及这些而对华妃进行过大的处分,这样会影响年羹尧对大清的忠诚。

甄嬛知道皇上对处理这些事情感到为难,所以就自己主动提出要皇上让华妃复位。如此一来,皇上就不需要拉下脸来请她原谅华妃,可以说,这种做法给足了皇上的面子。

在职场中,不管是在什么场合,部属都应该始终维护上司的面子。这也是一种职场智慧和处世之道。具体而言,我们在公开场合要学会察言观色,维护好上司的面子,不要过分挖掘上司的隐私;在自己受到委屈时,要懂得"人在屋檐下,不得不低头"。因此,职场上,上司喜欢的下属也是像甄嬛这样,既能处处给自己面子,也懂得维护上司面子。

第三,给上司出主意,想办法。

剧情回顾

皇上因为敦亲王气焰嚣张地上奏要求追加其生母封号一事大怒,情绪失控,无人敢劝。苏培盛实在没有办法,只好忙将碎玉轩的莞嫔娘娘甄嬛叫来。

甄嬛到了养心殿,只是静静地端上一杯茶,让皇上消消火。等皇上火气平息一些时,她再指出敦亲王的奏请实在太过。这样做,非但没有火上浇油,反而会让皇上认为她能理解自己的心思,站在自己这一边,消除了皇上的戒心。接着,甄嬛再说出了皇上的心声:"王爷恐怕是不能留了"。

看到皇上的气消得差不多时,甄嬛再结合当前的局势,告诉皇上为了堵住悠悠之口只能先忍为妙。一听这话,皇上的怒气又上来了。这也在甄嬛的意料之中,她不慌不忙地捡起被皇上摔碎的茶杯,又将当下的局势再和皇上分析了一遍,使皇上逐渐恢复平静。

随后,她再提出自己的想法,建议皇上加封所有后宫太妃。虽然此计可行,但的确有损皇上的颜面。所以,皇上问她这个皇帝当得是不是窝囊的时候,甄嬛为了使皇上消除这些顾虑列举了古代贤君的例子,十分妥当地挽回了皇上的面子,给皇上一个很好的台阶下,也使他更加信任自己。

职场中,上司难免会遇到棘手的许多问题,也有拿不定主意的时候,如果我们能适时地提供一些解决问题的办法,或是一些建议,展现我们的能力,就能让上司觉得我们是他的得力助手。就像后宫中,无论甄嬛与皇上的关系,还是各宫侍婢与小主的关系,她们都时刻设法为主子想点子,有时候建议主子要忍声吞气,有时候则劝主子要狠狠地教训别人。特别是,你的主意是领导很难想到,又能顺势解决问题时,上司则会更加的赏识你。

剧情回顾

祺嫔在储秀宫张狂,用所谓的"梦魇"把本去欣贵人那里就寝的皇上诓到自己宫里。熹妃知道此事,赐"糙米薏仁汤"给祺嫔喝,以治她的"梦魇"。此事为平息后宫蓄意争宠的不正之风起了很大的作用,得到皇上和太后的高度赞赏。

后宫蓄意争宠是皇上和太后都觉得很棘手的事情,无论太后、皇上,还是皇后都没有想到恰当的法子来处理这种事情。熹妃甄嬛回宫后,皇上交由她协理六宫,当她知道祺嫔屡屡用这样的方式争宠时,如果不加以抑制,一旦其他宫里也相继效仿,那势必会影响后宫的秩序。于是,她很智慧地将此事进行了处理,皇上也在一旁支持熹妃,派小允子赏赐的一壶"糙米薏仁汤",要祺嫔全部喝掉。自那以后,不仅祺嫔不敢再诬皇上去自己宫里,而且其他宫里也有所忌惮。太后知道后,非常高兴,还嘉奖了熹妃协理六宫所取得的成绩,对熹妃协理六宫的能力更加信任。

第四,与上司统一口径。

剧情回顾

华妃娘娘觉得自己一直没能怀上龙种,是因为宫里的太医不中用。于是,华妃向皇后与太后请旨,要其哥哥年羹尧从青海请来名医陈大夫为自己把脉。太后准允陈大夫进宫为华妃把脉。

太后身边的太监引着陈大夫先去了太医院,太医院章太医将华妃娘娘这些年所有的诊疗记录拿给陈大夫看,并说华妃娘娘已经由二十几位国手把过脉,所有院判都在这里,希望能给陈大夫为华妃娘娘把脉提供一些参考。陈大夫为华妃娘娘把好脉,从翊坤宫出来后,太后身边的太监看到陈大夫满头大汗,便问:"陈大夫,您这是怎么啦?今个儿天不热啊!您怎么进了一趟翊坤宫就出这么些汗啊?"

陈大夫:"惭愧!惭愧啊!天子居处,皇家重地,老朽心生敬意啊!"

太　监:"陈大夫若不急的话,再往宫中为太后身边的姑姑瞧瞧吧!"

陈大夫:"岂敢!岂敢!请公公带路!"

陈大夫为竹息姑姑把脉后。

竹息姑姑:"陈大夫,我的病还能治好吗?"

陈大夫:"姑姑身体康健,什么病也没有啊!"

姑姑:"不!我看过太医了,都说我的病需要花上好一顿工夫才能治好呢!"

陈大夫因为姑姑的话很是迟疑。

姑姑:"如果一个人没病,身边的人个个都说他有病,而就你陈大夫一个人说了实话,会是怎样的呢?相反,有一个人明明有病,却没人敢说,而只有你陈大夫察觉了说出来了,会怎么样呢?"

陈大夫:"嘿嘿!那我会被认作是疯子!"

> 姑姑:"是啊!一辈子的名医,就这样被突然认作是疯子了!"
>
> 陈大夫(疑惑):"那可是除了老朽,还会有其他的太医,那万一别的大夫说出来呢?"
>
> 姑姑:"不可能!永远不会。太医院的嘴都长着同一条舌头!"
>
> 陈大夫(忽然明白了):"那老朽也是同一条舌头!"

在职场上,很多重大的问题和决策,我们有时需要和上司保持高度一致。就像太医院的太医们,他们都知道翊坤宫的华妃娘娘没有身孕的原因,但"太医院的嘴都长着同一条舌头",所以,华妃娘娘无论怎样都不会知道自己最终是被皇上和太后所利用。在前文也有提到,"为谁做事比做正确的事更重要"。青海名医听到竹息姑姑的话之后也因此恍然大悟。

在谈职场易主时,我们提到过一个作为大清三朝元老的重臣张廷玉。他在历史上,是一个深得雍正皇帝信任的宰相。在电视剧中,为了剧情需要,对他的角色及行事有些调整。但总体而言,我们会发现,张大人绝对称得上办事得力,是个绝对听命雍正的奴才。但在"立储君"的问题上,张廷玉大人其实就差点犯了职场大忌。雍正皇帝有意立六阿哥为太子,张廷玉竟然在百官面前大声说甄嬛"能出家修行必非善类",要先赐甄嬛自尽。雍正听闻此话后,脸色显得十分难看。

剧情回顾

> 张廷玉:"启禀皇上,皇上春秋虽盛,但国本不可不早立。皇上诸子之中,立四阿哥为太子,为皇上分忧国事。"
>
> 皇上:"本朝立太子从未按长幼之分,只看皇子是否贤能?"
>
> 大臣(甲):"启禀皇上,四阿哥自小在宫外长大,读书甚浅,臣以为诸皇子之中,只有六阿哥聪明过人。"
>
> 大臣(乙):"启禀皇上,六阿哥年幼,怎能担此重任?不如四阿哥更好!"
>
> 张廷玉:"皇上!熹贵妃出身不高,不可母仪天下!六阿哥虽然聪明但主少母壮,熹贵妃一旦成为太后,必然把持朝政,牝鸡司晨!且熹贵妃宫外修行,惹人非议,不宜为太子之母!"
>
> 皇上:"依你之见,你对立六阿哥为太子没异议,只是担心熹贵妃。"

> 张廷玉:"臣以为,主少而母壮,比如吕后、武氏一流祸乱朝政,且熹贵妃本非善类,否则何以会离宫修行。"
>
> 皇上(很生气):"朕早就说过,熹贵妃是离宫祈福,为国祝祷,且你们以为,六阿哥是熹贵妃所生,定会为熹贵妃所用。可是,朕有三子,有两个是熹贵妃所生,你们也知道,五阿哥淘气,朕从未动国本之念。"
>
> 张廷玉:"六阿哥年幼依赖生母,四阿哥已成人,自幼不与生母同处,自然不像六阿哥那般依赖。若皇上想立四阿哥为太子,请效法汉武帝,未雨绸缪。"
>
> 皇上(怒气未消):"什么未雨绸缪?"
>
> 张廷玉:"留子去母,永无后患!"
>
> 皇上:"你是让朕赐死熹贵妃?"
>
> 张廷玉:"臣不敢!臣只求皇上以江山社稷为重。"
>
> ……

在职场中,当自己非常有想法,又不能和上司保持一致时,一般来说,我们还是尽量迎合上司的想法会更好一些,否则,既会影响上司某些思想与理念的推广,也会影响自己的职业前途和事业发展。所以,张廷玉大人在百官面前的讲这番话是非常有风险的。当然,如果一个人在职场中,你的威望也如同张廷玉大人在雍正王朝的地位一样,而且你的上司也如同雍正皇帝对张廷玉那般器重你,那么你可以大胆表述与上司不一样的想法和观点,甚至提出完全相左的建议和意见。

第五,关键时候能表现出超乎上司心理期望的能力。

剧 情 回 顾

> 在温宜公主满周岁时,华妃娘娘和曹贵人本想让获得盛宠的甄嬛出丑。曹贵人通过"抽签"的方式要各宫娘娘献艺助兴,碎玉轩的甄嬛被"抽"作《惊鸿舞》一曲。
>
> 曹贵人:"这个呢,是莞贵人的,请作《惊鸿舞》一曲。莞贵人姿貌本就翩若游龙,宛若惊鸿,合该由妹妹一舞。"
>
> 无论甄嬛、沈贵人,还是皇上,都感到震惊。
>
> 欣常在:"这《惊鸿舞》乃唐玄宗梅妃所创,失传许久。但是,纯元皇后酷爱歌舞,几经寻求原舞,又苦心孤诣地加以修改,曾经一舞动天下。那在宫中可是风靡一时啊!"

富察贵人:"这《惊鸿舞》可是最难学习。舞好了,那是惊为天人;舞不好,那可是东施效颦啊!"

欣常在:"莞妹妹才多大,怎能做得了《惊鸿舞》呢?曹贵人也未必太强人所难了吧?"

曹贵人:"莞贵人天资聪颖,这《惊鸿舞》本就是女子皆能舞的。倘若说,舞得不如纯元皇后,那也是在情理之中。在座的都是自家姐妹,何必拘礼呢?"

莞贵人:"妹妹之舞实在不登大雅之堂,恐怕要贻笑大方了。"

华妃:"不能跳就算了,何必勉强呢?纯元皇后之风姿,想必如今是无人能够媲美一二了。"

齐妃:"华妃这话倒是激将了。若是莞妹妹不跳,那便扫了曹贵人和惠贵人的颜面,也扫了大家的兴致;若是舞了,如果舞得不好,也难免落下笑话;舞得好就罢了,只是若仿了纯元皇后之舞,那恐怕是对先皇后不敬了。"

敦亲王:"皇上,臣弟在外听闻皇上又得一位莞贵人,才貌双全,却一舞不会。恐怕连臣弟府内的歌舞伎都不如啊!这样,怎能侍奉皇上啊?"

恒亲王:"'女人无才便是德'啊!跳什么《惊鸿舞》啊,女人只是长得赏心悦目也就是了。"

敦亲王:"如此说来,这才貌双全倒成了浪得虚名啊!只是以色侍人,更显得皇上'以貌取人'喽!"

皇后:"《惊鸿舞》易学难精,还是不要作了。换个别的什么的吧!"

惠贵人:"启禀皇上,莞妹妹素来醉心诗书,并不曾歌舞上用心。臣妾想不如填词一首,为公主贺寿吧!"

皇上:"宫中许久不演《惊鸿舞》,朕倒也想看一看,莞贵人,你随便一舞即可。"

在这段剧情中,甄嬛的《惊鸿舞》跳得让皇上又惊又喜,"你还有多少惊喜是朕不知道的?"。面对众嫔妃及敦亲王等人的争辩,皇上只知道甄嬛饱读诗书,不知道她会跳舞。如若不跳,想必会落下话柄,尤其是敦亲王的讥笑"臣弟在外听闻皇上又得一位莞贵人,才貌双全,却一舞不会。恐怕连臣弟府内的歌舞伎都不如啊!""只是以色侍人,更显得皇上'以貌取人'喽!";如若跳,皇上又担心甄嬛不会跳或者跳不好,让甄嬛难堪。于是,他只好对莞贵人说"随便一舞即可"。没想到,莞贵人竟然跳得这么好,因此又加深了皇上对她的宠爱。

职场上，有些高手会先降低上司对结果的心理预期，即使对任务很有把握，也先表现得对结果感到悲观，当任务超过原先的预期而顺利完成后，上司对执行者的满意度就会更高。另外，在职场某些紧急问题的应对时，当上司感到棘手，你能超乎他的预想把事情做好，同样也能为自己的未来发展加分。

第六，投其所好，认同领导的想法，并能舍得个人利益。

剧情回顾

太后因看后宫皇嗣屡屡不保，知道是皇后失德所致，要皇后去站在螽斯门前好好反思。安陵容路过看到皇后站在螽斯门前。

安陵容："娘娘，这时候风大，您还是先回宫吧！"

皇后："安嫔，你可知道螽斯门的意思？"

安陵容："臣妾不知，还请娘娘赐教！"

皇后："诗经有咏，'螽斯羽，宜尔子孙'。名为螽斯，意在祈盼皇室多子多孙，帝祚永延。本宫真的很希望有自己的阿哥。本宫的大阿哥已经会走会笑了，可偏偏一场风疾，让他死在了本宫的怀中。如今，本宫看着宫里头一个一个的肚子大起来，一个一个孩子落地，你叫本宫情何以堪！"

安陵容："你不喜欢的孩子，就不该活到这个世上来。不为别的，就为你是天下人之母。也同样，你不喜欢的女人，也不该活着让您生厌。"

皇后："所以本宫喜欢你！"

剧中，安陵容对皇后说出了这番很符合皇后心意的话，"你不喜欢的孩子，就不该活到这个世上来。不为别的，就为你是天下人之母。也同样，你不喜欢的女人，也不该活着让您生厌。"安陵容通过皇后对自己的认同，展现出自己的忠诚，也得到了皇后的喜欢和庇护。有个关于社会认同的心理学现象，就是当你认同某个人时，你会不自觉地接纳他的观点和看法，学他说话或者模仿他的行为，而对方也会因为你这样的行为，对你比较友善。所以，要表现你对上司的认同，最简单的方法，就是若有似无地重复他说过的话，模仿他的动作，当然不能做得太刻意，以免上司以为你在耍他。

剧情回顾

槿汐姑姑为了能使在甘露寺的小主甄嬛顺利回宫,最后牺牲自己与宫里皇上身边的近身太监苏培盛结为对食。这份对小主的忠诚让很多人为之感动。回宫后,当槿汐姑姑和苏培盛结为对食的事情被皇后知道后,皇后本想以此大做文章打压甄嬛,于是将槿汐姑姑送去慎刑司。甄嬛去慎刑司看望她时,她毫无怨言,对熹妃说"以大局为重,舍奴婢一个不怕的"。

槿汐姑姑这种为了帮助上司和组织达成目的连命都可以舍弃的做法,绝对可谓"忠贞不贰"之人。其实,无论是锦上添花,还是雪中送炭,能给上司好处就尽量给予,帮上司介绍家庭教师,帮上司的家人介绍医生就诊,帮上司预约难订的餐厅,帮上司解决手中棘手的工作,能帮得上忙的事情尽量帮。这样处事能让上司对你有进一步的了解,也有利于跟上司建立私交,会让上司觉得你是他的人而重用你。

每一个组织和团队的生存与发展需要员工的能力和智慧,更需要员工的忠诚。忠诚是职场最重视的美德之一,只有所有的员工都对组织和团队忠诚,才能发挥出团队的力量,才能使团队成员心往一处想、劲往一处使,推动组织与团队走向成功。

6 团队的秘密

团队建设与个人成长

孙中山先生曾提出了一个独一无二的伟大论断：一盘散沙的中国人自由不是太少，而是太多，中国人的个人自由比欧洲人要多得多，所以国家就没有了富强，国家民族整体就没有了自由，所以中国革命，就是要和欧洲革命相反，要为了中国国家的自由，限制中国人"一盘散沙"的个人自由。的确，一个没有团队精神和不能实现团队协作的组织、群体或者民族，最终将难以强大，难以实现自己的团队目标。时代的列车行驶到 21 世纪，单打独斗的个人英雄主义时代已经远去，以十当一的团队合作时代已然到来。我们不仅追求个人价值的实现，而且追求个人价值与团队绩效的双赢。所以说，这是一个追求团队精神的时代。正如古人所说："千人同心，则得千人之力；万人异心，则无一人之用。"

《后宫·甄嬛传》这部电视剧，无论戏里还是戏外，都充分体现了团队的重要性。《人民日报》对它最先的评论就是这样写的："在'世人闻此皆掉首'的时候，郑晓龙和他的团队逆势而上，推出了电视剧《后宫·甄嬛传》，给后宫戏这一类电视剧创作开掘了文化深度。《后宫·甄嬛传》只是借宫廷作为平台，它的意旨在于解读一段历史，阐述一段文化，表达对于世道人心的见识。"由此可见，对《后宫·甄嬛传》这部电视剧成功的肯定，不只是肯定导演和主演的高质量和高水准的技艺，从戏外更要肯定一个高效团队的成功。正是因为这样一个在导演和主演们带领下的团队，许多剧中的配角在表演方面也可圈可点。导演郑晓龙在接受采访时曾说，虽然很多人认为主演陈建斌和小说原型不符，但他的存在却在某种意义上带动了整个团队，好团队和好的带头人的重要性由此可见一斑。

就戏里而言，整部电视剧中最为精彩的部分就是从头到尾毫无冷场的后宫女性斗争，其中，重点讲述的是一个女人在后宫斗争中成长和成就的故事。电视剧一开始，后宫就有两个资深派系，一个是以皇后娘娘为首的派系；另一个是以华妃娘娘为首的派系。遗憾的是，这两个派系最终都没有形成真正意义上的团队，无论机关算尽还是嚣张跋扈，她们都成了后宫的失败者。后宫最终的胜利者既不是皇后，也不是华妃，而是职场新秀甄嬛在凶险的后宫中杀出一条路，成为母仪天下的太后级胭脂虎。事实上，这条从新人到太后的职场成长之路堪称不易，甄嬛的家教、相貌、才艺、人脉和运气固然缺一不可，但要从根本上找原因，还在于她从一开始就建设了一支属于自己的高效团队。因为"没有完美的个人，只有完美的团队"。因此，我们完全可以说，这是一个团队的成功。

6.1 从后宫看团队的定义与特征

我们先看一个有关团队的寓言故事：

一日，锁对钥匙埋怨道："我每天辛辛苦苦为主人看守家门，而主人喜欢的却是你，总是每天把你带在身边。"而钥匙也不满地说："你每天待在家里，舒舒服服的，多安逸啊！我每天跟着主人，日晒雨淋的，多辛苦啊！"

一次，钥匙也想过一过锁那种安逸的生活，于是把自己偷偷藏了起来。主人出门后回家，不见了开锁的钥匙，气急之下，把锁给砸了，并把锁扔进了垃圾堆里。主人进屋后，找到了那把钥匙，气愤地说："锁也砸了，现在留着你还有什么用呢？"说完，把钥匙也扔进了垃圾堆里。在垃圾堆里相遇的锁和钥匙，不由感叹起来："今天我们落得如此可悲的下场，都是因为过去我们在各自的岗位上，不是相互配合，而是相互妒忌和猜疑啊！"

从理论上来说，后宫的这群人，无论皇后娘娘、华妃娘娘等各宫之主，还是各宫的掌事宫女、首领太监、其他侍婢以及小太监，他们理论上应该是一个团队，服务于整个雍正王朝，其主要目的就是服侍好皇上，为皇家开枝散叶。遗憾的是，她们犯了前面这个锁和钥匙的同样的错误，她们不明白，人与人之间的关系都是相互的，互相争宠与争斗只能是两败俱伤，唯有互相配合，团队协作，方能共同繁荣！

6.1.1 后宫：一群本应成为团队的"乌合之众"

当今是一个需要团结协作的时代，单打独斗的个人英雄主义已经没有意义和存在的空间。团队是由管理层和员工所组成的共同体，他们之间必须相互依靠、合理利用彼此的知识和技能，协同工作以实现共同认定的目标。一个高效的团队应该充分而合理地利用每一个团队成员的知识、技能，通过协同合作的方式，一起解决问题，达到共同的目标。团队必须具备五个基本特征：(1)目标上的共同性；(2)心理上的认同性；(3)利益上的依存性；(4)行为上的关联性；(5)配合上的组织性。

根据团队的定义,后宫本应就是一个团队,所有团队成员(无论老人还是新人),都应该围绕"服侍好皇帝,为皇家开枝散叶"这一目标而协同合作。遗憾的是,她们最终却成为一群乌合之众。

就目标而言,虽然她们都知道要好好服侍皇上,为皇上繁衍子嗣,但她们并没有形成合力,而是各自为政。联想董事局主席柳传志先生曾说:"办企业有点像爬珠穆朗玛峰,目标是爬到山顶。不管是从北坡爬还是从南坡爬,都能爬到山顶。但作为一个企业,你的队伍不能一半从南坡爬,一半从北坡爬,这是不行的,大家都要从一个方向朝目标前进。"其实,团队建设也是如此,团队所有的成员应该具有共同的向心力、较强的团队凝聚力,一起围绕着目标前进。这样,才能称之为一个团队。而整个后宫的小主除了知道有目标以外,根本就不懂得如何共同实现目标。其实,如若后宫的所有小主都能相安无事地共同去实现团队目标,也算不错。问题最严重的是,她们对完成目标的动力完全不一样,就像一个寓言故事《猎狗追兔》中的猎狗和兔子一样。

> **补充阅读**
>
> ### 猎狗追兔
>
> 一天,猎人带着猎狗去山上打猎。
>
> 猎人一枪击中一只兔子的后腿,受伤的兔子开始拼命地奔跑。猎人吩咐身边的猎狗赶紧去追受伤的兔子,猎狗接到指令后朝兔子飞奔过去。
>
> 可是,追着追着,兔子跑不见了,猎狗只好悻悻地回到猎人身边,猎人开始骂猎狗了:"你真没用,连一只受伤的兔子都追不到!"
>
> 猎狗听了很不服气地回道:"我尽力而为了呀!"
>
> 再说兔子带伤跑回洞里,它的兄弟们都围过来惊讶地问:"那只猎狗很凶呀!你又带了伤,怎么跑得过它的?"
>
> "它是尽力而为,我可是全力以赴呀!它没追上我,最多挨一顿骂,而我若不全力以赴地跑,我的小命就送给它了呀!"

这个故事告诉我们,人本来是有很多潜能的,但我们在完成职场目标和任务时,很多时候并不会真正竭力调动和激发自己的潜能,一旦目标完成不顺畅,我们往往会对自己或对别人找借口:"管它呢,我们已尽力而为了。"在实现团队目标的过程中,尽力而为是远远不够的,尤其是在现在这个竞争激烈、到处充满危机的年代。因此,我们有必要常常问问自己,今天的我是尽力而为的猎狗,还是全力以赴的兔子?团队中不同角色由于所处地位和看问题的角度不同,对项目的目标和期望值有很大的区别,这是一点也不奇怪的事情。好的项目主管善于捕捉成员间不同的心态,理解他们的需求,帮助他们树立共同的奋斗目标,使其劲往一处使,从而形成合力。

就心理上的认同性而言,后宫各位小主不能说一点团队认同感都没有,她们至少都认同自己的身份,即皇上的嫔妃。但她们缺乏团队领导,那位在剧中展示端庄的微笑以及略带哀怨朦胧眼神的皇后,在后宫中并不被所有人认同,至少有一帮人对她是完全不认同的,比如华妃娘娘。正因为这位团队管理者存在着问题,所以,团队所有成员行为上也缺乏关联性并且配合上缺乏组织性。

6.1.2 皇后:失败的团队领导人

一般说来,一个人加入到某一职场团队中之后,他不会只想着拿到每个月的薪酬就完了。我们不去说他会多么追求自我实现,但他通常会想赢得某一职场的席位,为自己的将来谋求一个新的平台,使自己能够成为自己命运的主人,为团队的发展贡献力量,并继续向上攀升,甚至渴望成为团队的管理者乃至领导者之一。这就是人的职场本性。一个职场团队的高效带领者,在带领团队成员朝着目标前进时,不要挡住他们每个人前进的方向和前行的道路,而是在他们实现团队目标的同时栽培他们,给予赞赏,给他们机会讨论他所关心的事。尤其是,团队的带领者要给团队成员表现和晋升的机会,使他们在团队中看到晋升的希望,除此之外,还要允许他们窥伺你的位置,适当奖励他的野心。

《后宫·甄嬛传》中的皇后娘娘尽管在电视剧一开始用她端庄的微笑以及略带哀怨的眼神触动了观众的心,大家都形成一种错觉:皇后是后宫一位很仁德的管理者,成天为满足皇上的需要而活,为了团队的和谐,她在跋扈的华妃面前简直没了尊严,似乎也有些对于年岁老去而有所哀叹和自卑。后来,随着剧情的推进,我们才发现,她不仅是后宫最不称职的团队管理者,而且是后宫最坏的女人。

作为团队的管理者应该明白的是,自己千万不可有个人英雄主义的思想,总觉得自己应该是最牛的,是团队中创造价值最多的,甚至还不允许别人所创造的价值和工作的效益超过自己。皇后娘娘作为后宫"团队"的管理者,就没明白她掌管后宫百花的目的是为皇家开枝散叶。

剧 情 回 顾

太后看到后宫皇嗣经常被皇后折损,心中非常不快,便找来皇后。

太后告诫皇后说:"这些年,你怎么做福晋,怎么做皇后,哀家可以不管。只是一条后宫皇嗣为重。这宫里的女人就像开不尽的花,你费心除掉一个,还会有下一个进来。身为皇后是要掌管群花,而不是一味地修剪,终致花叶凋零。有一点,无论如何不能折损皇嗣。"

从太后的话中，我们明白，一个团队的管理者应该有宽广的胸怀，不要嫉妒团队成员，更不能因为他们拥有优势和才能而折损他们，甚至伤及团队的利益。就后宫而言，这个团队的主要目标就是"繁衍皇嗣"，皇后虽然自身因为年老色衰，不能为皇帝生育后代，但你最重要的任务是掌管宫里的女人，让她们能生育出更多的皇嗣。

就这方面而言，皇后就不如《西游记》中的唐僧，虽然唐僧和皇后都是团队管理者，而且自身能力都不如团队成员，但唐僧明白自己的目标并不是降妖除魔，因为自身这根本不是他的强项，硬要去做只会给团队增添更多的麻烦，所以，他最重要的任务是时刻提醒团队成员不要忘了团队目标是"前往西天拜佛求经"，并能好好带领这些徒弟，让他们为自己降妖除魔，最后抵达灵山。在取经路上，唐僧知道悟空能力强，但个性比较自由，对他要严加看管，所以会念紧箍咒对他加以控制；而八戒属于"大错误不犯，小毛病不断"的员工，所以偶尔批评批评就可以了；沙僧敦厚老实，需要经常鼓励。皇后如果像唐僧一样能够明白这一点，她也许就能"掌管百花"，让她们成为一个团队，最终为她和皇上服务！

团队精神，在职场上尤为重要。对于现代职场中每一个集体来说，成员的存在对整个团队的生存都是至关重要的。每一个成员都是整个团队的血脉，只有不断累积，不断引进新鲜血液才能使团队的力量越发地强大。但是，团队的管理者若不能很好地协调各个成员的积极性，让他们充分发挥潜能而实现团队目标，那团队最终就无法实现团队真正的价值和意义。正如美国管理学教授施米特（W. H. Schmidt）所提出的施米特定理：成功的上司不一定是专权的人，也不一定是放任的人，而应该是在一定具体情况下善于考虑各种因素采取最恰当行动的人。

6.1.3　三派纷争：只有完美的团队，没有完美的个人

剧中，从头到尾毫无冷场的后宫女性斗争过程中主要围绕着三个派系：皇后一党、华妃一党和甄嬛一党。

从第一集开始，华妃娘娘一党便已出现，其派系主要人物有美艳凶悍的华妃、跟屁虫丽嫔、得意忘形的余莺儿、最狠毒的曹琴默、心狠手辣且最"称职"的周宁海、忠心耿耿的侍婢颂芝、奸诈狡猾的黄规全等。华妃一派的核心华妃娘娘是年羹尧的妹妹，父兄侄儿在前朝都身居高位，在宫里的人（如芳若姑姑）看来，华妃是"深得皇上恩宠，是汉军旗的翘楚，且蒙满八旗放在一起都不及华妃娘娘凤仪万千"。这个派系的形成背景是：皇后娘娘乃中宫之主，也是华妃娘娘最大的对手；而华妃娘娘在剧中表示喜欢芍药，但细心的观众会发现其宫中梳妆台旁画屏却是牡丹绣幄，也就是说，她其实更想要成为"国色天香"的牡丹花。因此，皇后与华妃在后宫彼此成为最大对手，为了对抗对方，她们都想尽一切办法拉拢后

宫的女子来帮助自己。这从甄嬛等新人选秀入宫后，皇后和华妃给她们纷纷送来礼物示意就看得出来。在华妃这一派中，有见机行事来投奔的、有依仗势力来归附的、有忠心耿耿而长年跟随的，这些人在一起说到底也不过就是为了求得一己的生存而已。而且，她们基本上位份都不高，顶多有个嫔位的丽嫔，还有个贵人位分的曹琴默，其余的在后宫位分都比较低。加之，华妃娘娘由于天性高傲跋扈，性格外放，常常言行间会使得周围的人对其怀恨在心，最终，不仅没有胜过皇后一党，连在后起之秀甄嬛一党面前都显得逊色。

皇后一党可谓是"机关算尽徒枉然"。作为推动剧中故事情节的主要女配角，皇后手底下可利用的后宫女子甚多，后宫绝大多数的嫔妃都得依附这位后宫之主，如齐妃、鹂妃（安陵容）、祺嫔（瓜尔佳氏）、富察贵人、贞嫔、康常在。就连甄嬛、沈眉庄等人一开始也效忠过她。作为这一派系的首领，皇后的险恶之处就在于她和皇上内心相似：永远防范身边的所有人，也不忘隐藏心思，表面温驯和善，背后心狠手辣。尤其作为一个"恐怖的皇嗣杀手"，她践踏后宫女子的手段极其高明，很少有人能摸清皇后的真实心性。换言之，后宫哪个女子没了孩子，十之八九是皇后所为。因为，与华妃相比，华妃其实只是单纯地想要"固宠"，用华妃的话来说就是，"本宫就要让她们知道，只许有侍候皇上的人，不许有分得皇上宠爱的人，更不许有与本宫争夺皇上宠爱之人"，所以，华妃害人或者杀人全都是针对后宫那些与她争宠或者分宠的女子，而皇后则只要后宫谁受宠或因宠而孕，无论是否威胁到自己中宫之位，她必出手除之，而且不会停止。由于皇后自己计谋更多，做事能隐忍，所以，其手下之人大多缺少智慧。仔细观察这一派系成员，必备资格是外貌美丽，最关键一点，她们都很蠢，甚至有些愚昧，所以才能轻易被皇后操纵。皇后为了利用这些人，会想尽一切办法帮助她们获得皇上恩宠，以便用她们与华妃分宠，但决不允许她们因为获宠而怀孕，即便自己事前不能做好，事后也必须用精准的毒计搞定，如富察贵人的身孕。正因为如此，皇后一党的人，派系首领就没有把大家当作一个团队，自然结局个个凋零。

甄嬛一党的形成很像曹琴默曹贵人的一句名言："两虎相争，就算在夹缝中的小兽，也得给自己找条后路啊！"甄嬛刚进宫时，教习姑姑（芳若姑姑）就对后宫的情况有过一句交代，"后宫虽然主子很多，但是真正的主子只有三位：皇上、皇后和太后"。甄嬛入宫后，面对后宫势力庞大的皇后和皇上宠爱的华妃这两个派系，似乎也听从了芳若姑姑的教导，一开始时支持皇后。但随着对后宫形势的了解，这两棵树都不是那么好依靠，尤其是当沈眉庄被华妃陷害先后"落水"和"诬陷假孕"之后，她发现皇后也不是那么可靠之人，于是选择了曹贵人的丛林生存法则，即想要在后宫的争斗中成为最后的赢家只能走自己的路。就这样，一个从碎玉轩走出来的团队就形成了。从一开始的好姐妹沈眉庄惠贵人到"男闺蜜"温实初；从忠心耿耿的槿汐姑姑、流朱、浣碧到碎玉轩忠厚机灵的小太监小允子；从与甄嬛开始作对的"驯马女"宁贵人到最后一起真诚合作；从华妃阵营里的敌手曹贵人到关键时刻叛变华妃，而甘愿为甄嬛通风报信，助甄嬛一臂之力；甄嬛以自己的能力磨炼，心智领悟，团结了一切能团结的力量，包括端妃、敬妃、欣贵人等人，她善于凝聚为她说话的力量，这使得她在与华妃的角逐中占据上风。所以说，甄嬛的成功虽然自己的智慧和容貌及才能起到了作用，更是一个团队的成功。

反观华妃年世兰，早年因其年氏家族背景而深得皇上宠爱，被皇上钦点协助皇后打理后宫。就掌管后宫的能力而言，华妃娘娘的智商还真在皇后之上，她外形璀璨、聪明伶俐，善于利用自己可利用的关系进行协调和控制。但其失败之处就在于性格飞扬跋扈，一方面为了固宠而打击新人，另一方面为了觊觎后位而攻击上司皇后，最为关键的是遇事不如皇后娘娘冷静和善于隐忍，缺乏大智慧，没有大局观，遇到政敌对手，仅凭意气用事，凭感情一时冲动，最终落入对方设好的陷阱里。

剧 情 回 顾

华妃听曹贵人从浣碧那里获悉甄嬛没得到皇上和皇后准允竟然去闲月阁探望因"假孕争宠"而被禁足的沈眉庄，于是，带领翊坤宫的人前来闲月阁要求搜查。皇上得信也从养心殿赶来问缘由，此时，正好甄嬛和敬嫔一道从敬嫔宫中走来。华妃本想以私自探视禁足宫女为由置甄嬛于死地，甄嬛的出现，让她意识到自己中了甄嬛的计，还让自己被皇上以"闹得后宫不得安宁"训斥了一番。

……
华妃："本宫一时疏忽，竟中了你的计。"
甄嬛："是不是疏忽，娘娘最清楚。"
华妃："你今日摆本官一局，本官没有早早扳倒你，实在是本官的错。"
甄嬛："娘娘说笑了。大家同为姐妹侍奉皇上，这话要是让皇上听到了，只怕皇上又要生气了。"
华妃："你今时今日新宠自然得意。可惜本官座下却容不下你这种诡计多端的人。"
甄嬛："容不容得下是娘娘的气度；能不能让娘娘容下是嫔妾的本事。"
……

其实,华妃的中计既是其派系手下曹琴默对她当初用自己的女儿温宜公主来争宠的报复,也是华妃自己行事不够理性,从而出了如此大的纰漏。同时,华妃也经常会因为意气用事伤害身边的人,如心情不好时会拿颂芝泄气,甚至有时会当着周宁海的面骂其他太监"这没有根的男人就是贱"之类的话。这种无论有意或者无意对身边人的中伤,自然给自己日后带来了不少麻烦。

就这一点而言,皇后的情商绝对远超华妃。一开始与华妃相争,皇后纵然拥有后宫最高的权势地位,面对华妃的频频挑衅,本来可以收拾她一番,但她了解皇上的心意,相伴多年总是压抑着本心,总会做些违背自己意愿的事情,永远在皇上面前表现出"贤德"的模样。对于后宫其他的人,皇后每走一步棋,都会详密周到,即使因为不慎把自己弄到了危急关头,她也常常有应对之策。例如,"滴血认亲"那段剧情中,当甄嬛用事实证明水有问题时,皇后吓得脸都白了,皇上也开始怀疑皇后居心叵测,可是就在这时,她手下一个叫斐雯的宫女承认是自己在水中做了手脚。可以说,皇后与甄嬛算是棋逢对手,而华妃智商能力出色,却遇事不冷静,情商低下,只能相信曹贵人骑墙派小聪明式的伎俩手段,终不能成大器,为己夺得皇后宝座。

因此,在职场的生存和发展中,凭感情用事,遇事急躁,情绪失控的员工,即使办事能力能够独当一面,领导层也不会对这种人有大的重用,因为担心他破坏大局,而只能依事奖赏,不轻易提拔。

从甄嬛的成功来看,在职场要想成功甚至成就自己,必须要有自己信得过的坚强团队,处处积累人脉,这是职位升迁的必备法宝。甄嬛从莞常在成功坐上熹贵妃乃至太后的宝座,她一步步的职业发展,其身边一直有一个坚强而为她舍命谋事、办事的团队,正是这个团队使得她与华妃的角逐占据上风,甚至最终能与后宫至尊皇后相抗衡,并最后取得宫斗的胜利。尤其是,甄嬛到甘露寺里的凌云峰带发修行之后,她为了顺利回宫报仇,更加懂得了聚集人脉的意义,做出了以下几个明智之举:通过始终效忠自己的槿汐姑姑将皇上的近身太监苏培盛纳入团队;通过妹妹玉娆对贝勒允禧的好感,让他们喜结良缘;离开甘露寺懂得赏罚分明,赢得尼姑莫言的忠心并甘愿为她在皇庭作证;理解人家的喜好,以亲生女儿胧月公主为交换,与敬妃冰释前嫌,让敬妃死心塌地地为其服务;以真挚情感,赢得在皇帝看来最安分守己、最秉公中立的端妃的心。

因此,作为团队的管理者,我们从甄嬛身上应该学会如何提升自己的人际沟通的能力与技巧,如何让自己在职场和生活中赢得更多的人。所以说,人际关系良好,是我们安心工作和舒心生活的关键因素。很多人会认为,在职场的心智角逐中,人际关系显得最为复杂,一不留神,可能因为人际关系处理不当而给自己带来不少的麻烦和苦恼。但从《后宫·甄嬛传》中甄嬛的成功可以看出,在职场中一定要好好维护与上级、同僚们的人脉,它在个人职业生涯发展中非常重要,也是团队管理者带领团队成功实现目标的重要条件。关键时刻,彼此信任与相互的帮衬,有一帮愿为我们做事的团队,这是领导层非常看重方面。因此,用心打造自己的团队,用心、用情,层次分明,发挥所长,这是我们成功的法宝。

6.2　团队管理的核心:统一目标和提升凝聚力

一群人聚到一块儿,什么是最需要统一的呢?就像一个人想要去爬山,他的每块肌肉都要听从大脑的调度,服从于大脑,忠于大脑的指挥,共同发挥力量,配合得当。这就是听从指挥,服从命令和消除私我。团队中没有私我,只有我们。每个人都是团队中的一枚细胞,要服从中枢神经的调控,异己分子可能有容身之地,但绝不能反客为主。一支团队,最重要的就是统一的目标和凝聚力。统一的目标使得团队凝聚力发挥其价值,能使团队成员形成合力,从而完成自己单独永远无法完成的工作;团队的凝聚力保证目标的实现,它会使任何一个个体一旦加入团队就会瞬间得到神奇的自信,迸发出超人的潜能,以至于完成他们自己团队的目标。

6.2.1　团队重在"人心齐,泰山移"

剧中,甄嬛初进宫入主碎玉轩,当碎玉轩掌事宫女崔槿汐率领首领太监康禄海及其他服侍人等前来拜见新主时,待槿汐姑姑介绍了碎玉轩所有佣人之后,甄嬛说:"今后,你们便是我的人了。在我名下当差伶俐自然是好,但我更看重'忠心'二字。你们可记牢啦!"从这段话中可以看出,甄嬛已经有意识地将所有碎玉轩的人看作一个团队,同时,也向碎玉轩的人传递了团队的目标,即"你们都是我的人"。随后,她还告诉他们,主子的荣辱和你们是连在一起的,也就是说,我们是共同分享荣辱的,我们不是独行侠,我们的利益是相互关联的。这自然也让大家明白为主子服务也是为自己服务。通过这番话,无形中增强了团队的凝聚力。

面对团队中的害群之马甚至有损"军心"的人,甄嬛的处事方式也非常果决,并以此来进行团队教育和团队管理。当甄嬛发现康禄海及徒弟小印子等人看到甄嬛入宫后一直病着,久不得宠,觉得失去了前途,便打算离去,而且还经常一起嘀咕,让碎玉轩其他人也受到影响。甄嬛知道后,便进行团队的教育与管理。

剧情回顾

当碎玉轩首领太监康禄海带着两个徒弟前来向甄嬛道别，一心投靠丽嫔娘娘时，甄嬛要浣碧把碎玉轩所有的人都叫来。

甄嬛对他们说："我这一病快两个月了。病中怕吵闹，也实在无须这么多人来伺候。所以，今儿找你们来只问一句话，若谁有意离开碎玉轩，去浣碧那里领一锭银子便可走人。"

康禄海三人被流朱辱骂一顿后，灰溜溜地离开了碎玉轩。槿汐姑姑见此，对甄嬛说："奴婢伺候小主，绝无二心。"

佩儿："奴婢愿跟随小主。"

小允子："奴才受常在恩惠，绝不敢背弃常在。"

甄嬛："为何这样说？"

小允子："奴才的哥哥病在四执库没人理会，若不是小主在病中扔挂念着，请了温大人去医治，只怕，只怕哥哥早就不成了。奴才兄弟受小主这等大恩，一定尽忠侍奉。今生报不完的，将来死了变成一头大青牛，驮着小主成菩萨去。"

即使后来甄嬛得宠之后，皇上觉得碎玉轩伺候的人手不够，希望内务府派些人来服侍。甄嬛连忙对皇上说自己喜欢安静，不希望那么多人围在身边，反而觉得不自在。虽然我们文化中有句俗话，"人多力量大"，而甄嬛似乎明白团队建设不在于人多，而在于人心齐，大家能团结在一起，这样才能更好地实现团队的目标。一旦人心不齐，再多的人也没有用，甚至会各怀鬼胎，还很容易误事。

剧情回顾

沈眉庄知道康禄海离开碎玉轩的事，对甄嬛说："亏得你好性子。连康禄海那样没心肝的东西走了，你都能忍耐。"

甄嬛："既是没心肝的东西，不在眼前反倒清净……奴才不在于多，只在于忠心与否。"

沈眉庄："是啊！看来回去，我也得留心。"

……

剧情回顾

由于御花园的邂逅，甄嬛得到皇上盛宠。离开碎玉轩投奔丽嫔娘娘身边伺候的康禄海得知莞贵人获得盛宠后，发觉自己当初不该离开碎玉轩，便以"肚子不舒服"为借口去找甄嬛请罪并讨好。曹贵人与丽嫔娘娘就此对康禄海有一段议论。

曹贵人："康禄海虽跟了姐姐，可这鬼鬼祟祟的毛病却一点也没改啊！"

丽嫔："我就是看他以前伺候过端妃，也还识趣，否则，我也不肯用他。"

曹贵人："姐姐真是好心性。这背弃旧主的东西，换作是我，那是断断不敢用的。"

团队形成过程中难免会有康禄海这样的人，他们总是看这山不如那山高，口口声声称"人往高处走"天经地义。岂不知，在职场的不断"攀登"中，他们往往成为职场的人神共愤的弃子。康禄海原本是伺候端妃的太监，估计是因为端妃再不得宠，他才跳出来另谋甄嬛处。但后来发现投奔的碎玉轩团队并无发展，于是又有了跳槽计划，还带着自己的"人马"——两个徒弟一起跳槽。这种总是到处乱跳毫无常性的人，没有任何团队的领导者会喜欢。最可悲的是，康禄海后来发现自己当初的选择错误之后，又反过来向原主子甄嬛示好。这样一来，康禄海赔了夫人又折兵，连新主子丽嫔都得罪了，在宫中，更是无处可去了，断送了自己的前程。

除此之外，甄嬛所说的"奴才不在于多，只在于忠心与否"的观点也是团队建设中要特别注意的。就如曹贵人的话，"这背弃旧主的东西，换作是我，那是断断不敢用的。"毕竟，团队建设不是一个简单的人数相加。有这样一个寓言故事：

有一个国王为了显示自己的威信，决定在自己生日那天让全部子民同一时刻高呼"陛下万岁"。他把时间定在了正午时刻。子民们也十分期望这一刻的到来，因为那时他们能听到世界最大的声音。

有一位智者发现了这样一个问题：如果自己也呼喊的话，听到别人声音的效果将大打折扣。于是，他决定在呼喊的时候保持沉默，只是静静地听别人呼喊，这样就能仔细地听听全世界最大的声音是什么样的。

他把这个发现告诉了自己最亲密的人，想让他也能和自己一起享受到此种乐趣。结果，不到半天时间，这个消息传遍了整个国家。国王生日的那天正午时刻到了，大家翘首盼望着最大声音的到来，但是回应给他们的却是比平时更安静的沉默。

这个故事在管理学领域很受重视,经常被用来当作案例,目的就是提醒管理者一定要提防自己身边出现"智者"这样的偷懒行为。如果我们将故事中的臣民当作一个利益关联的团队,只有他们共同努力才能创造出世界上最大的声音。但是,如果团队中许多人同时怀有"同事这么多,不缺我一个"这样的思想,结果不干活的人越来越多,到处都是搭便车的人,终究导致了一片"沉默"。这是一个最具幽默性的结局,但这显然不是最悲惨的结局。国王听到了这个声音,也许很不满意,那么他可能会处罚所有的国民,那么,这对那些呼喊了的人是极其不公平的。他们呼喊了,但是他们还得承担没有呼喊人的罪过,这样,将会影响到他们下次呼喊的积极性;而没有呼喊者,他们的惩罚被呼喊者分担以后变得轻了很多,他们会把这当成一种侥幸,甚至形成一种习惯。这样,国王再想听到世界上最大的声音基本上不可能了。

因此,团队不是简单的人数相加,而是大家能团结一致围绕共同的目标前进。

6.2.2 尊重个人价值,实现个人荣誉感

现代管理学之父彼得·德鲁克(Peter F. Drucker, 1909—2005)在其著作《管理任务、责任、实践》一书中指出,"一个组织同另一个组织的唯一真正区别就在于人员的成绩。人是一种独一无二的资源,是企业最大的资产,它要求使用它的人有特殊的品质"。因此,团队管理者在团队组建过程中绝不可物化每一个团队成员,不能将其视为简单的劳动工具或者利润创造者,而应该善待每一个团队成员,时时刻刻能够关心他们的需求。这样才能让员工有团队归属感,提升团队的凝聚力。

围绕在美艳绝伦、宠冠六宫的华妃娘娘身旁的人有凶狠手毒的周宁海、有忠心耿耿的颂芝、有智慧而狠毒曹琴默、有头脑简单的跟屁虫丽嫔……但为何最终翊坤宫一党出现了曹琴默所说的"因利而聚,因利而散""树倒猢狲散"等一派可怜的景象呢?其实,主要源于华妃不懂得尊重每个人:跟随翊坤宫的人个个都是看着华妃的脸色行事,随时准备挨其不分场合的批评、责骂甚至挨打。例如,她会当着周宁海的面骂其他宫里的太监"这没根的男人就是靠不住"之类的话,让周宁海自惭形秽。特别是对待曹琴默,应该说曹琴默是翊坤宫最有智慧的跟随者,而且她一直秉持"两虎争斗时,这森林的小兽也需要寻找活着的出路"的理念依靠华妃这棵大树。遗憾的是,华妃不懂得好好珍惜这样的股肱心腹,对其可谓"招之即来,挥之即去",即便让其称心时,她也只会给曹贵人一些零零碎碎的赏

赐,要是稍有不如意的地方,就会当着其他侍婢的面轻则辱骂,重则赏其巴掌,根本没把她看作是后宫的一位小主。特别是,她为了固宠和争宠,甚至还不念其舐犊之情,竟然强夺温宜公主,给小公主喂木薯粉以此来陷害甄嬛。这种种毫无同理心的自私行径自然会使人心疏离,最后曹贵人在关键时刻反水,状告其种种恶行,最终使自己招致败落。

和华妃娘娘相较,甄嬛似乎深知"带人先带心"之道。她无论对待太监小允子,还是掌事宫女槿汐姑姑;无论对待侍婢流朱、佩儿,还是妹妹浣碧姑娘,她深深明白如何用真情来换取真情。她懂得他们每一个人对自己的意义和价值,理解他们的需求,信赖他们,让他们跟随自己有荣誉感。对于小允子,只因他在守夜时哭了几声,问清缘由后,知道其为哥哥的病情担心。于是,她马上给了小允子几天陪护假,让其照看哥哥的病,使小允子深受感动,许诺自己即便以后死了都要变成青牛驮着甄嬛去做菩萨。对于槿汐,她从没把她看成是一个简单的侍婢,处处敬重她。在槿汐因为和苏培盛对食的事被皇后知道后,打入慎刑司,身怀六甲的甄嬛竟然跑到慎刑司去看望槿汐姑姑,并许诺一定将其救出来,让其非常感动。

与华妃动不动就怒火中烧,打骂身边的人相比,甄嬛则更懂得用赏识的眼光,鼓励身边的每一个人,让他们感受到满满的荣誉感。她会将皇上赏赐的贵重物品毫不吝啬地分给身边的人,导致宫里发现"碎玉轩的奴婢穿得都比其他宫里的奴婢光鲜夺目"。至于同父异母的妹妹浣碧做了吃里扒外的事情,她并没有责备、辱骂,而是深刻地交心,听取浣碧的想法,交流自己的打算,动之以情,使浣碧很快回到了自己的阵营。

俗话说,"士为知己者死,女为悦己者容"。作为一个团队,在团队组建过程中,如果团队成员得不到应有的尊重,体会不到团队的荣誉感,他们是不可能真正成为团队中的一员。

6.2.3 认清职场定位,创造个人价值

《后宫·甄嬛传》中,与后宫相比,前朝重臣敦亲王、隆科多、年羹尧等人都因为对自己定位错误,而纷纷招来皇上对他们的戒心,直至要了他们的性命。

先看敦亲王(雍正皇帝的十弟,爱新觉罗·胤䄉)。在整部电视剧中,他出场的时间与次数并不多,一般都是在皇帝的宫廷家宴中。清朝的爵位中,能够以皇帝兄弟的身份享受到亲王的尊位已经是非常不容易了,每每帝王举行家宴时都会邀请亲王一家前来参加。凭此而论,雍正对敦亲王是有一些感情的。

但是敦亲王却是个不争气的人,是一个无知的莽夫,不能认清自我、找准定位、谨守分际。在曹琴默设计让甄嬛在九州清晏上表演《惊鸿舞》时,当他看到甄

嬛对此犹豫不决,敦亲王在没有摸清底细的情况下,竟然不知上下尊卑,身为人弟、人臣却毫无礼数地说:"跳舞都不会,还不如我王府的舞伎,可见皇兄只会以貌取人"。当时就让雍正皇帝很不愉快。后来,甄嬛一曲《惊鸿舞》之后,可谓一舞倾城,他不懂得及时调整自己原来的语调,竟然又来一句:"还算可以啦!舞艺与本王王府的舞伎差不多。"这等情商不仅伤害了皇上,也中伤了甄嬛。

除此之外,由于言官们对敦亲王平日的言行颇有微词,于是在上朝时向皇帝弹劾敦亲王。敦亲王在朝堂之上虽然没有什么反应,但下朝之后竟然把弹劾他的言官打了一顿。殊不知,大清早有法度——言官不可打!此事让满朝文武都不满意,敦亲王竟然固执到还不赶紧低头,给言官们一个面子。于是,言官对他记恨下来。另外,他不仅向皇帝要求给自己的子女加封爵位,还要求皇帝给已故的母亲加封。这些都让皇帝大发雷霆,正在此时又发现他与年羹尧之间交往甚密。皇帝就在剪除年羹尧的同时,一并把他除掉,将其贬为庶人。

年羹尧也犯了同样的错误。从川陕打完胜仗回来之后的年大将军,仗着自己的军功,完全忘了身为人臣的礼数。雍正皇帝赐御宴与其一起享用,年羹尧因"久在军中,忘了礼数",在皇帝没有吃之前,太监没有给其分餐时,听到皇上说羔羊肉鲜美,于是自己就动了刀筷。皇上为此就有不愉快之感,但仍给足其面子,"年大将军,咱们是亲戚,你就随意点"。听到此等话语,年大将军就更加放肆了,甚至还要苏培盛为其夹菜。诸如此等错误,年大将军可是犯了不少。因此,查办年羹尧时,给他罗列的92条罪状中,除开年羹尧接受贿赂等几条罪状之外,其他就是指责年羹尧"僭越",也就是不守做臣子的本分,说年羹尧吃饭叫"用膳",送给别人东西叫"赐",接见属员叫"引见",这些词本来都是皇帝专用的,年羹尧擅自使用就是"僭越"。

"狡兔依然在,良犬先烹"的历史现象尽管较少见,可并不是没有。南宋名将岳飞是宋高宗赵构一手提拔起来的大将,之所以遇害,主因无非两条,第一条,阻碍赵构的和谈大计,主张迎回二位圣帝;第二条,深触赵构的忌讳之处,为储君(立太子)之事多有建言。第一条众所周知,第二条指的是岳飞曾经对赵构说建议立赵伯琮为皇太子。赵构因为早年受到金军追击的恐吓以致无法生育,他收养了两个宗室的孩子,一个叫赵伯琮,一个叫赵伯玖,一直没有确定立哪一个为皇太子。岳飞出于一片赤诚,直言立赵伯琮为太子,这件事在当时就有人私下里反对岳飞直言,认为岳飞是大将,不宜谈论立储这样的大事。岳飞不听,果不其然,他的话一出口立刻引发赵构的极大反感,赵构说:"你是大将,手握重兵,这种事情不宜你来介入。"宋朝防备武将干政是国策,历代君主都把武将参与政务看作是头等的忌讳,岳飞虽然出于忠诚献言但也因此招致杀身之祸。

敦亲王、年羹尧、岳飞这些例子告诉我们，每个人都应该在职场指挥链的特定位置做到谨守分际，注意上下左右之相对关系，尊重领导的权威，尤其是要认识到，不在其位，不谋其政，切不可干涉领导职责范围内的事务。僭越既是宫廷禁忌，同样也是现代职场禁忌。

6.3 沟通，团队合作的关键

《圣经·旧约》上说，人类的祖先最初讲的是同一种语言，他们能相互沟通，彼此合作，力量越来越大。后来，他们在底格里斯河和幼发拉底河之间发现了一块非常肥沃的土地，于是就在那里定居下来，修起了城池，建造了繁华的巴比伦城。他们的日子越过越好，决定修建一座可以通到天上去的高塔，用来传颂人类的赫赫威名。他们用砖和河泥作为建筑的材料。因为他们语言相通又团结一心，阶梯式的通天塔修建得非常顺利，高高的塔顶已冲入云霄。

上帝耶和华得知此事，立即从天国下凡视察。上帝一看，又惊又怒，认为这是人类虚荣心的象征。上帝心想，人们讲同样的语言，就能建起这样的巨塔，日后还有什么办不成的事情呢？于是，上帝决定让人世间的语言发生混乱，使人们互相言语不通。

从此，人类讲着不同的语言，感情无法沟通和交流，思想很难统一，无法齐心协力地完成一件事，甚至还会相互猜疑，各抒己见，争吵斗殴。就这样，通天塔的修建工作就停止了。

这个流传久远的圣经故事寓意十分深刻，它时刻提醒着人们沟通在团队中是非常重要的。如果一个团队的沟通和互动正确、健康而有效，那么，它就能使团队成员的力量完全结合，从而产生相加、相乘的效果，迅速推进团队工作，实现团队的目标。

6.3.1 "五心原则"提升团队沟通

管理学大师彼得·德鲁克非常强调沟通的重要性，其"管理就是沟通"的观点已经成为现代管理学界的共识。随着人本管理思想的推进和深入人心，团队只靠冰冷的制度是发挥不了管理功效的。因此，有效的沟通在团队管理和团队建设中显得尤为重要。一般说来，团队沟通要遵循"五心原则"，即平等的心、欣赏的心、包容的心、合作的心和分享的心。

也许很多人认为，剧中的崔槿汐姑姑之所以对甄嬛那么忠诚，是因为她一开始就发现了甄嬛在容貌上与已故纯元皇后有"五分相似"。我想,不排除槿汐姑姑忠于甄嬛的碎玉轩团队有这方面的原因,但我更相信甄嬛在很多方面也被看作是值得效忠的主子。我们看一下甄嬛刚入宫到碎玉轩后,待掌事宫女槿汐姑姑带领碎玉轩的奴才见过小主,大家散了后,甄嬛与槿汐姑姑的一段对话。

剧情回顾

甄嬛:"崔姑姑入宫有些日子了吧!"

槿汐:"奴婢不敢,还请小主直呼奴婢贱名。"

甄嬛:"姑姑请起来说话!我一向是没规矩惯了的。咱们名分上虽是主仆,可是你比我年长,阅历又多,我心里是很敬你的!"

槿汐:"小主真是折煞奴婢了。奴婢先前是服侍太妃的,因太妃心静不喜人多,便被指了过来。"

从这段对话中,我们看出甄嬛已经体现了一名团队管理者的人格魅力,她对槿汐的称呼让槿汐姑姑自己都觉得受宠若惊。甄嬛没有直呼她的名字"崔槿汐"或者说"槿汐",而是叫"崔姑姑",槿汐的回复也说明她往日在宫里很少受到这般礼遇。随后,甄嬛很真诚地和她说了自己的一些情况,如自己"没规矩惯了""你阅历多,我心里很敬你"等话语。这种对团队成员的尊重自然能够提升团队的凝聚力。

甄嬛除对碎玉轩内部的人很敬重,而且对于苏培盛等太监也显得非常的礼貌,从来不会直呼其名,都是用"苏公公"这般的称呼。这些行为自然为她日后团队的建设奠定了基础。如若甄嬛一向对苏公公不恭敬,即使有崔槿汐去示好,人家喜欢崔槿汐,但未必会全力帮甄嬛。

这种沟通看上去是小事,但往往能为团队创造难以想象的价值,所以说,沟通也是生产力。

6.3.2 用心沟通挽救团队内部的异心之人

"沟通出情感"。在团队建设和团队管理过程中,难免出现团队内部成员之间的不和谐,或者团队成员因为某些原因有异心,这种情况下,我们应该分别治之。对于像康禄海那样的人,当然是果断决定让他离去,而且走得越早越好!但团队中也可能有一种人,你不愿意舍弃,甚至他对你也很重要,但他出现了问题,做出对团队不利的事情。这时,我们应该及时发现,及时沟通,做到"亡羊补牢,未为晚也"。

剧中,甄嬛的贴身侍婢浣碧(其实,是她同父异母的妹妹),由于心气较高,不明白长姐在后宫的风光能否给自己逝去的娘亲和自己带来好处,也不明白这位长姐是否知道自己的身份,是否会顾及这些而为她谋求好的出路,她竟然利用自己的亲姐姐,几次差点让甄嬛死于他人之手。比起那些在后宫为了求生存或者争宠的女人来说,浣碧的很多行为更让人觉得无法谅解。例如,在沈眉庄被禁足闲月阁的时候,她居然伙同曹贵人做背叛碎玉轩的事情。但甄嬛知道,这个团队成员不能随意舍弃,一则是进宫前父亲的叮嘱不敢违逆,再则也担心这傻丫头一旦狗急跳墙伤害甄家满门。所以,当她和槿汐姑姑、小允子查出碎玉轩的内鬼是浣碧后,甄嬛并没有当着其他人的面责骂她,也没有让她难堪,只是把她叫到寝宫与她进行了一番很深情的沟通,告诉她自己知道她的真实身份,而且父亲在进宫前也有交代,希望能借着机会抬高浣碧的身份,并且还和她分析了她这样做的利害关系。浣碧听了后觉得非常愧疚,自此后再也没有做背叛姐姐的事情。

所以说,团队中的沟通是非常重要的,它既能提高团队的工作效率,为实现团队目标做导航,又能化解团队中可能的矛盾,增进团队的凝聚力和向心力。

6.4 团队管理的艺术

美国钢铁公司总裁本杰明·弗尔莱斯说过,"在现代工业社会,单枪匹马赤手空拳打天下的神话已不复存在,孤胆英雄越来越难以成功,即便是过去被认为主要是由单独的个体从事的领域,现在都变成一种团体合作的事业。"因此,团队工作(team working)已成为管理界推崇的理念,有趋势表明过去统治整个世界几百年的科层制将在不远的将来消失,取而代之的是以团队为基础的工作模式。

6.4.1 管理的艺术源于团队管理者的人格魅力

我们呼唤优秀的团队领袖,但是这些优秀的人不会从天上掉下来,这需要社会、组织和个人共同努力才可以获得。打造卓越的领导力是一个漫长而艰辛的过程,然而就像蛹蜕变成蝴蝶一样,历练过后换来的是自由飞舞,那将是人生中新的境界。众所周知,一个具有杰出人格魅力的团队领袖拥有无形的力量,他能帮助团队中的每一个成员做出自己最卓越的表现,能使整个团队更紧密地结合在一起。他不仅是属于团队领袖个人的,而且是属于整个团队的财富。

剧情回顾

甄嬛入宫后不久,一天晚上,她和浣碧在碎玉轩屋里聊天时,突然听到从寝宫的门廊传来当日守夜的太监小允子的哭声。甄嬛不知发生了什么,忙从寝宫里走出来问道:"好好的怎么哭得这么伤心?"

小允子:"奴才叨扰小主,请小主恕罪!"

甄嬛:"人有喜怒哀乐,伤心流泪何罪之有?你且告诉我,为什么哭?"

小允子:"奴才的哥哥在四执库当差,病了一个多月了都没见好,所以奴才伤心。"

甄嬛:"人食五谷杂粮,难免有病痛。左右这两日闲着,你去照顾你哥哥吧!"

小允子:"多谢小主!"

随后,甄嬛还要身边的人请温太医为小允子的哥哥开了个方子,治好了他哥哥的病。

……

后来,康禄海与其自己的徒弟小印子等人见碎玉轩等不到皇上宠幸便要离开,小允子却明确表示了自己的忠心。

小允子:"奴才受常在恩惠,绝不敢背弃常在。"

甄嬛:"为何这样说?"

小允子:"奴才的哥哥病在四执库没人理会,若不是小主在病中还挂念着,请了温大人去医治,只怕,只怕哥哥早就不成了。奴才兄弟受小主这等大恩,一定尽忠侍奉。今生报不完的,将来死了变成一头大青牛,驮着小主成菩萨去。"

团队领袖或者说团队管理者的人格魅力,就是通过人格的外显而对团队中的每一个成员构成的吸引力和辐射力,它是由一个人的品格、智慧和才能凝结而成的力量。现代管理学中非常明确地提出,人格魅力是高效团队管理艺术的集中体现。很多团队管理者在管理实践中也在设法提升自己的人格魅力,但又不明白从哪着手。其实,一个团队管理者的人格魅力往往可以通过团队管理中一些不经意的事情来体现。在上面这段剧情中,甄嬛其实就是展示了领导的人格魅力。甄嬛能从细微之处关心自己的团队成员(小允子),并且能及时帮他排忧解难。正因为小允子感受到了小主对他的关爱,而且这种关爱深深感动了他,于是他便对碎玉轩有了爱,即便在团队中有成员一时糊涂想要退出,他也表示了自己的"忠心"。事实上,小允子后来成为甄嬛成就自己的很重要的团队一员。

按照中国著名的职业经理人唐骏先生的话来说，"我在中国十年的管理经验告诉我，在中国做管理需要让员工感受到做领导的关爱，最好是让他们有点'感动'。一旦员工被你'感动'了，那时表现出的对企业的热爱才是真正的'文化'。"

补充阅读

唐骏：管理者要学会让员工感动

感动员工的方式可以是多样的。我当时就给人事部门定了一条规则：所有加入微软中国的员工都要经过我的面试。刚开始的时候，有些中层觉得不理解，甚至怀疑我对他们不够信任。其实我的目的就是在员工还没进入微软的时候就"感动"他们一下，让他们真正感受到什么叫"以人为本"，感受到公司对员工的重视——公司的总裁面试每一个员工，即使是最基层的员工。很多从其他公司来的员工十分感慨，说在前一家公司里工作多年，和公司老总没有任何对话机会，而来微软的面试都是总裁亲自做，感觉自己一下子被重视了，这就叫"感动"。

有一天晚上，我在公司楼里的电梯里遇见了工程师 David。他正好带着"准女朋友"巡视完公司。我就主动地说："David，最近你们上行的客户项目做得怎样了？"第二天早上，我的邮箱里收到了 David 的邮件，说我让他在自己的"准女朋友"面前很有面子，因为连总裁都知道他的名字，甚至还知道他在做什么，给人的感觉是他在公司里很重要，也一定会有前途。他说他"准女朋友"对他的好感迅速增加了几十分，还说以后一定要继续努力，不辜负我的期望。David 真的被"感动"了。

我每天都和员工接触，所以我能记住公司的一千多位员工的名字，这一点不知"感动"了多少人。另外，每天早上我都给大楼"不听话"的电梯派一个"电梯阿姨"，对电梯做合理的控制；我让公司阿姨帮助员工代缴水电费；在工作日，公司负责去机场和车站迎接每一个来探亲的员工家属；中秋给员工的亲友寄送月饼。所有的一切看上去都是小事，但是每件事都会让员工"感动"。

在微软通过第三方咨询公司对全球员工进行员工满意度的调查中，我领导的无论是微软全球技术中心还是微软中国公司，都成为微软全球员工满意度第一的分公司。因此，我成为微软公司历史上唯一一位两次获得比尔·盖茨总裁"杰出奖"的员工。

其实，我只专心做了一件事，就是让我的员工"感动"。

每一个人都希望自己是一个很有魅力的人，甚至是一个魅力十足的人——因为我们每个人都有被别人接纳的渴望，尤其是作为一名团队的管理者更应有这样的追求和渴望，这是一种健康的心理需求。我们在工作与生活中也常常会有这样的感受：我们总是不由自主地被那些富有人格魅力的人吸引，也更愿意服从和服务于那些有人格魅力的团队领袖或者管理者，他们总会给我们产生很大的影响。一般说来，在团队管理中，团队成员更乐于与那些热情、友善的团队领袖相处，他们总是给我们带来和谐融洽的感觉；团队成员也更易于信任那些虚心谦和、诚实守信的团队领袖。事实上,胸怀大度、光明磊落的团队领袖在任何地方都会迅速地赢得团队成员的尊重和敬佩。

6.4.2 以诚相待化解团队内部的嫌隙

在团队建设与团队管理过程中,每一个人都希望团队成员自始至终能目标一致,迎头向前。但这是理想状态,团队中总会出现一些问题让你避之不及,从而使团队遇到这样或者那样的挫折,甚至会产生团队内部的矛盾。作为团队管理者,一旦发现团队中有成员的表现让你有异议,或者对他的做法有意见,这时,我们最要紧的是赶紧寻求机会与他进行沟通,直截了当地表达自己的看法。因为有些容忍可能会形成团队内耗,导致团队中成员之间的彼此不信任,甚至出现更糟糕的结果。其实,哪怕是在最好的团队中,嫌隙也无法避免。只要团队管理者及时解决,一切就能恢复如初。如果你的团队一直平稳向前从未有过矛盾,你要注意了,平静外表下可能暗流汹涌。

剧情回顾

甄嬛因为封妃时误穿已故纯元皇后的故衣,被皇上禁足碎玉轩。甄嬛这才明白,皇上之所以那么宠爱她,主要原因是她长得像纯元皇后,"在皇上心目中成了纯元皇后的替身"。甄嬛这时也开始怀疑槿汐姑姑为何如此效忠于她。

甄嬛:"槿汐,从前我问你,为何会无故对我这么忠心。你只说是缘分使然。如今可以告诉我了吗?是因为我像纯元皇后,对不对?"

槿汐:"小主是和纯元皇后有几分相像,但也不十分相像。"

甄嬛:"直到今日我才明白,端妃初次见我,何以会那样惊讶,何以会说那样的话。她是宫里入宫最早的嫔妃,自然熟悉纯元皇后的容貌。"

槿汐:"五分相似,五分性情。所以,让皇上情动了。"

甄嬛:"五分容貌,五分性情,这就足以让你对我效忠,是不是?不!你效忠的是纯元皇后。"

槿汐:"娘娘!娘娘多虑了。奴婢其实并没有福气服侍过纯元皇后,只是因缘际会,得到过纯元皇后的一次垂怜罢了!而小主您,也只有穿上纯元皇后的衣衫才有几分真切的相像。纯元皇后为人太过纯良,小主虽然有时也总是会心软,可还是有决断的时候。奴婢效忠小主,其中是有几分纯元皇后仁慈的缘故。但后来,完全是因为小主您。"

> 甄嬛:"如今我已然失宠。今次不同往日,恐怕难以翻身!你再对我效忠,也是枉然。"
>
> 槿汐:"此番之事,奴婢也是有责任的。奴婢只是觉得那件衣裳眼熟,可怎么也没有想起来,那是纯元皇后的旧衣。而姜公公以前并没有服侍过纯元皇后,看样子,咱们此番又中了别人的圈套。可怜姜公公已经被皇上下旨乱棍打死。"
>
> 甄嬛:"我不知他是受我牵连,还是被算计的一颗棋子。(拉着槿汐的手)槿汐,我不该疑你忠心!"

剧中,甄嬛因误穿纯元皇后的衣服,被皇上呵斥并禁足碎玉轩。此时的甄嬛既对皇上失去了信心,觉得自己很可怜和可笑,竟然一直只是一个替身,又开始怀疑身边的槿汐姑姑忠心于自己的原因是否也如同皇上那样。其实,这种场景显示了碎玉轩团队内部开始有了嫌隙,至少团队管理者对团队中的主要成员有了怀疑。甄嬛并没有窝在心中,甚至从此以后用另外一种方法来看待槿汐。她很真诚地找来了槿汐,以诚相待地与她进行了沟通,说出了自己的真实感受,槿汐也很真诚地回复了甄嬛,从而使碎玉轩团队中最重要的成员之间的矛盾得到了消解。

"你以赤诚之心待人,别人也必以赤诚之心待你"。无论在工作中还是生活中,这都是一条亘古不变的真理。在团队管理过程中,无论团队管理者还是团队成员,大家在遇到团队中的矛盾和嫌隙时,都应该以赤诚之心相待。正所谓,"君子和而不同,小人同而不和。"

6.4.3 雍正对年羹尧可谓"善用人者不恃人"

王夫之在《读通鉴论》(卷十·三国)中写道,"善用人者不恃人,此之谓大略"。作为团队的管理者,在善用能人、尊重能人的同时,还应当注意:不能形成对能人的依赖,以至于出现"将能而君难御"。

雍正皇帝是康熙皇帝的第四子,在"九子夺嫡"中得到亲信年羹尧和隆科多等人的帮助而胜出,继承了皇位。一开始,雍正皇帝非常信任年羹尧,并先后任命他为四川总督、川陕总督、抚远大将军,还被加封太保、一等公,让年羹尧高官显爵集于一身。年羹尧也不辜负雍正的厚望,他运筹帷幄,驰骋疆场,曾配合各军平定西藏乱事,率清军平息青海罗卜藏丹津,立下赫赫战功。当时,在年羹尧的川陕辖区内,文武官员的任命都完全由年羹尧说了算,以至于让吏部(负责文职官员的选拔)和兵部(负责军队官员的选拔)形同虚设。当时吏、兵两部对年羹尧推荐的官员名单有一个专门的名字叫"年选"。由于年羹尧受到雍正皇帝的特殊宠遇,可谓位极人臣,吏、兵两部对于"年选"只是履行例行公事批准而已。年羹尧后来不仅管自己辖区内的事情,对自己辖区外的事情也要干预。例如,他回京途中路过山西,因"山西直隶巡抚"赵之垣没有好好恭迎他而免了他的职,后来却要皇帝吩咐吏部把赵之垣安排在吏部。

年羹尧仗着自己的赫赫战功,在赴京途中,他令都统范时捷、直隶总督李维钧等跪道迎送。到京时,黄缰紫骝,郊迎的王公以下官员跪接,年羹尧安然坐在马上行过,看都不看一眼。王公大臣下马向他问候,他也只是点点头而已。更有甚者,他在雍正面前,态度竟也十分骄横,"无人臣礼"。雍正皇帝虽然对年羹尧非常宠幸,但始终不让他及他的两个儿子在朝中任职。也就是说,不管年羹尧权力有多大,但他的意志形式上还是要通过吏部和兵部才能施行。这样,在年羹尧越来越跋扈时,雍正皇帝一声令下,就将其调任杭州将军。而年羹尧一离开自己的王国,反对他的官员马上察觉到了苗头,开始弹劾他。5个月之后,以92大罪状逮捕年羹尧,最后令其自裁。

雍正皇帝善用人才来为自己服务,但同时又牢牢地掌握着权柄,他是"善用人者不恃人"的典范。

6.5 团队建设中的个人成长

正如一位企业家所说的,不要以为你什么都行,离开了团队你可能一事无成;也不要以为你势单力薄,有了团队你也许什么都行。在职场和生活中,我们遇到很多的目标,虽然单靠我们某一个人似乎很难实现,但只要依靠团队的力量、集体的智慧,我们就能取得成功。个人只有把团队当成"家",把自己的前途和团队的命运紧密联系在一起,才能更好地实现自我价值。团队目标的实现也需要个人才智的发挥、个人潜能的激发、个人能力凝聚发展为合力。

6.5.1 浣碧:缺乏团队角色意识与位置感的姐妹

在管理学界,韦伯被称为"组织理论之父",与泰勒、法约尔并列称为西方古典管理理论的三位先驱。他以哲学家式的冷峻和严密,创立了"组织管理"相关理论,他认为:权力赋予职位,而非个人。首先组织把这个具体位置人格化,并赋予它角色以及与这个角色相对应的权力。其次每个人要明白,你在组织中所处的位置。而摆不正位置,是导致我们工作失误和烦恼的缘由之一。在团队建设与个人成长过程中,个人在团队中一定要认知并实践自己的角色,为实现团队与个人的目标而努力。

剧中,浣碧可以说是碎玉轩团队中最坏的团队成员,也是最差劲的妹妹,套用槿汐姑姑评论曹琴默的一句话来表示,"放不下荣华富贵的人,就永远成不了大气候"。我们暂且不说她当初背叛姐姐竟然去跟华妃一党的曹琴默合作陷害自己的姐姐,就说她在碎玉轩的所作所为,也许过分把自己当作甄府的二小姐了。

当甄嬛还没有让周围的人知道也不能让人知道浣碧是自己同父异母的妹妹时,浣碧应该明白,你在碎玉轩团队中就是甄嬛从甄府带来的贴身侍婢,和流朱没有区别。也就是说,浣碧应该和流朱扮演相同的团队角色,应该表现出一样的角色行为。

流朱在整个剧中始终把甄嬛的事情放在第一位。她清楚自己的身份和角色,全心为自己的主子着想,并不会因为有与小姐从小一起长大的姐妹情分就忘了自己的本分。她处处以小主所需为优先,始终没有忤逆或者背叛,总是仗义行事,谨守本分。所以,当流朱发现浣碧别有居心陷害从小一起长大的甄嬛时,从她那大睁的眼睛里表露的愤怒和悲伤,到面庞紧绷的线条,都可以看出她对浣碧的失望。最后,她把朱颜之血和青春年华全部奉献给了自己的主人。

浣碧却不一样,她完全没有把自己放在一个侍婢的位置上。先不说她自私自利、心高气傲、仗势凌人,最可恨的是,她甚至几度利用自己的姐姐,险些让甄嬛死于他人之手。例如,她多次企图色诱皇上,想以此来摆脱自己宫女的宿命;她还喜爱在宫中特意打扮,以奴婢来说就是"以下犯上",又无视尊卑和身份;看到安陵容受宠便态度恶劣,摆脸色、发脾气,逗口舌之能说些刺激人的话。

可以说,安陵容后来那般敌视甄嬛且投靠皇后来对付甄嬛,除了安陵容本身的性格、心性之外,浣碧那些没有摆正自己角色和认清自己身份的言行的确是造成这一后果的最大的原因。身份是后宫最重要的生存依据,浣碧无论怎么说,你也就是个侍婢,而安陵容是后宫的小主。一方面,由于浣碧有口无心的愚蠢使安陵容记恨在心并认为,一个侍婢敢挑衅别的主子,这其中一定是甄嬛所指使;另一方面,当安陵容将皇上赏赐的浮光锦送两件给姐姐甄嬛,甄嬛看在姐妹情分上让浣碧拿一件穿,但提醒她一定要低调,但她却穿着在宫里到处显摆,甚至背后议论安陵容并被安陵容知道,安陵容以为是姐姐甄嬛根本看不上她送的礼物。这一桩一桩的事情,都是浣碧摆不正自己的位置,以至于给碎玉轩带来不少的麻烦。

在电视剧《芈月传》中,芈月在魏冉、白起、庸大人及蒙挚等人的帮助下平息了七公子之乱,将叛乱的公子嬴华等七人捉拿。芈月当即在殿上决定,七位公子必须按照秦律一律诛杀。秦王嬴稷甚为不解,于是前往母后的寝宫去为七位王兄求情。芈月明确表示即便这个骂名由她来承担,这叛乱的七位公子也必须一律诛杀,"王子犯法与庶民同罪,否则大秦的律法设置的又有何用,律法无法推行,长此以往,以后国将不国。"秦王嬴稷却和母后辩驳,王室兄弟之间到最后未必都要是个你死我活的结局,并且还拿先王秦惠文王与王叔樗里子相处得如此和谐为例劝告母后。而听到这些之后,芈月却回答了一句"先王与王叔樗里子之所以相处得很好,是因为你王叔樗里子与先王相交时,先懂得君臣关系,然后再是兄弟关系,而你这七位王兄并不懂。"由此可见,芈月诛杀七位公子的主要缘由就是因为七位公子不懂得角色的定位,从而招来杀身之祸。

所以说,团队中个人成长必须服从于团队目标,更要认清自己的团队角色。在今天的职场竞争中,职场的角色感也是非常重要的,缺乏角色感或者说位置感,人在职场很可能会丢饭碗。

> **补充阅读**
>
> **牛根生:水大漫桥,是缺乏位置感的表现**
>
> 1982年是牛根生的命运转折之年,那一年发生了三件大事,一件比一件重要:妻子怀孕,为牛根生添了一个女儿;到处寻衅滋事,没有人生方向的牛根生被请进派出所,关押了64天;郑俊怀来到回民奶食品厂,成为牛根生的厂长。当年牛根生24岁,高中毕业,只是洗奶瓶车间的一个洗瓶工。那时候没有机械操作,洗奶瓶全靠手工搓擦,每天牛根生忙完了工作总是满身奶垢。这个思维活跃还喜欢发言的年轻人引起了郑俊怀的注意。当奶食品厂在全市率先搞承包制的时候,牛根生积极响应并承包了加工车间。他带领一班年轻人打了一个翻身仗,当年就扭亏为盈。两年后回民奶食品厂在呼和浩特五百多家食品厂脱颖而出。为了表彰牛根生的业绩,郑俊怀奖励了他一辆价值20万的桑塔纳轿车。牛根生不愿独享,"我后来上班一看,我的几个副手都没车,就在想怎样把这个车用得最好。"他把桑塔纳换成5辆天津大发自己和副手人手一辆,获得了众人的拥戴和支持。
>
> 1996年,伊利集团成立。牛根生成为主管生产和销售的第一副总裁。如果事业的轨迹如此发展下去,就没有后来中国乳品行业的传奇企业蒙牛了。偏偏命运和老牛开起了玩笑:一把手的威望和风头逐渐被牛根生盖过,郑俊怀于1998年11月撤销了牛根生在伊利集团的一切职务。一名高管会后奉命找牛根生谈话:"你得离开呼和浩特两年,公司安排你到北京大学学习,你回来后不要再搞食品行业了!"在这种十分尴尬的情况下,牛根生带领一批人马创办了蒙牛集团。到2005年,他只用了六年多时间就把蒙牛这家公司做到全国第一。有意思的是,2006年,解职牛根生的伊利董事长郑俊怀因为经济问题锒铛入狱,而被解职的伊利前副总裁牛根生却被评为"2005年新中国十大经济人物"。这时,面对媒体的牛根生已经没有了怨恨,他说:"什么事情就怕颠倒。我被撤职,现在看主要责任在我。我是企业二把手,但做了'水大漫桥'的事。现在我已经是一把手了,如果我的副职也做了'水大漫桥'的事,我很可能也容忍不了。"

6.5.2 甄嬛：收敛个性，等待绽放

在电视剧《后宫·甄嬛传》中，甄嬛无论作为一个独立的个体还是作为一个团队成员，其在后宫成长的很多智慧都值得我们学习。但在分析甄嬛成长脉络的过程中，我惊奇地发现，她与《西游记》中悟空的成长，即那种"从无性到成佛"的过程异常相似。

我们一起先看看悟空的成长吧！

在《西游记》中，孙悟空的整个心路发展历程可以分为四个阶段。

第一阶段是从横空出世到拜师学艺，这一阶段的孙悟空所展示的性格是"无性"，就如同他回答菩提祖师的问话那样，"我一生无性。人若骂我，我也不恼；人若打我，我也不嗔，只是赔个礼就罢了！"这个阶段的他之所以没有个性，或者不展示出个性，并不是因为他修养高，而是他的确没有什么本事，或者说他缺乏一定的自信，是无能的反映，以至于他到了菩提祖师的斜月三星洞洞口也"不敢敲门"。

第二阶段从学艺归来到大闹天宫，这一阶段的孙悟空展示的性格是"任性"。学了神通之后，随着自身本事的见长，悟空不甘于一直没有脾气，也不再忍受被人打骂之后还向别人道歉的屈辱。在菩提祖师洞府中，他在师兄弟前卖弄本事是其个性变化的开始，祖师洞察到这一变化的端倪便把他赶走了，说"你这去，定生不良"。随后，他到东海夺宝，到阎罗殿改命簿，到天庭自封齐天大圣和大闹天宫，这都是一种任性的表现，真的是"从心所欲"，无法无天。

第三阶段从五行山下受苦到求经前期，这一阶段的孙悟空展示的性格是"收性"。得意忘形之后的孙悟空在如来佛的手心里发现自身原本的渺小，自我膨胀的泡沫破灭了，他又退回到了有限的程度。被压在五行山下的孙悟空，500年后在获得新生，是悟空收性的开始。

第四阶段从取经后期到悟空成佛之时，这一阶段的悟空又进入了"无性"的更深层次的境界。14年取经之路上的磨难，是磨砺其心智的一个过程。孙悟空最后所到达的"无性"，与最开始的"无性"阶段相似，却有所不同。早期的"无性"阶段，他没有脾气，没有本事，没有个性，直到最后的成佛之时，孙悟空已经对强盗和妖怪表现出了之前所没有的仁慈和宽容，这时所表现出来的没有脾气并不是因为没有本事，而是因为他在这14年的取经之路中所修炼的，心中多了善念，他的心胸在这次的取经之路中变得更加的开阔和宽容。与此同时，他的心智也变得成熟，心怀善意和宽容地去处理遇到

的事情，没有了之前的冲动和不理智。

甄嬛刚入宫之时，由于自己的蛰伏，没有得到皇上的恩宠，她在整个后宫的生存状况是人人皆可欺，除了好姐妹沈眉庄会给予关照，分享一些皇上赏赐的东西以外，内务府等人都会欺负她。这时的甄嬛也未表现出自己的任何个性，做到了悟空所谓的"我一生无性。人若骂我，我也不恼；人若打我，我也不嗔，只是赔个礼就罢了！"即便是自己宫里的首领太监带领底下的人怠工，甚至不愿意做任何事情，以致最后弃她而去，她也未曾表达任何态度。到后来，倚梅园的一位宫女（相当于一个企业的勤杂工）因偶然机会获得了皇上恩宠（转为正式职工并派到光彩的岗位）后，她都能不理睬这位久未获宠的姐妹。

当甄嬛获得皇上恩宠后，尤其是当她得到皇上的盛宠，她开始展示了自己的个性，对那些不尊重自己的人也表现了自己的喜好，甚至敢于与华妃娘娘宣战。其实，她最后册封礼上的失误不能不说有悟空第二阶段的个性特征。因为开始自我膨胀，以为皇上对她不仅仅是宠，而且还有其他后宫小主没有的爱，也认为皇上对她真心，是后宫无人能比、无人能及。所以，当她在景仁宫发现自己其实只是纯元皇后的替身之后，突然间意识到了自己的渺小，认识到自己在皇上心目中之所以这么重要，不完全因为自己，而是因为"莞莞类卿"所致。纯元皇后的出现就像展现在悟空面前的如来佛祖的手掌心，这样才使她更加清醒，也便决定生下公主后出宫带发修行。

带发修行的甄嬛就如同五行山下受苦的悟空，自我膨胀的泡沫开始破灭。在这巨大的困难和苦难面前，她同悟空一样变得更加坚强。在甘露寺和凌云峰的日子对于甄嬛来说，不仅仅是一个心性的修炼，更大程度上让她重新认识自身能力的局限性，调整好自己的心态，摆正自己的位置，不再去轻视别人，学会了如何顾全大局，从而实现最终目标。

6.5.3 宝娟：忠诚比能力更重要

忠诚是团队精神的基础和前提，只有对团队忠诚的人，才能产生与团队荣辱与共、休戚相关的感情；只有对团队忠诚的人，才会与自己的团队风雨同舟、患难与共，经风雨而不馁，受荣辱而不骄；只有对团队忠诚的人，才会受到团队的看重，并为他提供广阔的个人发展空间。忠于团队最直接的行为就是融入团队，和团队成为一个共同体，接受团队的一切，并且在言行上服从于团队的目标。

剧情回顾

安陵容与富察贵人住在同一宫,富察贵人平日里就对安陵容多有欺凌,尤其是当她怀有身孕后,便多番凌辱安陵容。安陵容身边的贴身侍女宝鹃看到自己的小主如此被欺辱,便偷偷用马尿拌香灰洒到富察贵人的墙角下,意欲使富察贵人走上霉运。当宝鹃在外头做完这事拍打着手上的灰,得意地走回寝殿,安陵容觉得一定有什么事情。

安陵容:"宝鹃,什么事情这般高兴啊?你干什么去了啊?"

宝鹃:"奴婢真的什么也没干。"

安陵容:"你这手怎么灰扑扑的?香灰?"

宝鹃:"奴婢实在是看不惯富察贵人欺负小主。奴婢听说,香灰拌了马尿洒在墙根底下就能让那个人倒霉。奴婢实在是看不过去才这么做的。"

安陵容:"你疯了?这样的无稽传闻你也信?"

宝鹃:"千错万错都是奴婢的错。小主若是生气就只怪奴婢,奴婢认罚。若是小主带奴婢去见富察贵人,那奴婢绝对不会连累小主的。"

安陵容:"你是我的贴身宫女,你做与我做,在外人看来,又有什么区别呢?再说,我日日看她盛气凌人,何尝不想让她气焰低些!你只不过是赶在我前面,做了我想做的事情而已。奴才跟着主子久了,主子的心意便是奴才的心意。所以,你如今做什么说什么也都是揣度我的心意做的。剪秋对皇后如此,流朱对莞贵人也是如此。"

宝鹃:"小主,那奴婢错了吗?"

安陵容:"怎么会呢?所谓忠仆,就是这个样子!"

在剧中,无论皇上身边的近身太监苏培盛、皇后身边的贴身侍婢剪秋姑姑、华妃娘娘身边的贴身侍婢颂芝,还是甄嬛身边的槿汐姑姑与流朱姑娘、端妃身边的贴身侍婢吉祥,她们都表现了对主子的忠心,表达了对后宫小团队的忠诚,同样也包括延禧宫安陵容身边的侍婢宝娟。虽然宝娟是所有后宫宫女中最小家子气的一位,甚至在主子跟前挑拨说闲话,心胸狭窄,目光短浅,一派逢迎侍候主子,但她对主子的忠诚也是显而易见的。在这段对话中,我们既可以看出宝娟对安陵容的忠诚,又可以从安陵容的话语中明白忠诚的职场普遍性。

在职场中,忠诚于团队最基本的一点就是绝对不能做有损于团队的事情(如浣碧背叛甄嬛)。不要背叛团队,在团队成长和完成团队目标的过程中,做到忠诚和敬业与个人自我实现的完美双赢。

7 处处有玄机

剧中的文学意象

电视剧《后宫·甄嬛传》的热播引起了社会的广泛关注,《光明日报》文艺部曾就这部电视剧举办了电视剧《后宫·甄嬛传》研讨会。与会专家认为,《后宫·甄嬛传》在历史真实和艺术虚构之间做出了探索,剧中曲直有致的宫廷故事,情节跌宕起伏,其间对主流价值观的传达、对人性的深度挖掘,对封建皇权的强烈批判,对"真、善、美"的尽情讴歌,对文化品位和文学意象的自觉追求,为泥沙俱下、良莠不齐的古装剧市场挽回了声誉。

通过深入挖掘《后宫·甄嬛传》语言韵味的精髓,剧中半文半白的语言、宫廷楹联的呈现、谈诗论画和典籍故事的引用、操琴吹箫和踏雪赏梅的意境,无不体现了戏剧艺术中的历史意义和文学意象,这也为当今的古装宫廷剧注入了美学活力。而且,这些文学意象的呈现,让观众不仅能感受到历史细节的真实性,而且还透过剧中的历史厚重感思考着人生和未来。

7.1 《后宫·甄嬛传》经典台词集锦

一直以来,古装戏的语言如何符合历史时代特征一直是困扰古装影视作品创作者的难题。电视剧《后宫·甄嬛传》语言半文半白,从《红楼梦》的语言中得到了不少借鉴。如"你好生着""你仔细着""如今私心想来""登高必跌重"等,读过《红楼梦》的观众看到此处,都会有种似曾相识的感觉。正是这些半文半白的语言对白显示了该作品艺术上的精致。剧中,很多最精彩的剧情对白也很值得我们为人做事好好品味。我们一定不会忘记启迪人生的一句"杏花虽美,可结出的果子极酸,杏仁更是苦涩,若做人做事皆是开头美好,而结局潦倒,又有何意义。倒不如像松柏,终年青翠,无花无果也就罢了";不会忘记警醒工作的一句

"常听人说,一入宫门深似海。如今也轮到自家身上,你此去要多多心疼自己,后妃间相处更要处处留意,不要与人争执起事端!将来,你若是有福气做皇上宠妃自然是好,但自己的性命更紧要"

7.1.1　人生篇

1. 不偏爱,懂节制,方得长久。
2. 杏花虽美,可结出的果子极酸,杏仁更是苦涩,若做人做事皆是开头美好,而结局潦倒,又有何意义。倒不如像松柏,终年青翠,无花无果也就罢了。
3. 人情世故的事,既然无法周全所有人,就只能周全自己了。
4. 有些事,如果一开始就明知道不能善终,就不要痴心妄想,去勉强求一个善果。
5. 我知道你不是有心的,可是老天爷有心啊,他不忍叫你明珠暗投。
6. 微臣自知别无所长,唯一值得一提的就是重诺而已。
7. 朕喜欢你读书,读书能知礼。菊花有气节,可是朕更喜欢菊花独立秋风,不与百花争艳,耐得住寂寞,才能享得住长远。
8. 与其心生敬佩,不如自己便是那样的人。
9. 他不喜欢红配绿所以觉得不好看,其实这各花入各眼,本王就觉得挺好看的。你若不信,去看那春日里的花朵,大多数都是红花绿叶的,人人还说美得很。人好看穿什么都好看,若是腹中有诗书,这气度就更不平凡,你跟着你们家小主,自然是不会差的。
10. 放不下荣华富贵的人,就永远成不了大气候。
11. 以往只知道,湖上十里风荷,清香宜人,想不到身在其中,连菱叶、芦苇都气味清郁,看来身在其中,果然比远观更得妙趣。
12. 松竹刚劲却不知过刚易折,反不若荷花出淤泥而不染。
13. 淡泊自抑,才是在皇上身边的生存之道。
14. 所谓美人,须得风情灵动,知情识趣才好,否则再美也是个木头美人,有什么意趣。
15. 荣宠侥幸,不过是三十年河东,三十年河西般时事迁移,并无稳固之说。既不稳固,又何必一定要放在心上。
16. 所谓欲擒故纵呢,最终还是在那个擒字上,纵不过是手段而已。所以擒也要擒得得当,万万不可前功尽弃才好。
17. 说实话,男女情分上我并不相信缘分一说,人们常常以缘分深厚作为亲近的借口,而以无缘作为了却情意的假词而已。
18. 自强当然好,只是别用错心机、枉顾性命就好。人心不足,机关算尽,往往过分自强便成了自戕。

19. 允礼,人在世上并非唯有一个情字,圣旨已下,你我若一走,我们身边所有的人都会被牵连,我们不可以自私到牺牲他们来成全我们。

20. 花叶和人一样,随时都会旁逸斜出,留神着点吧。

7.1.2 工作篇

1. 以色事他人,能得几时好。
2. 奴才不在于多,只在于忠心与否。
3. 但凡海上有风暴来临前,海面总是格外平静。
4. 若无完全把握获得皇上恩宠,你可一定要韬光养晦,收敛锋芒,为父不指望你日后大富大贵,能宠冠六宫,但愿我的掌上明珠,能舒心快乐,平安终老。
5. 今后,你们便是我的人了,在我名下当差伶俐自然是好,但我更看重忠心二字。
6. 有时候不争,比能争会争之人有福多了。
7. 太后行事一向有分寸,后宫的事她从不多管,但只要管了,必定是她看不过眼的大事。此番严惩,就是要告诉后宫,不要再这样乌烟瘴气。
8. 其实这后宫里头啊,从来就只有一棵树,只是乱花渐欲迷人眼罢了,只要你看得清,哪棵是树哪朵是花就好了。
9. 身为皇后,永远都不能有说厌烦的时候,一旦被人发觉力不从心了,那些盯着后位的人,不把你生吞活剥了才怪呢。
10. 臣妾幼时观史,见圣主明君责罚臣民时,往往责其首而宽其从,恩威并济,使臣民敬畏之外更感激天恩浩荡,皇上一向仰慕唐宗宋祖风范,皇上亦是明君仁主,臣妾愚昧,认为外有战事,内有刑狱,二者清则社稷明。
11. 宫中之事从无小事,今日可以在花花草草上不用心,那他日便可以一饮一食皆疏忽大意,再便是要蹬鼻子上脸凌辱主子了。
12. 其实有人分宠也是好事,若是莞贵人集三千宠爱于一身,而成为六宫怨恨所在,小王真当为贵人一哭啊。
13. 我总以为人性本善,可入宫之后所见所闻,天性亦可扭曲,我倒不能不这样恶意揣测了。
14. 承恩不在貌,也无关家世,只看皇上是否中意,要不也是枉然。
15. 在这后宫中想要升,就必须猜得中皇上的心思。若想要活,就要猜得中其他女人的心思。
16. 若是轻而易举取胜,那还有什么意思,非得苦心经营,大功告成,方才有兴味。

17. 这嫔妃之间的争斗、是非,都是最不重要的,重要的是皇上愿意相信谁,所以小主与其在这里伤心难过,不如多想想该如何让皇上少疑心。

18. 奴才跟着主子久了,主子的心意便是奴才的心意,对不对?所以你如今做什么说什么,也都是揣度我的心意做的,剪秋对皇后如此,流朱对莞贵人也是如此。

19. 两虎相争,就算在夹缝中的小兽,也得给自己找条后路啊。

20. 朕心愉悦,不是多几个女人伺候就是了,这个女人不光要听话懂事,更要懂得朕,明白朕,但又别太懂,懂那么一点能和朕说上话就是了,太懂或者是太不懂,朕都不喜欢。

21. 富贵安逸动人心志,卧薪尝胆方图大业,居安思危,未雨绸缪,古来贤君莫不如此啊。

22. 且不说利用两个字难听,要是没有利用价值,那才是穷途末路呢。

23. 想做一个宠妃最好的办法是日日看着别人如何做一个宠妃。

24. 留着我想要的,剪去我认为多余的,其实修剪花枝和整理后宫是一样的,这个道理我明白,皇后更明白。

25. 在这宫里活下去太难了,我没有时间也没有心思去后悔,以后的路也是你今日所选,我也希望你永远不要后悔地走下去。

26. 喜怒不形于色,心事勿让人知,更别叫人可以轻易揣测你的喜恶。

7.1.3　处世篇

1. 永远二字,说来简单。若真做起来只怕是很难了。
2. 雪中送炭的情谊比什么都可贵。
3. 容不容得下是娘娘的气度,能不能让娘娘容下是嫔妾的本事!
4. 人无伤虎意,虎有害人心。
5. 这路走错了不打紧,这东西交错了人,那可就不好办了。
6. 娘娘可曾见过好狗,这会咬人的狗,不叫。
7. 妹妹心善是好事,可是在这宫里,只一味地心善就只能坏事了。唯要牢记一句话,明哲保身才是最要紧的。
8. 小主有心就好,有心就有机会。
9. 人情世故的事,既然无法周全所有人,就只能周全自己了。
10. 世人皆赞荷花的清洁,我倒更喜欢荷花的佛性,温和如慈母。
11. 做衣如做人,一定要花团锦簇、轰轰烈烈才好。
12. 皇上虽说要节俭,可是也不能太不顾脸面,谁不喜欢自己的女人在身边坐着,光彩夺目啊。

13. 王爷失势会不如奴才,这奴才得势啊,会凌驾于主子。

14. 倒是臣妾读欧阳修的《朋党论》时,有段话深觉有理。欧阳公说,小人同利之时,暂相党引成为朋党,等到见利而争先,或利尽而交疏时,则互相贼害。

15. 事不关己便作不知,这才是宫中的求生之道。

16. 溃疡烂到一定程度,才好动刀除去,烂得越深,挖得越干净。

17. 宫外的石榴花若受风雨摧残,大人尽可做个惜花之人,但是宫内的一花一木,哪怕一片残叶,都只属皇上所有,大人惜花之情再盛,也只能远观而不可近护。

18. 任何时候都不要为不值得的人、不值得的事费时间、费心力。

19. 璞玉浑金,天然美质,不失本性更为重要。多情必至寡情,任性终不失性

7.1.4 爱情篇

1. 愿得一心人,白头不相离。
2. 逆风如解意,容易莫摧残。
3. 杏花疏影里,吹笛到天明。
4. 朱弦断,明镜缺,朝露晞,芳时歇,白头吟,伤离别,努力加餐勿念妾,锦水汤汤,与君长诀!
5. 牡丹亭的戏文上说,情不知所起,一往情深,生者可以死,死者可以生。
6. 因为我对男女之情绝望,因为我对我的人生绝望,是允礼,在黑暗中给了我一点希望,给了我一些活下去的理由,哪怕选择允礼是一个错误,我也宁愿一错到底。
7. 不求一心,但求用心。
8. 天下女子,无一不想与夫君情长到老。
9. 君情缱绻,深叙绸缪。誓山海而常在,似日月而无休。奈何嫉色庸庸,妒气冲冲,夺我之爱幸,斥我于幽宫。思旧欢之莫得,想梦着乎朦胧。
10. 情不知所起,一往而深,生者可以死,死亦可生,果真情之一字,若问情由,难寻难觅。
11. 凤凰于飞,和鸣铿锵,夫妻和顺恩爱,是世间所有女子的梦想。
12. 哪怕是寻常夫妻间,也少不得谨慎二字来保全恩爱,何况是帝王家。娘娘与皇上还有君臣之分。

13. 你一个大男人，怎么变得这样的啰唆？你若是喜欢她，她喜不喜欢你又何妨，你只需执着自己的本心就好；你若是不喜欢她了，坦然放下也就是了，又何必把自己弄得这么憔悴难堪，白白地惹人笑话？

14. 如果两个人有解不开的心结，凑在一块儿反而会更僵，这件事啊，只有两个人中的一个想明白了，先走出那一步才行。

15. 疑心易生暗鬼，很多事你越多想越易生事，不多虑的才是聪明人。

7.2 《后宫·甄嬛传》中文学典故与诗词

7.2.1 《后宫·甄嬛传》之"郑伯克段于鄢"

看过电视剧的朋友可能会记得，剧中至少两次提到了这个典故：郑伯克段于鄢。

第一次是皇帝想惩办年羹尧的时候。那时，甄嬛手里捧着一本史书在养心殿陪侍皇上。皇帝问她在读什么书，她答读《左氏春秋》，看到了"郑伯克段于鄢"颇有些读后感。于是甄嬛与皇帝交换心得体会，得到了一致意见"多行不义必自毙"。

第二次是新皇帝（四阿哥）即位后，担心太后（甄嬛）偏宠小皇弟（六阿哥），将来会兴起废长立幼的主意。于是，他试探着问太后："郑伯克段于鄢中讲到，母亲偏爱小儿子，于是想把大儿子从君主的位子上拉下来，让小儿子坐上去；两个儿子都是亲生的，尚且发生这样的事，如果大儿子不是亲生的，又将如何？"

"郑伯克段于鄢"可称得上是《春秋》中首年（即鲁隐公元年）记录的列国中的第一大事，后来，《左传》对这个故事进行了详细记载。

【原文】

初，郑武公娶于申，曰武姜。生庄公及共叔段。庄公寤生，惊姜氏，故名曰寤生，遂恶之。爱共叔段，欲立之。亟请于武公，公弗许。

及庄公即位，为之请制。公曰："制，岩邑也，虢叔死焉，佗邑唯命。"请京，使居之，谓之京城大叔。祭仲曰："都城过百雉，国之害也。先王之制，大都不过参国之一，中五之一，小九之一。今京不度，非制也，君将不堪。"公曰："姜氏欲之，焉辟害？"对曰："姜氏何厌之有？不如早为之所，无使滋蔓，蔓难图也。蔓草犹不可除，况君之宠弟乎？"公曰："多行不义，必自毙，子姑待之。"

既而大叔命西鄙、北鄙贰于己。公子吕曰："国不堪贰，君将若之何？欲与大叔，臣请事之；若弗与，则请除之。无生民心。"公曰："无庸，将自及。"大叔又收贰以为己邑,至于廪延。子封曰:"可矣,厚将得众。"公曰:"不义,不昵,厚将崩。"

大叔完聚,缮甲兵,具卒乘,将袭郑。夫人将启之。公闻其期,曰:"可矣!"命子封帅车二百乘以伐京。京叛大叔段,段入于鄢,公伐诸鄢。五月辛丑,大叔出奔共。

书曰:"郑伯克段于鄢。"段不弟,故不言弟;如二君,故曰克;称郑伯,讥失教也;谓之郑志。不言出奔,难之也。

遂置姜氏于城颖,而誓之曰:"不及黄泉,无相见也。"既而悔之。颖考叔为颖谷封人,闻之,有献于公,公赐之食,食舍肉。公问之,对曰:"小人有母,皆尝小人之食矣,未尝君之羹,请以遗之。"公曰:"尔有母遗,我独无!"颖考叔曰:"敢问何谓也?"公语之故,且告之悔。对曰:"君何患焉?若阙地及泉,隧而相见,其谁曰不然?"公从之。公入而赋:"大隧之中,其乐也融融!"姜出而赋:"大隧之外,其乐也泄泄。"遂为母子如初。

君子曰:"颖考叔,纯孝也,爱其母,施及庄公。《诗》曰:'孝子不匮,永锡尔类。'其是之谓乎。"

故事大意:

从前,郑武公在申国娶了一妻子,叫武姜,她生下庄公和共叔段。庄公出生时脚先出来,武姜受到惊吓,因此给他取名叫"寤生",所以很厌恶他。武姜偏爱共叔段,想立共叔段为世子,多次向武公请求,武公都不答应。

到庄公即位的时候,武姜就替共叔段请求分封到制邑去。庄公说:"制邑是个险要的地方,从前虢叔就死在那里,若是封给其他城邑,我都可以照吩咐办。"武姜便请求封给太叔京邑,庄公答应了,让他住在那里,称他为京城太叔。

大夫祭仲说:"分封的都城如果城墙超过三百方丈长,那就会成为国家的祸害。先王的制度规定,国内最大的城邑不能超过国都的三分之一,中等的不得超过它的五分之一,小的不能超过它的九分之一。现在,京邑的城墙不合规定,违反了制度,恐怕对您有所不利。"庄公说:"姜氏想要这样,我怎能躲开这种祸害呢?"祭仲回答说:"姜氏哪有满足的时候!不如及早处置,别让祸根滋长蔓延,一滋长蔓延就难办了。蔓延开来的野草还不能铲除干净,何况是您受宠爱的弟弟呢?"庄公说:"多做不义的事情,必定会自己垮台,你姑且等着瞧吧。"

过了不久,太叔段使原来属于郑国的西边和北边的边邑也背叛归为自己。公子吕说:"国家不能有两个国君,现在您打算怎么办?您如果打算把郑国交给太叔,那么我就去服侍他;如果不给,那么就请除掉他,不要使百姓们产生疑虑。"庄公说："不用除掉他,他自己将要遭到灾祸的。"太叔又把两属的边邑改为自己统辖的地方,一直扩展到廪延。公子吕说："可以行动了!土地扩大了,他将得到老百姓的拥护。"庄公说："对君主不义,对兄长不亲,土地虽然扩大了,他也会垮台的。"

太叔修治城郭,聚集百姓,修整盔甲武器,准备好兵马战车,将要偷袭郑国。武姜打算开城门做内应。庄公打听到公叔段偷袭的时候,说："可以出击了!"命令子封率领车二百乘,去讨伐京邑。京邑的人民背叛共叔段,共叔段于是逃到鄢城。庄公又追到鄢城讨伐他。五月二十三日,太叔段逃到共国。

《春秋》记载道："郑伯克段于鄢。"意思是说共叔段不遵守做弟弟的本分,所以不说他是庄公的弟弟;兄弟俩如同两个国君一样争斗,所以用"克"字;称庄公为"郑伯",是讥讽他对弟弟失教;赶走共叔段是出于郑庄公的本意,不写共叔段自动出奔,是史官下笔有为难之处。

庄公就把武姜安置在城颍,并且发誓说："不到黄泉(不到死后埋在地下),不再见面!"过了些时候,庄公又后悔了。有个叫颍考叔的,是颍谷管理疆界的官吏,听到这件事,就把贡品献给郑庄公。庄公赐给他饭食。颍考叔在吃饭的时候,把肉留着。庄公问他为什么这样。颍考叔答道："小人有个老娘,我吃的东西她都尝过,只是从未尝过君王的肉羹,请让我带回去送给她吃。"庄公说："你有个老娘可以孝敬,唉,唯独我就没有!"颍考叔说："请问您这是什么意思?"庄公把原因告诉了他,还告诉他后悔的心情。颍考叔答道："您有什么担心的!只要挖一条地道,挖出了泉水,从地道中相见,谁还说您违背了誓言呢?"庄公依了他的话。庄公走进地道去见武姜,赋诗道："大隧之中相见啊,多么和乐相得啊!"武姜走出地道,赋诗道："大隧之外相见啊,多么舒畅快乐啊!"从此,他们恢复了从前的母子关系。

君子说："颍考叔是位真正的孝子,他不仅孝顺自己的母亲,而且把这种孝心推广到郑伯身上。《诗经·既醉》篇说:'孝子不断地推行孝道,永远能感化你的同类。'大概就是对颍考叔这类纯孝而说的吧?"

那时,甄嬛对皇帝想惩治年羹尧的意图应已了然于心。她号称自幼观史,自然明白鸟尽弓藏,狡兔死、走狗烹的道理。历史上多少朝代功业成就之后便着手清算功臣,即使功臣没有二心,上位者却不能不怀疑他们的忠心。所以,即便年大将军不那么张扬跋扈,不威胁皇帝的宝座,以雍正的心计,自己站稳脚跟后,也难容他继续立于朝廷。更何况,年大将军本身极不检点,多少次有意无意地冲撞皇帝,惹的皇帝憋火憋的都要内伤了。所以,一旦有合适机会,皇帝不对付他才怪。甚至,甄嬛可能也看出了,正如共叔段的谋反是郑庄公有意姑息养奸造成的,年大将军的不检点也是雍正皇帝刻意诱导的结果,目的同样是拔除朝中对上位有威胁的势力。

电视剧到最后,乾隆皇帝也提到了郑伯克段的典故。他自然应该担心,对武姜来说,两个儿子都是亲生的,还因偏爱小儿子,便为了帮小儿子夺位而意图灭了大儿子。更何况乾隆与甄嬛一点血缘关系都没有,谁又能保证,等她亲生的小儿子长大了,不会为了帮小儿子夺位而对付他这位并非亲生的长子呢?所以他必须提早防范,趁皇弟还小,先试探母后的态度,若发现不对劲,也好早做打算。还好,正因甄嬛偏爱小儿子,才不会让他陷入皇位之争。她知道小儿子身世特殊,便顺势让他入嗣果郡王之后,也彻底打消了乾隆的疑虑。

7.2.2 《后宫·甄嬛传》之"山之高"

剧中,甄嬛好抚琴,其中有一首曲子一定让不少观众记忆犹新,那就是《山之高》。这首曲子应该是甄嬛最喜欢的曲子,剧中她弹奏该曲超过三次。

第一次是甄嬛在御花园荡秋千时,其美妙的箫声吸引了前来散心的雍正皇帝,皇帝便托十七爷的名义与甄嬛邂逅,彼此谈论起曲谱。两人相谈甚欢,气氛融洽,皇上摄人心魂的魅力使甄嬛春心暗动。于是,他们约定第二天午后在此地再赏曲谱。然而,因第二天午后,小夏子没有及时叫醒午睡中的皇上,加上雨天,两人没能见上面。回到宫中,甄嬛以为皇上爽约不来,心中不快,在那日雨夜便抚琴遣怀,本想应景弹奏《雨霖铃》,不经意却抚出了《山之高》。这首曲子流露了甄嬛的相思之意。

第二次是甄嬛获得盛宠后,担心恩宠过多会导致六宫怨恨,于是,她劝皇上别老来碎玉轩,也应去去其他嫔妃的宫中。那夜,皇上便按照她的意思到了别宫,可这却深深触动了她心底对皇上的思念,于是,她弹起了《山之高》。

第三次是果亲王以为皇上真的答允准噶尔摩格可汗的和亲要求,将熹贵妃送往准噶尔,于是,他率领家兵前往抢亲,正好中了皇上设的局,皇上顺势要果亲王驻守雁鸣关。身居永寿宫的熹贵妃对果亲王非常思念,便在宫中弹奏《山之高》。

除此之外,皇上还多次在宫中钦点甄嬛演奏《山之高》。

《山之高》选自《兰雪集》,作者是南宋女诗人张玉娘,字若琼,号一贞居士,松阳人,生于宋淳祐十年(公元 1250 年),卒于南宋景炎元年(公元 1276 年),仅活到 27 岁。她出生在仕宦家庭,曾祖父是淳熙八年进士,祖父做过登士郎。父亲曾任过提举官。她自幼喜好文墨,敏慧绝伦,诗词方面颇有造诣。然她才丰而运蹇,未尽其才,将婚而逝,事追"梁祝",一生充满了痛苦与坎坷。后人将她与李清照、朱淑贞、吴淑姬并称"宋代四大女词人"。

玉娘 15 岁时同与她同庚的书生沈佺订婚。沈佺是宋徽宗时状元沈晦的七世孙。沈、张两家有中表之亲,自小青梅竹马。订婚后,两人情投意合,互赠诗物。玉娘曾亲手做了一个香囊,并绣上一首名为《紫香囊》的诗送给沈佺。诗云:

　　珍重天孙剪紫霞,沉香羞认旧繁华。纫兰独抱灵均操,不带春风儿女花。

后因沈家日趋贫落,沈佺又无意功名,玉娘的父亲有了悔婚之意,玉娘竭力反对,写下《双燕离》诗:

　　白杨花发春正美,黄鹄帘低垂。燕子双去复双来,将雏成旧垒。
　　秋风忽夜起,相呼渡江水。风高江浪危,拆散东西飞。
　　红径紫陌芳情断,朱户琼窗侣梦违。憔悴卫佳人,年年愁独归。

玉娘父母迫于无奈,写信给沈家,"欲为佳婿,必待乘龙。"沈佺不得不与玉娘别离,随父赴京应试。玉娘不仅以私房钱资助沈佺,还赠诗表达自己的别离之情,《古别离》云:

　　把酒上河梁,送君灞陵道。去去不复返,古道生秋草。
　　迢递山河长,缥缈音书杳。愁结雨冥冥,情深天浩浩。
　　人云松菊荒,不言桃李好。淡泊罗衣裳,容颜萎枯槁。
　　不见镜中人,愁向镜中老。

别后,玉娘更是思念沈郎,饱受相思的凄苦。诗《山之高》三章云:

　　山之高,月出小。月之小,何皎皎!我有所思在远道。一日不见兮,我心悄悄。
　　采苦采苦,于山之南。忡忡忧心,其何以堪。
　　汝心金石坚,我操冰雪洁。拟结百岁盟,忽成一朝别。朝云暮雨心来去,千里相思共明月。

沈佺是个丰神翩翩、才思俊逸的士子,虽只有22岁,在京城顺利通过经、论、策三场考试进入殿试,高中榜眼,金榜题名。他的才思在京城一时传为佳话。据说,在面试时,主考官问得沈佺是松阳人士,恰好这位主考到过松阳,于是考官拿松阳的地名出了上联让沈佺对对子,上联是,"筏铺铺筏下横堰"。才思敏捷的沈佺很快就对出下联,"水车车水上寮山"。对句工整完美,上联的"横堰"是地名,沈佺对的"寮山"也是地名,且也在松阳。立时,众皆惊叹。考官又出了许多题,沈佺均对答如流,不落凡俗,一鸣惊人,称奇才。沈才子之名于是京城尽知。然而,天不佑人,他不幸得了伤寒,病入膏肓。当玉娘得知沈佺是"积思于悒所致",即寄书于沈佺,称"妾不偶于君,愿死以同穴也!"沈佺看信后感动不已,强撑起奄奄病体,回赠玉娘五律一首:

>　隔水度仙妃，清绝雪争飞。娇花羞素质，秋月见寒辉。
>　高情春不染，心镜尘难依。何当饮云液，共跨双鸾归。

沈佺知道自己已不治，只期待玉娘"共跨双鸾归"，在阴间相聚。此时沈佺还在赶回松阳见玉娘的路上。公元1271年农历12月25日丑时，沈佺去世了，给玉娘带来无限的悲痛和无尽的思念，《哭沈生》云：

>　中路怜长别，无因复见闻。愿将今日意，化作阳台云。
>　仙郎久未归，一归笑春风。中途成永绝，翠袖染啼红。
>　怅恨生死别，梦魂还再逢。宝镜照秋水，照此一寸衷。
>　素情无所著，怨逐双飞鸿。

此后，玉娘终日泪湿衫袖，父母心疼女儿，想为她另择佳婿，玉娘悲伤地说："妾所未亡者，为有二亲耳。"玉娘拒绝再婚，为沈佺守节，悒悒独守空楼，度过5年悲痛的日子。又一年的元宵节来临，玉娘面对青灯，恍惚间见沈公子出现，对玉娘说希望你不要背弃盟约。语毕，人不见。玉娘悲痛欲绝，喃喃说道："沈郎为何离我而去？"半月后，一代才女受尽了相思的煎熬，终绝食而死。

玉娘的父母终于为女儿矢志忠贞的行为所感动，征得沈家同意，将玉娘与沈佺合葬于西郊枫林之地。月余，与她朝夕相处的侍女霜娥因悲痛"忧死"，另一名侍女紫娥也不愿独活，"自颈而殒"，玉娘生前畜养的鹦鹉也"悲鸣而降"。张家便把这"闺房三清"（即霜娥、紫娥和鹦鹉）陪葬在沈佺、玉娘的墓旁，这便是松阳有名的"鹦鹉冢"。

张玉娘不仅生前不幸，为殉情而死，而且死后也是不幸的。她虽"情独钟于一人，而义足风于千载"却鲜为人知；所著的《兰雪集》两卷，也长期默默无闻，"历三百年后显于世"。直到明代成化、弘治年间，邑人王昭为之作传表彰，她的事迹才始显于世。清代顺治间，著名剧作家孟称舜任松阳教谕时，为其事迹所感动，为其诗词所折服，于是发动乡绅为张玉娘修墓扩祠，刊印《兰雪集》，并为她创作了著名的35折传奇剧本《张玉娘闺房三清鹦鹉墓贞文记》。从此，玉娘的事迹和作品才得以流传，但因印数不多，流传不广，知者甚少。一颗璀璨的明珠差点被埋没在历史的尘埃之中。

7.2.3 《后宫·甄嬛传》之美妙诗词

电视剧《后宫·甄嬛传》的整个故事，无论从人物到景致，还是从情节到细节，处处都暗藏诗意。细细寻觅藏在那字里行间流露的唐宋风韵、古言风采，每一首诗也都因为电视剧的剧情而显得韵味更浓，每一阕词也都因为电视剧的故事而隐喻深深。观赏电视剧《后宫·甄嬛传》时，跟随剧中的故事情节，品古诗词的意境，常常会让我们感受到沉溺于书香戏韵之中的美妙。

1."愿得一心人,白头不相离。"

【剧中情节】甄嬛不愿意嫁入宫中,只希望能找到自己心爱的人。
【诗词出处】《白头吟》(卓文君)

皑如山上雪,皎若云间月。闻君有两意,故来相决绝。
今日斗酒会,明旦沟水头,躞蹀御沟上,沟水东西流。
凄凄复凄凄,嫁娶不须啼。愿得一心人,白头不相离。
竹竿何袅袅,鱼尾何簁簁。男儿重意气,何用钱刀为!

2."嬛嬛一袅楚宫腰。正是臣女闺名。"

【剧中情节】初次殿选名字由来。
【诗词出处】《一剪梅·堆枕乌云堕翠翘》(蔡伸)

堆枕乌云堕翠翘。午梦惊回,满眼春娇。嬛嬛一袅楚宫腰。那更春来,玉减香消。
柳下朱门傍小桥。几度红窗,误认鸣镳。断肠风月可怜宵。忍使恹恹,两处无聊。

3."一片冰心在玉壶"

【剧中情节】温实初带家传之宝玉壶向甄嬛求婚。
【诗词出处】《芙蓉楼送辛渐》(王昌龄)

寒雨连江夜入吴,平明送客楚山孤。
洛阳亲友如相问,一片冰心在玉壶。

4."逆风如解意,容易莫摧残。"

【剧中情节】甄嬛大年夜在倚梅园祈福时念的诗。
【诗词出处】《梅花》(崔道融)

数萼初含雪,孤标画本难。香中别有韵,清极不知寒。
横笛和愁听,斜枝倚病看。逆风如解意,容易莫摧残。

5.《杏花天影》

【剧中情节】甄嬛初遇皇帝时吹曲子,让皇帝心动。(皇上:"那日在御花园初次见你,你独自站在杏花影里,淡然悠远的样子,仿佛宫里的人事纷扰都与你无干,只你一人,遗世独立。")

【诗词出处】《杏花天影》(姜夔)

丙午之冬,发沔口,丁未正月二日,道金陵,北望淮楚,风月清淑,小舟挂席,容与波上。绿丝低拂鸳鸯浦,想桃叶当时唤渡。又将愁眼与春风,待去,倚兰桡更少驻。金陵路、莺吟燕舞,算潮水知人最苦。满汀芳草不成归,日暮,更移舟向甚处?

6.《山之高》

【剧中情节】甄嬛好抚琴,情窦初开的她每次思念皇上时都会弹奏《山之高》,所以,这首曲子是电视剧中出现频率最高的。

【诗词出处】《山之高》张若琼(张玉娘)

山之高,月出小。月之小,何皎皎!我有所思在远道。一日不见兮,我心悄悄。

采苦采苦,于山之南。忡忡忧心,其何以堪。汝心金石坚,我操冰雪洁。拟结百岁盟,忽成一朝别。

朝云暮雨心来去,千里相思共明月。

7.《惊鸿舞》

【剧中情节】纯元皇后曾因此舞一舞动京城,甄嬛入宫后在温宜公主的周岁宴中,也因此舞惊艳四座。

【诗词出处】《洛神赋》(曹植)

翩若惊鸿,婉若游龙,
荣曜秋菊,华茂春松。
髣髴兮若轻云之蔽月,
飘飖兮若流风之回雪。
远而望之,皎若太阳升朝霞。
迫而察之,灼若芙蕖出渌波。

8.《楼东赋》

【剧中情节】因为华妃使计,逼迫甄嬛跳《惊鸿舞》。《惊鸿舞》难跳,不是谁都能跳的,甄嬛跳不好自然会遭殃,跳得太好超过纯元也不可以。没想到,甄嬛一舞艳惊四座,更得圣宠。岂料华妃自己也早有准备,利用"惊鸿舞"引出梅妃的《楼东赋》,暗指其复宠之意。

【诗词出处】"惊鸿舞"是唐玄宗的妃子,即梅妃江采萍所作。

　　玉鉴尘生,凤奁香殄。懒蝉鬓之巧梳,闲缕衣之轻练。苦寂寞于蕙宫,但凝思乎兰殿。信标落之梅花,隔长门而不见。况乃花心飐恨,柳眼弄愁。暖风习习,春鸟啾啾。楼上黄昏兮,听风吹而回首;碧云日暮兮,对素月而凝眸。温泉不到,忆拾翠之旧游;长门深闭,嗟青鸾之信修。

　　忆昔太液清波,水光荡浮,笙歌赏宴,陪从宸旒。奏舞鸾之妙曲,乘益鸟之仙舟。君情缱绻,深叙绸缪。誓山海而常在,似日月而亡休。

　　奈何嫉色庸庸,妒气冲冲。夺我之爱幸,斥我乎幽宫。思旧欢之莫得,想梦著乎朦胧。度花朝与月夕,羞懒对乎春风。欲相如之奏赋,奈世才之不工。属愁吟之未尽,已响动乎疏钟。空长叹而掩袂,踌躇步于楼东。

9. "腰中双绮带,梦为同心结"

【剧中情节】四郎送甄嬛的一枚同心结。
【诗词出处】《有所思》(萧衍)

　　谁言生离久,适意与君别。衣上芳犹在,握里书未灭。
　　腰中双绮带,梦为同心结。常恐所思露,瑶华未忍折。

10. "何当共剪西窗烛"

【剧中情节】甄嬛下床剪蜡烛。
【诗词出处】《夜雨寄北》(李商隐)

　　君问归期未有期,巴山夜雨涨秋池。
　　何当共剪西窗烛,却话巴山夜雨时。

11. "宁可枝头抱香死,何曾吹落北风中。"

【剧中情节】眉庄喜欢菊花的气节。
【诗词出处】《画菊》(郑思肖)

　　花开不并百花丛,独立疏篱趣无穷。
　　宁可枝头抱香死,何曾吹落北风中。

12. "情不知所起"

【剧中情节】一枚小像成了甄嬛和果郡王的定情物。"情不知所起"的意思是情感这件事根本无从预谋,无论什么时间、地点、原因,就喜欢上了,而且是很喜欢。

【诗词出处】《牡丹亭》（汤显祖）

情不知所起，一往而深，生者可以死，死可以生。
生而不可与死，死而不可复生者，皆非情之至也。

13. "牡丹芍药之争"

【剧中情节】皇后与华妃为御花园的牡丹和芍药之美发生口角争辩，甄嬛在华妃面前为皇后娘娘挣回面子。

【诗词出处】《赏牡丹》（刘禹锡）

庭前芍药妖无格，池上芙蕖净少情。
唯有牡丹真国色，花开时节动京城。

14.《湘妃怨》

【剧中情节】甄嬛不愿受皇上独宠，劝皇上雨露均沾，但内心又思念皇上，弹奏此曲。

【诗词出处】《湘妃怨》（曹勋）

雨潇潇兮洞庭，烟霏霏兮黄陵。
望夫君兮不来，波渺渺而难升。

15.《金缕衣》

【剧中情节】甄嬛助安陵容首次获宠，让安陵容在御花园演唱了此曲。

【诗词出处】《金缕衣》（杜秋娘）

劝君莫惜金缕衣，劝君惜取少年时。
花开堪折直须折，莫待无花空折枝。

16.《采莲曲》

【剧中情节】安陵容为争宠化身采莲女，引起了皇帝的注意。

【诗词出处】《江南可采莲》（汉乐府）

江南可采莲，莲叶何田田。
中有双鲤鱼，相戏碧波间。
鱼戏莲叶东，鱼戏莲叶南。
莲叶深处谁家女，隔水笑抛一枝莲。

17."婉伸郎膝上"

【剧中情节】倍受圣宠的甄嬛。
【诗词出处】《子夜歌》(乐府曲名)

宿昔不梳头,丝发披两肩。婉伸郎膝上,何处不可怜。
自从别欢来,奁器了不开。头乱不敢理,粉拂生黄衣。
崎岖相怨慕,始获风云通。玉林语石阙,悲思两心同。

18."莞莞类卿,亦道除去巫山非云也"

【剧中情节】这是皇上悼念纯元皇后写的诗歌,甄嬛没有想到自己倍受恩宠只因像纯元皇后。
【诗词出处】《离思五首》的第四首(元稹)

曾经沧海难为水,除却巫山不是云。
取次花丛懒回顾,半缘修道半缘君。

19.《长相思》

【剧中情节】在《后宫·甄嬛传》中,多次提及李白的《长相思》,更有舒太妃的一架好琴,以"长相思"命名。剧中记忆最深刻的两次奏《长相思》,都是以长相思琴和长相守笛同奏。尤其值得一提的是第二次,在舒太妃的安栖观,甄嬛与果郡王在众人鼓动下,合奏了《长相思》。同时,舒太妃饱含感情的将歌词伴着音乐念了出来,一曲琴笛合奏的《长相思》让果郡王与甄嬛心手相连。

在李白的这首《长相思》中,女子欲把情意随春风寄至燕然(地名,指"燕然山",即今蒙古境内杭爱山),显然她的情人在驻守边关。对于诗中的女子来说,随军打仗,好歹还有生还团聚的希望。而剧中的舒太妃,夫君先帝却已仙去经年,不到黄泉,她是无论如何也盼不到再见的那天了。虽然舒太妃已出家多年,但是显然不能忘却红尘情事,念到李白的《长相思》还是情不自禁地潸然泪下。

【诗词出处】《长相思》(李白)

日色欲尽花含烟,月明欲素愁不眠。
赵瑟初停凤凰柱,蜀琴欲奏鸳鸯弦。
此曲有意无人传,愿随春风寄燕然。
忆君迢迢隔青天,昔日横波目,今作流泪泉。
不信妾肠断,归来看取明镜前。

20.《九张机》

【剧中情节】太后病重，果郡王进宫侍疾。甄嬛与王爷在这段"小别"过程中，他们之间用写信的方式来表达对彼此的思念。看到王爷"一张机"的来信，甄嬛用"两张机"对上，如此一来一往把他们两人的"情思"体现得丝丝入扣。

【诗词出处】《九张机》（无名氏）。这是一组具有浓郁的民歌色彩的抒情小词，塑造了一个来自民间的对爱情无比忠贞的织锦少女的形象，她对旖旎明媚的春光无比热爱，对美满幸福的生活执着追求，从采桑到织锦，从惜别到怀远，形成一幅色彩缤纷、形象鲜明的生活画卷，给人以极大的审美享受，显然是对少女春愁春恨，离情别绪的抒写。

一张机，采桑陌上试春衣。风晴日暖慵无力，桃花枝上，啼莺言语，不肯放人归。

两张机，行人立马意迟迟。深心未忍轻分付，回头一笑，花间归去，只恐被花知。

三张机，吴蚕已老燕雏飞。东风宴罢长洲苑，轻绡催趁，馆娃宫女，要换舞时衣。

四张机，咿哑声里暗颦眉。回梭织朵垂莲子，盘花易绾，愁心难整，脉脉乱如丝。

五张机，横纹织就沈郎诗。中心一句无人会，不言愁恨，不言憔悴，只恁寄相思。

六张机，行行都是耍花儿。花间更有双蝴蝶，停梭一晌，闲窗影里，独自看多时。

七张机，鸳鸯织就又迟疑。只恐被人轻裁剪，分飞两处，一场离恨，何计再相随？

八张机，回纹知是阿谁诗？织成一片凄凉意，行行读遍，恹恹无语，不忍更寻思。

九张机，双花双叶又双枝。薄情自古多离别，从头到尾，将心萦系，穿过一条丝。

7.3 《后宫·甄嬛传》中楹联探究

楹联又称对联，俗称对子，言简意赅，对仗工整，平仄协调，源远流长，是我国经典文化的瑰宝。古往今来，楹联中凝聚着中华语言文字的独特魅力和作者的聪明智慧，数不尽的名联轶事不禁会让人啧啧称赞，拍案叫绝。郑晓龙导演及其团队在摄制过程中也将皇宫内的一些楹联奉送给了观众,这种一丝不苟的创作态度也成就了《后宫·甄嬛传》历史的厚重感与文化品位。这些宫廷楹联大多书写人生与处世之道,语言简练、思想深邃,如春风润物,又似当头棒喝,常能给人以警醒和启迪,从而引发我们去静静地思考人生的本真。

1. 正大光明殿

　　为皇之仁法天之德
　　为皇之贤法天之行

2. 养心殿

　　有自然相知之人
　　无不可过去之事

3. 乾清宫

【上书房】

　　立身以至诚为本
　　读书以明理为先

【西暖房】

　　不以一人治天下
　　不以一人奉天下

【东暖阁】

　　诸恶不忍作
　　众善必乐为

4. 碎玉轩

【宫门外】

　　沧海月明珠有泪
　　蓝田日暖玉生烟

【宫门内】

　　不知春色早
　　疑是弄珠人

5. 永寿宫

　　化日丽三间春回禹甸
　　条风和万里乐奏虞弦

6. 景仁宫

【屏风】

　　山静无言如自喻
　　阑因有信竹报怡

7. 翊坤宫

【宫门】

　　就日瞻云梯航群介寿
　　轩鼓夔舞衢壤遍熙春

【屏风】

　　金天万里蠹莲花
　　宝掌千秋留藓迹

8. 存菊堂

　　时调玉烛千门花树同春
　　律转璇杓三殿星云复旦

9. 九州清宴内屏风

　　京丽瑶樨鸾鹤翔空腾庆霭
　　春回暖岛鱼龙献瑞展新图

10. 桐花台

> 春风桃李花开日
> 秋雨梧桐叶落时

7.4 《后宫·甄嬛传》之主题曲

有人说,一部成功的影视作品离不开优秀的音乐作品。影视作品中穿插的优秀音乐作品不仅能烘托故事的情节,为故事的发展推波助澜,而且能升华观众对故事情节的理解,让观众在美妙的旋律中体悟故事中的智慧。对于电视剧《后宫·甄嬛传》来说,无论是片头曲、片尾曲,还是中间的插曲,都让观众十分喜爱。郑晓龙团队为了打造精品,用大手笔请刘欢老师制作了剧中全部的配乐,这也是刘欢老师耗时三个月精心打造的成果。这样的成本和规模,在当今的影视作品制作领域可谓难得的认真和投入,尤其是,电视剧的片头曲和片尾曲,很多观众从第一集开始就喜欢上这两首歌曲。其曲调古典,歌词幽婉动人,不仅能勾起很多观众对古典文学的美妙情怀,而且能让观众随着音乐的旋律再次走进故事情节之中,感悟其间的美妙意境。

7.4.1 曲调古典、歌词幽婉的片头曲《红颜劫》

片头曲《红颜劫》是用词牌《菩萨蛮》的曲调谱写出来的,那种韵味,难以言表。在大结局的最后一系列镜头,随着菩萨蛮的曲调(歌词改为温庭筠的《菩萨蛮·小山重叠金明灭》),剧中镜头最后定格在甄嬛略显疲倦的面容上,让很多人心有触动。

> 《菩萨蛮·红颜劫》
> 填词:崔恕　作曲:刘欢
> 编曲:孟可　演唱:姚贝娜
> 斩断情丝心犹乱,千头万绪仍纠缠。
> 拱手让江山,低眉恋红颜。
> 祸福轮流转,是劫还是缘。
> 天机算不尽,交织悲与欢。
> 古今痴男女,谁能过情关。

《菩萨蛮·小山重叠金明灭歌词》
作词:温庭筠 作曲:刘欢 演唱:姚贝娜
小山重叠金明灭,鬓云欲度香腮雪。
懒起画蛾眉,弄妆梳洗迟。
照花前后镜,花面交相映。
新贴绣罗襦,双双金鹧鸪。

7.4.2 谱写甄嬛一生感情纠葛的片尾曲《凤凰于飞》

剧中片尾曲《凤凰于飞》取自《诗经·大雅·卷阿》:"凤凰于飞,翙翙其羽。"亦作"凤皇于蜚"(《史记·田敬仲完世家》中有"凤皇于蜚,和鸣锵锵"),其本意是指凤和凰相偕而飞,比喻夫妻相亲相爱,亦常用作祝人婚姻美满之辞。剧中整首歌曲大致梳理了甄嬛一生的感情纠葛:两情相惜,两心相怡,但得来却又失去;希望与心爱之人长相思、长相守,却也落得一场空,只留下琴与笛作为追忆。歌词描述了主人公甄嬛从一开始的天真懵懂,到后来被逐,再到与十七爷真心相爱,却由于命运的捉弄而辜负心上之人,到头来"凤凰于飞,翙翙其羽"也只能是一种奢求罢了,那些过往只在记忆间留存,随风飘摇。

《凤凰于飞》
作词:刘欢 作曲:刘欢
编曲:孟可 演唱:刘欢
旧梦依稀,往事迷离,春花秋月里。
雾里看花,水中望月,漂来又浮去。
君来有声,君去无语,翻云覆雨里。
虽两情相惜,两心相仪,得来复失去。
有诗待和,有歌待应,有心待相系。
望长相思,望长相守,却空留琴与笛。
以情相悦,以心相许,以身相偎依。
愿勿相忘,愿勿相负,又奈何恨与欺。
得非所愿,愿非所得。
看命运嘲弄,造化游戏。
真情诺诺,终于随乱红飞花去。
期盼明月,期盼朝阳,期盼春风浴。
可逆风不解,挟雨伴雪,催梅折枝去。
凤凰于飞,翙翙其羽,远去无痕迹。
听梧桐细雨,瑟瑟其叶,随风摇记忆。

8 古装戏标杆

以思想的穿透力赢得了生命力

《后宫·甄嬛传》,这部长篇巨作让很多观众认识了甄嬛,发现了很多好的演员,甚至还用"半文半白"的"甄嬛体"来让大家一起真正地开心一回。作者兼编剧流潋紫说,这部长达一百多万字的故事,写的不过是一个"情"字;导演郑晓龙先生认为电视剧旨在揭示一个真相,即描绘一幅封建社会女性如何沦为制度牺牲品的悲惨画卷,描写锦衣玉食背后人人自危、朝不保夕的真实宫廷生活。但是,对于一部如此深受大众欢迎的文学作品,甚至在红遍祖国大江南北之后,迅速"闯美入韩又登日",它总会让人不只看到某一个方面。观众在电视剧中追寻"情"字和感受强烈的批判精神的同时,透过百转千回、感人肺腑的故事,自然会感悟到很多人生的智慧。

就是这部堪称"神剧"的影视作品,也同样引起了我们众多主流媒体的关注,它们都很有兴致地对其加以评论,有褒奖、有批判、有肯定、有贬抑。在这是与非的讨论中,我们又会获得对该剧的另一种认知和解读。

8.1 《人民日报》:不妨"俗得那样雅"

《后宫·甄嬛传》于2011年11月首播后,在这种古装剧的乱象中脱颖而出,取得了良好的收视率和口碑。《人民日报》于2011年12月30日发表评论文章——《〈甄嬛传〉:不妨"俗得有些雅"》。

宫廷戏,不妨"俗得那样雅"
毛佩琦

一个时期以来,辫子戏、宫廷戏充斥荧屏,以致在观众中造成普遍的审美疲劳。其实,真正造成疲劳的倒不完全是因为这些东西太多了,而是缺乏新意，难得见到精品。更重要的是，一些戏中所表达的理念，不能得到观众的理解和共鸣。吾皇万岁，专制有理，阴谋、狠毒、奴才思想，乃至色情、窥秘等低级趣味触目皆是。历史遭到曲解，文化受到贬抑，观众的趣味被误导甚至被践踏。但是，古装戏、宫廷戏不能因此就被完全否定，否则就陷入一种武断的题材决定论了。在世界文化经典中，不以题材论英雄，关键是作家怎样对待题材，他的态度、立场在哪个点，这才是决定作品高度的主要因素。

在"世人闻此皆掉首"的时候，郑晓龙和他的团队逆势而上，推出了电视剧《甄嬛传》，给后宫戏这一类电视剧创作开掘了文化深度。《甄嬛传》只是借宫廷作为平台，它的意旨在于解读一段历史，阐述一段文化，表达对于世道人心的见识。鲁迅论《红楼梦》说："单是命意，就因读者的眼光而有种种：经学家看见《易》，道学家看见淫，才子看见缠绵，革命家看见排满，流言家看见宫闱秘事。"读者看作品是如此，作者看题材何尝不如此！那么，《甄嬛传》让我们看到了什么呢？

在君主时代，皇权有着决定的意义。后宫作为天下第一家庭，从一个角度集中展示了皇权主导下的社会现实。清代后宫制度大体沿袭前代而略有变化，后宫除皇后外，皇贵妃一人，贵妃二人，妃四人，嫔六人，此外还有贵人、答应、常在人数不定。这些人分居东西十二宫。后宫的故事就在这里展开。皇帝代表君权，也代表夫权，皇后、众嫔妃、宫女、宦官依次分为不同等级，这个社会的复杂程度绝不亚于宫外。

《甄嬛传》设计了通过选秀进入皇宫的甄嬛、眉庄、陵容和皇后、华妃等众多人物。这些女子看似尊荣华贵，锦衣玉食，实际上大多数命运极为悲惨，不过是皇帝的玩偶而已。其地位升降，全看是否得到皇帝的宠爱，一旦失去皇帝的宠爱就会如同奴隶一样遭到抛弃。为了维护自己的地位，她们唯一要做的就是献媚、争宠。皇帝妻妾众多，为的是子孙繁衍，皇朝永续。母以子贵，能够为皇帝生得一男半女，是众妃嫔求之不得的。因而争夺皇子，乃至杀害他人所生的皇子、谋害有孕的妃嫔宫女，是宫里的又一幕惨剧。《甄嬛传》塑造了一个个有血有肉的人，从中我们看到了人心的丑陋，也看到了人性的光辉；看到了对腐朽制度的鞭挞，也看到了对侠肠义胆的颂扬。"放不下荣华富贵，成不了大气候"，此语出自一个老年宫女之口，读之令人有阅尽沧桑之感。后宫的活动是在大的历史背景下展开的，嫔妃父兄们的升降荣辱，和宫内的冷暖阴晴密切相连，由此，也使我们多少感受到了那个时代气象风云。所以，这出戏，尽管以后宫为背景，却呈现了皇宫内外的时代百态。

古装戏也好，现代戏也好，应该能让观众"读到"创作者的文化旨趣。时代、场景、服饰等自不待言，细节皆是文章，时时考验创作者的文化修养和知识储备。各种各样的文艺作品都是文人写的，可一些作品却总是让人感到缺了点文化味，即使在故作高雅的时候，也让人想起《红楼梦》里的一句话："雅得那样俗"。那么，能不能让我们的文艺作品俗得那样雅呢？这就需要修炼了。

（《人民日报》(2011年12月30日24版)

8.2 《光明日报》：以批判现实主义的方法尽情讴歌"真善美"

《后宫·甄嬛传》开播以后，在各地电视台夺得收视冠军的宝座，观众良好的口碑引起了《光明日报》对其的关注。为此，《光明日报》文艺部举办了电视剧《后宫·甄嬛传》研讨会，并于2011年12月21日发表《古装剧应弘扬主流价值观》的文章。

古装戏应弘扬主流价值观

——从电视剧《甄嬛传》说起

【编者按】古装题材电视剧《甄嬛传》自12月6日在北京地区开播以来到12月18日，平均收视率近8%，最高达10.78%，在广州、杭州等地，收视也一路走高，夺得当地电视剧收视冠军。不仅如此，该剧还在观众中赢得了良好的口碑。网友们纷纷表示：看完该剧再也不想穿越回到古代，那是个吃

人的社会，生活在当代是如此的自由、平等和幸福。一段时间以来，古装题材的一些影视作品因为戏说历史，内容低俗，备受观众质疑，《甄嬛传》则以对人性的深度开掘，对封建皇权的强烈批判，对真善美的热情讴歌而获得了观众的认可，为泥沙俱下、良莠不齐的古装剧市场挽回了声誉。为探讨该类题材在历史观与价值观、艺术属性与娱乐功能之间的关系，为古装戏创作提供借鉴，日前光明日报文艺部举办了电视剧《甄嬛传》研讨会。与会专家认为：题材不是决定因素，关键是表现什么、如何呈现，古装剧和其他类型电视剧一样，也应尊重历史、导向正确，大力弘扬主流价值观。

1

题材不是创作成败的决定因素，决定因素是艺术家的创作态度和思想

艺术水平。近来，观众对荧屏上一些"古装宫廷剧"提出批评，根本目的不是要取消这类题材，而是要反对这类题材创作中的低俗化倾向。电视剧《甄嬛传》再次证明，古装题材仍然能够传达出强烈的批判精神、仍然能够尽情讴歌"真、善、美"，在传达主流价值观上，它与任何题材类型无异。

人民日报海外版原总编辑丁振海认为，题材本身有大小之分，但却无好坏之别。无论写重大历史还是写凡人小事，无论写帝王将相还是写嫔妃宫女，关键不在于写什么，而在于怎么写，有没有思想深度和艺术价值。规模宏大的《战争与和平》、精致隽永而深刻的《羊脂球》、波澜壮阔的《三国演义》、说不完身边琐事的《红楼梦》，都不因题材而决定其成败。《甄嬛传》和其他宫廷剧的区别在于：它无意于表现风流皇帝和俏丽佳人的绯闻艳史，而是以批判现实主义的创作方法直面封建帝王生活的腐朽本质，揭示了在罪恶封建制度下人的异化。

"近来，各方人士对荧屏上'后宫热'中的一些作品提出批评，根本目的不是要取消这类题材，而是要反对这类题材创作中低俗化倾向和违反创作规律的'一窝蜂式'的跟风做法。"中国文联原副主席李准说，"那些大家批评的后宫戏要么'无视历史真实的基本要求，随意颠覆、编织重要历史人物的整体定位和相互关系'，要么'完全抛开对社会基本矛盾和当时历史主题的揭示，主要用后宫的情感波澜和权谋较量去揭示历史发展'，要么'无批判甚至以玩赏的态度去展示、美化后宫生活中的争风吃醋和权谋'。《甄嬛传》则完全不同于上述三者，它的主要人物都不是简单的欲望符号，而是被放在复杂的社会关系及其变化中把握。"对于宫廷生活题材电视剧，从指导思想上讲，成败关键在于：创作者是用历史来解释后宫加权谋，还是用后宫加权谋来解释历史，是用先进文化感染人还是靠感官刺激加庸俗趣味赚取收视率。

对此，中国文联原副主席仲呈祥的态度是，"我们不能一股脑儿地堕入到题材决定论中，凡是后宫题材的一律加以限制；当然，也不能说题材可以完全无差别，因为同类题材太多以后，整个艺术创作的生态环境就失衡了。"

仲呈祥认为，同一题材的电视剧，主要看其价值追求。凡是反映积极、健康、严肃的价值取向，追求真善美的电视剧就应该支持；反之，则应坚决反对。面对观众，电视剧的创作者要引领而不是迎合，正如《甄嬛传》的创作者一样，不跟风，不盲从，要于相同的题材中，拍出不同的价值追求，这才是"真正的百花齐放"。

作家的高度决定作品的高度，这是个不易法则。"《甄嬛传》就是一篇关于人性异化的巨型寓言。它以鸿篇巨制的大体量，最终拉成一幅全景象征宫廷，它是一种畸形病态的生存结构符号，是腐蚀人性的阴暗地窖；皇权制，则无异于卡夫卡笔下的官僚绞肉机。"中国传媒大学张育华教授说，《甄嬛传》这部宫廷戏告诉世人,其实不管你拍什么,关键在于以怎样的价值心性去拍。

中国视协副秘书长张彦民认为,在当前良莠不齐的古装宫廷戏格局中,《甄嬛传》是上乘之作,这不仅在于其跌宕起伏的故事情节、细致入微的细节描绘、个性鲜明的人物形象,更在于其思想内涵的深度和广度。该剧对于宫廷生活的刻画形神兼备,对封建皇权制度的批判鞭辟入里。

2

凡历史题材电视剧都是历史的艺术演绎,"实"的"史实文本"制约着"虚"的"艺术文本","虚"的"艺术文本"又丰富了"实"的"史实文本"。《甄嬛传》以严谨的创作态度演绎了一个曲直有致的宫廷故事,情节跌宕起伏,其间流露出对腐朽封建帝制的强烈控诉与批判。

"把历史做实,让历史戏剧化、戏剧历史化,由一位真实存在过的帝王托起这部戏的历史格局,戏核就是以甄嬛为叙事主线。"中国传媒大学教授曾庆瑞分析说,甄嬛虽是一个虚构人物,但她其实就是中国千百年来无数后宫女子的缩影。《甄嬛传》中的"后宫女人",作为一个特殊群体,她们之间的风起云涌,其实并不单纯是女人之间的争斗,她们的地位和荣宠,都跟各自家族的兴衰息息相关,她们的可悲就在于:人人被害而又人人害人。这是落后制度对人性的扭曲和异化。

李准也认为《甄嬛传》对原小说的改编增加了剧集历史背景的交代,营造了真实的历史场景和历史氛围,真实反映出封建皇权制下的选秀制度和六宫制度不但是封建统治者对美丽资源的霸权性占有和垄断,而且是对女性青春的扼杀,是对生命尊严的践踏,宫廷文化土壤生长不出真正的爱情之树,结束悲剧的办法只有彻底埋葬皇权。

张育华分析说:"该剧以大气沉着的悲悯情怀,雍容典雅的阴谋杀戮,疯狂惊悚的人性扭曲,超越了是非善恶的二元对立,激起了人性的弹性,写出了人性在极端境遇中可怕的变异,表现出个体命运在一个巨型的历史面前,那种无助、无奈,还有悲惨的抗争。"

"《甄嬛传》虽然不是严格的历史剧,但是它在历史真实和艺术虚构之间做出了探索,该剧像20世纪80年代后期出现的文化反思作品一样,具有非常强的批判性,而且极具启蒙主义色彩",清华大学新闻与传播学院常务副院长尹鸿道出了他的独特见解。他说,该剧基本上站在启蒙主义的立场上描绘后宫里的女性,在宫廷争斗中,有的生命陨灭,有的梦想消失,有的人格变异。虽然主人公甄嬛用争斗保护了自己的爱情,保护了自己的地位和孩子,也得到了无比尊荣,但她失去了一个人想要得到的基本快乐和独立意志。所以,这部电视剧跟大多数的后宫戏非常不一样,不是把宫廷当成一个桃花源,而是将其看成一个巨大的牢狱,最后甄嬛的命运被这个牢狱捆绑,束缚在一种变异的文化状态当中。

持同样观点的还有人民日报文艺部副主任刘玉琴。在她看来,面对历史,《甄嬛传》极力将历史与艺术相协调,尊重历史规律,不走戏说路线,注重对内涵的挖掘,显示出创作者对历史的尊重以及把握历史与艺术关系的能力和胆略。

3

《甄嬛传》通过对历史细节的锤炼,锻造出良好的美学品质。演员细腻的表演、考究的道具布景以及精良的音乐制作等都承载着创作者精益求精的艺术追求,透露出厚重的历史感与雅致的文化品位。

"在故宫中,耸立的高墙使人无法看到外面的山峰,我们注意到这一点,所以在后期制作中花了很大工夫将出现在镜头中的山全部抹去。"郑晓龙导演说。为了身临其境感受剧中人物所处的空间环境,营造真实的历史场景、历史氛围,开拍前,他多次亲赴故宫,对诸如剧中人物住所到御花园有多远、各宫殿之间的空间关系怎么样等琐碎问题都进行了详细考证。

正是这种一丝不苟的创作态度成就了《甄嬛传》历史的厚重感与文化品位。尹鸿教授感慨:"作品艺术上所体现出的精致,也反映出其历史态度是严肃的、负责任的,是有价值追求的。"

刘玉琴注意到一个细节,电视剧按着森严的等级封号为嫔妃及其身边的宫女安排了不同样式的服饰,"这样的细节足以洞见主创人员对史学的认真态度,全剧在展示历史人物特定装容的过程中,将封建社会森严冷酷的等级制度暴露无遗,引起人们对特定时代人类命运的思考。"

古装戏的语言如何符合历史时代特征一直是困扰创作者的难题。《甄嬛传》语言半文半白,从《红楼梦》的语言中得到不少借鉴。比如"你仔细着""你这小蹄子""你好生着""主雅客来勤""登高必跌重"等,读过《红楼梦》的观众看到此处,都会有种似曾相识的感觉。丁振海解释道:"因为该剧情景在雍正年间左右,所以这样的语言运用十分得体。"

曾庆瑞也进一步指出:"该剧在语言上不是简单引用《红楼梦》,而是更深入挖掘《红楼梦》语言韵味的精髓,在很多地方透露出凄婉的色彩,有一种悲剧美的魅力。"

《甄嬛传》自觉追求文化品位,举凡谈诗论画,操琴吹箫,踏雪赏梅,古典文化气息即扑面而来。中国人民大学历史系教授毛佩琦对《甄嬛传》体现出的文化意蕴十分赞赏:"时代、场景、服饰等自不待言,其中做鞋底的菜玉、做旗袍的蜀锦、做大氅的墨狐皮等一些细节，都是一篇娓娓道来的文章，足以看出主创的文化和知识储备。"而剧中展现的饮食、服饰、医药、器物、礼仪、官制之类都比较考究，对历史细节真实性的注重无疑增加了该剧的历史厚重感。

张育华评价说：该剧给当今的古装宫廷戏注入了一定的美学活力。其音乐极大地洞开了该剧意义的纵深感，尤其是在重头戏上不断出现的无词哼唱，是千古幽怨，是人性泣诉；还有绚烂而又归于平淡的光效等。总之，《甄嬛传》沉稳大方地恪守了电视剧的节奏、景别等话语形态，高扬了电视剧的本体特征，为处于美学发育关键期的中国电视剧提供了不可小觑的启示意义。

4

《甄嬛传》在各个频道播出以后，取得了良好的收视率和口碑，在屏幕上一片"宫廷戏"的乱象中，《甄嬛传》以其深刻的批判意义，为该类题材创作提供了借鉴经验。

目前，《甄嬛传》在各地面台的收视都非常好。据该剧总制片人曹平介绍，广州电视台日均收视率高达到6.39%，浙江台播出不到两周，收视率达到7.34%，北京电视台影视频道截至12月18日收视率单集突破10.78%，收视率在各地电视剧类位居第一。不仅如此，该剧也收获了很好的口碑。"看了《甄嬛传》以后再也不想穿越到古代，那是封建吃人的社会，还是生活在现代社会好。"看过《甄嬛传》的观众心灵都受到极大触动。

这部古装戏对现代人心灵的触动正是其现实意义所在。在文艺报总编辑阎晶明看来，"整部《甄嬛传》都表现出现代性"。阎晶明说，《甄嬛传》最大的成功点在于塑造了甄嬛这个人物。剧中的甄嬛被赋予了难得的品质：骨子里不爱权力，崇尚自由，追求真爱，本质善良。这些难能可贵的品质亦是现代人所需要与珍惜的。而甄嬛最后为了生存不得不向权力靠拢，靠权力维护自己的生存，甚至报复他人。主人公的这份无奈与妥协又广泛存在于当代社会中。正是观众跟主人公有了情感和经历上的共振，才产生了心灵上的共鸣。

《甄嬛传》这部作品，直指收视压力下电视剧艺术品质和经济效益平衡中的两难问题。北京市文联驻会副主席索谦表示，现在我们处在市场环境里，所有的创作者不仅要考虑电视剧好看不好看，还要考虑能不能有收视率，投资能不能收回来。《甄嬛传》在这样的氛围下能够保持自己的品质难能可贵。索谦进一步指出，"在当前电视剧扎堆严重的情况下，《甄嬛传》的成功其实冒了不小的风险。《甄嬛传》的逆势而上反衬出当下电视剧创作环境的不合理。"索谦认为，仅靠事后文艺批评和政策规范，并不能解决电视剧同质化的"扎堆"问题。

北京晚报文化部副主任吴勇说,观众喜欢是硬道理,观众其实是有审美鉴赏力的,他们能够分辨出什么是有文化追求的作品,他们可能不像专家那样能明确指出剧中强烈的批判精神和社会意义,但是剧中人物命运让他们牵肠挂肚,看完该剧,他们懂得珍惜现在的生活,这就实现了该剧的现实意义。

北京广播电视总台副总台长陆莹对此非常认同,她说,"《甄嬛传》从剧本创作到拍摄制作,时间耗费几年,在生不逢时的当下,至少从收视情况看,观众是有鉴别力的,他们在对'宫廷戏'审美疲劳后,仍能够接受这部作品。"

电视是当下影响力巨大的大众文化传播载体。"过去的历史主要从书上读,今天可以通过电视等媒体进行了解,如何利用现代大众传媒,传播正确的历史观和价值观,通过艺术鉴赏的方式,提高民众的历史和文化素养,领悟历史精神,是艺术生产者义不容辞的责任。从《甄嬛传》我们看到了创作者的担当精神,这值得所有文艺工作者学习。"刘玉琴说。(韩业庭 苏墨 唐蓉 王希子)

(《光明日报》2011年12月21日第15版)

8.3 《解放日报》:把宫斗戏做到了顶峰和极致

众所周知,《后宫·甄嬛传》在东方卫视首播时可谓是"生不逢时"。因为当时国内观众只要打开电视机都会被《宫锁心玉》《宫锁珠帘》和《步步惊心》等清宫戏集体"轰炸",甚至有网友调侃"四爷很忙"。然而,就在这样的环境下,《后宫·甄嬛传》——一部76集超长版、需要考验观众极大耐心的电视剧,自播出以来实现了电视和网络的齐头并"热",成为中国古装剧中的"神剧"。

面对《后宫·甄嬛传》的成功,《解放日报》自2012年以来先后发表了多篇文章评论这部电视剧。这些文章中,引用观众的观点,指出"《后宫·甄嬛传》把宫斗戏做到了顶峰和极致,是近年来鲜有的受众不分男女,不受地域、年龄限制的佳作,也是近年来少见的具有批判意义的宫廷正剧"。就其制作而言,郑晓龙团队所制作的《后宫·甄嬛传》在场景、服装、道具等多方面体现了其高品质;就价值导向而言,《后宫·甄嬛传》中的皇帝虽然既不至情至性,也不英俊漂亮,宫里也没有呈现一片艳阳天,正因为如此,它给观众展现了一个带有批判性质的"后宫",从而体现了这部电视剧的批判性、人文情怀和正确的价值导向;就语言特征而言,《解放日报》指出,"和'凡客体'的'我是……我也是……','淘宝体'的'亲……',以及'咆哮体'带许多感叹号的'有木有''伤不起'相比,'甄嬛体'是有一定文化含量的"。也因此,"甄嬛体"或引发人们对古典文化的兴趣,剧中涉及大量古典诗词歌赋,已经引发了观众重读经典的热潮。而"甄嬛体"加入通俗、娱乐、时尚的元素,让古文不再艰涩、深奥、远离今天的生活,而这显然有助于中国传统文化的传承。

8.4 《人民日报》:比坏心理腐蚀社会道德

2013年9月19日,人民日报发表题为《比坏心理腐蚀社会道德》的文章。文章开篇对当今一些领域出现犬儒主义、人际关系恶化和社会信任缺失等社会道德令人担忧的状况进行了分析,随后指出:近年来流行的官场小说、宫廷剧呈现了一个共同主题——权谋,即谁的权术高明,谁就能在社会或职场的残酷"竞争"中胜出;好人斗不过坏人,好人只有变坏、变得比坏人更坏才能战胜坏人。这些电视剧中犬儒主义和投机活动的大面积泛滥,将会对社会道德造成巨大腐蚀,并特别用《后宫·甄嬛传》作为例证加以分析。

文章写道:"甄嬛刚刚入宫时还是一个心地善良、简单纯朴的女孩,但在残酷的宫廷环境中,时刻受到以皇后为首的宫廷势力的暗算和迫害。经历了一系列惨痛教训之后,她终于懂得了一个'真理':在残酷的宫廷斗争中,你必须学会比对手更加阴险毒辣,你的权术和阴谋必须高于对手,才能立于不败之地。也就是说,你必须更坏才能战胜对手。最后,甄嬛终于通过这种比坏的方式成功地加害皇后并取而代之"。同时,还用《后宫·甄嬛传》与同样表现宫廷斗争主题的韩剧《大长今》相对比,认为"大长今在残酷的宫廷斗争中同样受到恶势力的迫害,但她没有通过比坏的方式战胜后者,而是始终坚持自己的道德立场和做人原则",这样的作品才能给观众传递"只有坚持正义才能最终战胜邪恶"的价值观。

最后,文章倡导文艺工作者在文学创作和文化传播中,应该高于现实而不只是简单地复制现实。在评价历史题材作品时,最重要的标准还不仅仅是真实性标准,而是价值观标准。不正确的价值观会导致观众把不正确的生存理念带入现实生活。因此,文艺工作者必须将"以高尚的精神塑造人,以优秀的作品鼓舞人"作为自己的重要责任。

8.5 《求是》:用思想的穿透力提升影响力

就在《人民日报》对《后宫·甄嬛传》发表与第一次语气完全相反的评论以后,《求是》2014年第一期刊发题为《〈后宫·甄嬛传〉为什么走红?》的文章。这篇文章以"观众喜欢是硬道理"的评判标准充分肯定《后宫·甄嬛传》,被认为是《求是》力挺《后宫·甄嬛传》,为《后宫·甄嬛传》正名。

《甄嬛传》为什么走红？

闫玉清

电视连续剧《甄嬛传》从2011年11月首播到现在，两年多时间过去，重播复重播，收视率依然高企。随着它"闯美入韩又登日"，新一轮关注也风生水起。这种现象很值得研究。

《甄嬛传》的思想倾向

《甄嬛传》走红，很大程度上是以思想的穿透力赢得了生命力，进而提升了影响力。

一段时间以来，一些宫廷剧、戏说剧把封建王朝美化成才子佳人的舞榭歌台，仿佛那是一个可以肆意撒欢的时代，一些年轻人甚至想穿越回去过浪漫生活。《甄嬛传》则不同，它以一个纯真少女在皇帝后宫几经沉浮、生死搏杀的命运轨迹，狠辣地撕开封建宫廷的重重帷幕，让观众真切地看到"颜色如花、命如一叶"的落寞与悲怆。

皇权之下，等级森严。从答应、常在、贵人、嫔、妃，到贵妃、皇贵妃，如登刀山，愈登刀愈尖。政治上的世袭制决定了皇帝必须绵延子嗣，这是后宫"最大的政治"。皇帝客观条件下的不能专宠与后宫女子主观意志上的竞相争宠，构成了不可调和的矛盾。这些日日自危的女性，为自己争，更为家族争，朝廷政治与后宫争斗绞合一起，成为权谋和腐败滋生的温床。《甄嬛传》对后宫斗争的展示比一般宫廷剧更为辛辣，但这不是歌颂阴谋、欣赏斗争，而是借一个个青春女性理想和生命的惨烈毁灭，揭示出封建社会的腐朽本质。这正是《甄嬛传》区别于一些同类题材剧的关键所在。

有人说，写人性是《甄嬛传》火的原因，但更深层的原因是它写出了人性如何被压制、扭曲、摧残，表现出浓烈的批判性。马克思说过，哪里君主制的原则是天经地义的，哪里就根本没有人了。拔出人性中的"萧艾"，培养人性中的"芝兰"，是社会不断发展进步的标志。《甄嬛传》让人思考的是，人性的"萧艾"是在什么条件下被扶植而滋长，而那些含苞挺秀的"芝兰"又是怎样渐渐枯萎？

甄嬛是后宫女子中一个突出的形象，在她身上比较集中地表现出封建社会中女性难得的自主品格和独立意识。她与人为善，真诚待人，并以智慧和胆识与皇后、华妃为代表的邪恶势力展开抗争。她的美闪耀着人格的光辉，蕴含着正义感。但等到眉庄被冤，陵容变心，父亲因文字狱遭贬，她终于清醒地认识到，钻入这锄不断、斫不下、解不开、抛不脱的千层锦套头，自己在皇宫的地位就如托在芦苇上的鸟巢，大风一吹，苇折窠坠。于是，她人性中的"萧艾"开始出鞘,以抵挡四射而来的风刀霜剑,这与其说是为"恶"变"坏",不如说是在特定环境下的反抗方式。这一颗蒸不熟、煮不烂、捶不扁、炒不爆、响当当的铜豌豆,不论是柔顺、韬晦,还是抗争、还击,人性中的"芝兰"却一直未曾凋萎。她如一道耀眼的闪电,刺破了封建宫廷的沉沉暗夜,彰显出正面的力量,回荡起进步的足音。

《甄嬛传》的艺术成就

76集的篇幅不可谓不长,但很多人却坦陈,这是近年来少有的看完整的一部戏,甚至还不止看一遍。《甄嬛传》到底是凭什么吸引了观众?

"典型"归来。只有塑造成功的人物形象,一部作品才能完美。《甄嬛传》在特定的历史背景下,以精雕细琢的工夫,塑造出一批生动而富有意味的艺术形象。皇帝、妃嫔、宫女、太监,个个有血有肉、鲜活欲出。比如,同样是敢爱敢恨,甄嬛率性倾情、运筹帷幄,以自己的成功实现了对封建宫廷的反抗;眉庄却是"宁可枝头抱香死",宁为玉碎,不为瓦全。同样是位高恃宠,华妃艳烈灼目、恣意张扬,皇后却是将所有的恨意藏在一缕微笑中。每个人都是典型,是一个群体的代表,但同时又是独特的"这一个"。真实地再现典型环境中的这些典型人物,艺术的倾向性自然而然地流露出来,而一旦失去了所生存依托的典型环境,也就失去了全剧震撼人心的批判力量。

讲好故事。结构纵横捭阖,情节环环相扣,是《甄嬛传》吸引人的重要原因。而决定全剧叙事张力的并非只有历史的大背景,更有起伏跌宕、揪心裂肺的矛盾冲突和情感纠葛。它以甄嬛的命运沉浮为核心,从历史的深层发掘出了无数鲜活生动的细节,着力于在人与历史相交汇的点、线、面上设置情节、铺陈叙事。像文字狱勃兴、"血滴子"行动、准噶尔叛乱,这些人物、事件交错发展,彼此制约,立体地而不是平面地、多线地而不是单线地构成了一个悬念迭出的故事链条。观众被裹挟在波翻浪涌之中,欲罢不能。

精心磨砺。《甄嬛传》的精品意识让人叫绝。饮食、服饰、医药、器物、礼仪、官制,等等,足够的细节真实把人物放在了特定的艺术氛围里,不仅烘托出人物的内心情绪,更给观众以强烈的感染。《甄嬛传》的语言更是传神而多彩,诗词和人物、故事紧紧糅合,熔铸在整个艺术形象中。不能不提的还有演员的表演,像皇帝的饰演者陈建斌,对角色的塑造高屋建瓴,于平实中见深度。甄嬛的饰演者孙俪,则于淡雅中见奇崛,将自己的激情润物无声般浸透到人物的每一个人生情境里,让观众切近地感受到人物的生命气息和精神光泽。

《甄嬛传》的启示

《甄嬛传》播出已逾两年,对它的评价褒贬不一,甚至还针锋相对。但不可否认,《甄嬛传》的受众愈来愈广,传播天地愈来愈大,给整个电视剧的创作生产带来深刻的启示。

艺术规律不会过时。当前一些影视作品,有意无意忽略现实主义的创作原则,忽视典型环境和典型人物的精心塑造,甚至认为创新就是专门和传统"对着干",只有"奇观"和"类型"才能与国际接轨。其实,最本真的东西恰恰是艺术作品最应坚守的魂魄。如何既维持住历史与现实的基本色调,又能满足观众的现代意识和个性要求,需要开拓出影视剧创作生产的新范式。《甄嬛传》不蹈历史剧戏说的旧辙,也不循唯史实是瞻的图解式老路,实现了一次颇具文化意义的艺术突围。它让我们深切地认识到,文艺创作的基本规律不会过时,如果不能用好看的故事吸引人,用生动的典型感动人,用精良的制作愉悦人,再深刻的思想都无从谈起;自然,艺术也需蕴涵思想的精灵,否则就丧失了灵魂,也就失去了生命力。

观众喜欢是硬道理。如何评判一部作品,由谁来评判,人民群众喜欢不喜欢、满意不满意、接受不接受、认可不认可是根本标准。文艺评价不能与观众的评价背道而驰。传播学中有个著名的"子弹论",老假想观众是一群头脑简单的小兔子,看了言情剧,就学谈恋爱;看了武侠剧,就学飞檐走壁;那么看了《甄嬛传》,可能就学权术和阴谋。这是一个极大的误解。我们应当相信观众是有审美鉴赏力的。文艺批评要充分尊重艺术规律,充分尊重作家艺术家的创造性劳动,最大限度地贴近社会大众的审美心理,才能发挥好助推剂和清醒剂的作用,共同营造影视精品脱颖而出的良好生态。

(《求是》2014年第1期第59~60页)

在日本,《后宫·甄嬛传》几乎达到了爆红的程度,据说观看《后宫·甄嬛传》的日本观众高达日本总人口的1/3。同时,围绕这部电视剧的评论也从未停息,弹赞交加不断见诸各大报端,评论内容见仁见智暂且不论。媒体如此关注本身就足以证明《后宫·甄嬛传》的成功。

鲁迅曾说,一部《红楼梦》,"单是命意,就因读者的眼光而有种种:经学家看见《易》,道学家看见淫,才子看见缠绵,革命家看见排满,流言家看见宫闱秘事……"同样,对于小说原著模仿《红楼梦》的《后宫·甄嬛传》而言,何尝不也是如此?人们观看它也是多维度的,青菜萝卜,各取所需。就像如今,我们却是从职场智慧和职场生存法则来认识和解读它,吸取这部经典作品中的正能量,为职场的成长与发展助跑。

附录 A　后宫主要成员才艺比较表

	纯元皇后	皇后（乌拉那拉·宜修）	熹妃（钮钴禄·甄嬛）	端妃（齐月宾）	华妃（年世兰）	齐妃（李氏）	敬嫔（冯若昭）	惠贵人（沈眉庄）	安答应（安陵容）	欣常在	曹贵人（曹琴默）	富察贵人（富察氏）	琪嫔（瓜尔佳·文鸳）	宁贵人（叶澜依）
出身	满军旗乌拉那拉氏嫡女	满军旗乌拉那拉氏庶女	汉军旗嫡女/满军旗钮钴禄氏	汉军旗将门之女	汉军旗年羹尧胞妹	汉军旗	汉军旗	汉军旗	汉军旗	汉军旗	汉军旗	汉军旗	满军旗瓜尔佳氏嫡女	蒙军旗驯马女
琴	专精	—	专精	专精	—	—	—	专精	专精	—	—	专精	—	优良
棋	专精	—	专精	专精	—	—	专精	—	—	—	—	—	—	—
书画	—	专精	专精	—	—	—	—	—	—	—	—	—	—	—
诗词	专精	平平	优良	—	平平	—	—	平平	—	平平	—	—	—	—
笛	专精	—	平平	—	—	—	—	—	—	—	—	—	—	—
箫	专精	专精	专精	—	—	—	—	—	—	—	—	—	—	—
歌	专精	优良	优良	—	—	—	—	优良	优良	—	—	—	优良	—
舞	专精	平平	专精	—	—	—	—	—	专精	—	—	—	—	—
刺绣	专精	平平	优良	—	优良	—	优良	优良	优良	—	—	—	—	—
烹饪	—	优良	—	—	—	—	—	—	—	—	—	—	—	—
其他					骑术精良				专精制香		会打珠络			制香、骑术、专精

附录 B 后宫甄嬛传角色人物分析

角色	居住宫殿	经历事件	身份变化
太后	寿康宫	皇帝母亲，纯元皇后和宜修皇后的表姑母，与隆科多暧昧，遇事不惊。城府极深。真正掌管后宫之人。病死于六十七集	太后
雍正	养心殿、勤政殿、九州清晏	深爱纯元皇后；为人狠手辣、残害手足；生性多疑。最后被宁嫔残及甄嬛所害（第七十六集）	皇帝
甄嬛	碎玉轩、甘露寺（凌云峰）、永寿宫、寿康宫	入宫为常在。因与皇后"五分性情，五分容貌"相似深得皇上宠爱。后因误穿纯元皇后故衣出宫带发修行。阴差阳错以四阿哥生母名义回宫，历经波折后成为熹贵妃，四阿哥弘历继位，成为熹皇太后	莞常在—莞贵人—莞嫔—莞妃—莫愁—熹妃—熹贵妃—圣母皇太后
皇后	景仁宫	纯元皇后妹妹，太后表侄女。端庄漂亮，安陵容和齐妃、祺贵人等，城府极深。先后控制齐妃、安陵容和祺贵人等，害死纯元皇后，害死皇后及致使多人流产。于七十六集惊悸而亡	皇后
华妃	翊坤宫	年羹尧妹妹，协助皇后管理后宫，聪慧过人、受宠、傲慢、明艳、漂亮、心狠手辣，被太后和皇上使计赐欢宜香而不孕，与皇后、甄嬛为敌。多次欲害惠贵人沈眉庄。于四十二集死于眉庄	华妃—华贵妃—年妃—年答应—敬肃贵妃（追封）
沈眉庄	咸福宫·存菊堂、碎玉轩	和甄嬛一起长大的好姐妹。一起秀选进宫，比甄嬛年长、端庄、正直。对皇上的绝情心死，感到冷酷而死心，因其有长辈缘得到太后所爱。钟情于温实初，于六十四集难红花灌华妃致死孕。长期被华妃欺辱、百病缠身的书卷美人。帮过甄嬛，为人正直，膝下无子，收养朧月公主	沈贵人—惠贵人—沈答应—惠贵人—惠嫔—端妃—端贵妃—端皇贵太妃
端妃	延庆殿	皇帝妃子，因早年替皇帝背黑锅，被华妃红花灌致不孕。帮过甄嬛。为人正直、膝下无子，收养朧月公主	端妃—端贵妃—端皇贵太妃
敬妃	咸福宫、慈宁宫	端庄大方、内敛沉稳、忠厚老实，无生育、多次帮助甄嬛和同住一宫的沈眉庄。	敬嫔—敬贵妃—敬贵太妃
欣常在	储秀宫	直率正直，姿色中上。不在后宫使计谋害人。被祺贵人长期欺压，二人不和、游走各派之间，最后为依附甄嬛而通过其父亲带她告安陵容父亲贪污	欣常在—欣贵人—欣嫔—欣贵妃

续表

角色	居住宫殿	经历事件	身份变化
安陵容	延禧宫	和甄嬛、沈眉庄选秀相识，一同入宫，家世卑贱，小家碧玉，表面温顺，背后阴险，投靠皇后，多次设计陷害甄嬛，下场悲惨，多次救皇后利用作为枪手陷害多人。三阿哥弘时生母。后为保全三阿哥五十二集自尽	安答应—安常在—安贵人—安嫔—鹂妃
齐妃	长春宫	漂亮没脑，依附华妃，人老珠黄，头脑笨拙，与甄嬛为敌。被碎玉轩用鬼神吓疯，入冷宫	齐妃
丽嫔	启祥宫	瓜尔佳·文鸳是满军旗镶黄旗鄂敏之女，清高狂妄，依附于皇后，诬陷甄嬛与温实初有染，事败后被贬庶人，于六十六集在养心殿外被侍卫乱棍打死	丽嫔
祺贵人	碎玉轩—储秀宫—交芦馆	三分姿色，七分奸诈，华妃的高参，八面玲珑，做人圆滑，华妃衰败后投靠甄嬛，背弃旧主。被太后和皇上授意在汤药中下毒，死于四十二集	祺贵人—祺嫔—祺贵人—祺答应
曹贵人	景阳宫	和甄嬛同时选秀入宫，天真活泼可爱。因发现华妃阴谋被害死于二十七集	曹贵人—襄嫔
淳常在	碎玉轩—延禧宫—碎玉轩	属于满军旗镶黄旗，与甄嬛为敌，自大傲慢，小产，后得罪甄嬛，被甄嬛娘家人陷害的故事给疯	淳常在—淳贵人
富察贵人	延禧宫	包衣佐领夏威之女，和甄嬛同时选秀入宫，被华妃赐"一丈红"	富察贵人
夏冬春	延禧宫	倚梅园宫女，冒替甄嬛获宠，恃宠而骄，后打入冷宫，于第十集小夏子勒死	夏常在
余莺儿	钟粹宫	利用陷害甄嬛，英姿飒爽，明艳照人，后被皇帝看中选入宫。因对果郡王钟情而暗助甄嬛，于七十六集自杀而亡	官女子—答应—妙音娘子
宁嫔	春禧殿	百骏园驯马女，英姿飒爽，明艳照人，后被皇帝看中选入宫。因对果郡王钟情而暗助甄嬛，于七十六集自杀而亡	叶答应—余答应—宁贵人—宁嫔
采蘋	长春宫	原果亲王府清凉台丫鬟，漂亮温柔，浣碧嫁入王府后，被送入宫为瑛贵人。因三阿哥弘时爱慕追求，第七十集被皇上赐白绫而亡	瑛答应—瑛常在—瑛贵人

续表

角色	居住宫殿	经历事件	身份变化
乔颂芝	朔坤宫	朔坤宫宫女，忠诚于华妃，华妃心腹，帮助华妃做了不少坏事。后被华妃献给皇帝为自己固宠	芝答应
康常在	延禧宫	爱慕是非，小心眼。与祺嫔一起陷害甄嬛	康常在
允礼（果郡王）	凝晖堂、果郡王府、清凉台、雁鸣关	舒太妃之子，皇帝十七弟，英俊潇洒，玉树临风，满腹诗书。真心爱甄嬛，无奈和浣碧、孟静娴成婚，中皇上之计，营救"熹妃和亲"，被皇上用毒酒害死（第七十四集）派驻守雁鸣关。回宫后	果郡王—果亲王
温实初	太医院	宫中太医。后爱慕甄嬛，一直爱慕甄嬛，处以甄嬛为重。与甄嬛青梅竹马，互为兄妹。为甄嬛和眉庄有染，为保甄嬛伴甄嬛从容而自宫	太医—太医院判
槿汐	碎玉轩、永寿宫、寿康宫	宫内派给甄嬛的姑姑，心思细腻，重情重义，忠于甄嬛。为使甄嬛从甘露寺回宫，与苏培盛结为对食，是自始至终陪伴甄嬛的人	掌事宫女
流朱	碎玉轩	甄嬛陪嫁丫鬟，为人机灵，活泼俏丽，为救甄嬛而死	甄嬛贴身婢女
甄玉娆	甄府、宁古塔、慎郡王府	甄嬛亲妹妹，与纯元皇后极为相似，被皇帝看中而有意纳为嫔妃，但与允禧相爱，皇帝忍辱将其赐婚，玉娆嫁允禧	慎郡王嫡福晋
浣碧	碎玉轩、甘露寺、永寿宫、寿康宫、果郡王府	甄嬛同父异母的妹妹，罪臣之后，与流朱同为贴身婢女陪人宫。有姿色，不甘居人之下，高傲，对安陵容有敌意，曾误信他人陷害甄嬛。对果亲王一往情深，后成为果亲王侧福晋。果郡王死后，于七十四集撞棺殉情	浣碧—甄玉隐—果郡王侧福晋
小允子	碎玉轩、永寿宫、寿康宫	宫内派给甄嬛的小太监，他知恩图报，忠于甄嬛，从未背叛	小太监—首领太监—带班太监
苏培盛	养心殿—勤政殿	皇帝的近身太监，为人温和，处事员通，能察言观色，深体帝心。和槿汐交好，私名对食，让槿汐觉得是一可靠的好汉子。暗助甄嬛	后宫太监总管、四品督领侍
宝鹃	延禧宫	安陵容近身陪嫁宫女，忠诚、圆滑，爱挑拨离间	宫女—掌事宫女
采月	存菊堂	眉庄的陪嫁丫鬟，圆清，忠诚	宫女

续表

角色	居住宫殿	经历事件	身份变化
孙竹息	寿康宫	太后侍女，忠诚、内敛、善良。保管了太后不允许废后的遗言	掌事宫女
芳若	养心殿—康宁宫—寿康宫	甄嬛的教引姑姑，端庄善良。对纯元皇后很敬重，多次暗助甄嬛和沈眉庄。甄嬛离宫后被皇帝派往太后身边躲避相思	教引姑姑
剪秋	景仁宫	皇后贴身侍女，跟随皇后多年，无比忠诚。帮助皇后做尽坏事。在慎刑司，死不招供	掌事宫女
江福海	景仁宫	皇后宫内太监，左右逢源，圆滑，做尽坏事。与剪秋一同打入慎刑司，供出皇后多项罪行	带班首领
翠果	长春宫	齐妃丫鬟，善良、心软	宫女
周宁海	翊坤宫	华妃亲信太监，心狠手辣。打入慎刑司后，供出了华妃多项罪行	首领太监
康禄海	碎玉轩—启祥宫	曾服侍过端妃，被指派到碎玉轩担任首领太监，因甄嬛不得宠而高攀丽嫔，大胆凶狠，地道的势利小人	首领太监
佩儿	碎玉轩—储秀宫	碎玉轩的宫女，虽常有抱怨，但对甄嬛还算忠心。甄嬛出宫带发修行，被指派给欣贵人做婢女。长期受祺贵人欺辱打骂	宫女
阿晋	清凉台	果亲王的随从，善良忠厚	随从侍卫
慎贝勒（允禧）	慎郡王府	康熙第二十一子，不受雍正皇帝重视。英俊正直，没头脑，与年羹尧交好，多次帮助甄嬛，婚姻美满	慎贝勒—慎郡王
敦亲王（允䄉）	敦亲王府	康熙第十子，粗鲁威武，直爽没头脑。皇叔简单、爱慕贵人、头脑简单。雍正一气之下与其断绝父子关系，贬为庶人，交由佰亲王收养	敦亲王
弘时	重华宫—奉先殿—佰亲王府	齐妃所生，皇帝三子。听四阿哥唆使为皇叔罪臣求情，雍正一气之下与其断绝父子关系，贬为庶人，交由佰亲王收养	三阿哥—庶人
弘历	圆明园—阅是楼—寿康宫—乾清宫	圆明园宫女李金桂所生，不受雍正喜爱。生母因难产而亡。与甄嬛有缘，多次求助甄嬛。甄嬛以其生母身份回宫。懂事上进，勤备好学，多思多疑	四阿哥—宝亲王—乾隆